**Análise comentada**
# Poemas de Fernando Pessoa e de Heterônimos

**Professor Jorge Miguel**

**200**
Questões
com Respostas

www.dvseditora.com.br
São Paulo, 2014

**Análise comentada**

# Poemas de Fernando Pessoa e de Heterônimos

Copyright© DVS Editora 2014
Todos os direitos para a língua portuguesa reservados pela editora.

Nenhuma parte dessa publicação poderá ser reproduzida, guardada pelo sistema "retrieval" ou transmitida de qualquer modo ou por qualquer outro meio, seja este eletrônico, mecânico, de fotocópia, de gravação, ou outros, sem prévia autorização, por escrito, da editora.

**Produção Gráfica, Diagramação:** Spazio Publicidade e Propaganda

Dados Internacionais de Catalogação na Publicação (CIP)
(Câmara Brasileira do Livro, SP, Brasil)

Miguel, Jorge
    Análise comentada : pemas de Fernando Pessoa
e de heterônimos / Jorge Miguel. -- 1. ed. --
São Paulo : DVS Editora, 2014.

    ISBN 978-85-88329-65-2

    1. Heterônimos 2. Pessoa, Fernando, 1888-1935 -
Crítica e interpretação I. Título.

14-11975                                          CDD-869.87

Índices para catálogo sistemático:

1. Pessoa, Fernando : Poesia portuguesa :
    Crítica e interpretação : Literatura
    portuguesa    869.87

# Dedicatória

Nilsa,

Esperemos amantes pelo mês das flores futuro. A velhice ainda usufrui o tom dourado daquele mês passado de maio.

Jorge Miguel

# Índice

A Título de Introdução........................................................10

Vida e obra de Fernando Pessoa........................16

Fernando Pessoa
por Fernando Pessoa.................................................17

Fernando Pessoa -
Ortônimo – O Épico.....................................................19

**1. Os Castelos** Primeiro – Ulisses ...................................31
**2. Os Castelos** Sexto – D. Dinis....................................34
**3. As Quinas** Quinta – D. Sebastião, rei de Portugal...............38
**4. O Timbre** Uma asa do grifo. D. João, o segundo.............45
**5. Mar Português** Horizonte. .......................................47
**6. Mar Português** Padrão. ..........................................49
**7. Mar Português** Ocidente.........................................51
**8. Mar Português** Ascensão de Vasco da Gama. ..............53
**9. Mar Português** A última Nau....................................56
**10. Mar Português** Prece. ..........................................58
**11. O Enconberto** Os Avisos – Antônio Vieira. ................60
**12. O Enconberto** Os Tempos – Calma. .......................62

Fernando Pessoa –
Ortônimo – O lírico................................................65

**1. Tudo que faço ou medito**...........................................67
**2. Não sei se é sonho, se realidade**...............................70
**3. O amor, quando se revela**.......................................74
**4. Natal... Na província neva**......................................79
**5. Em toda a noite o sono não veio**.............................82

6. Ó sino da minha aldeia.................................................84

7. Não sei quantas almas tenho....................................86

8. O menino da sua mãe..............................................88

# Fernando Pessoa – Heterônimo – Álvaro de Campos ...........91

1. Aniversário...............................................................95

2. Nada me prende a nada............................................99

3. Ode Triunfal............................................................103

4. Que noite serena!....................................................113

5. Ah a frescura na face de não cumprir um dever!..........115

6. Na casa defronte.....................................................117

7. Acordo de noite, muito noite, no silêncio todo..............120

8. Reticências.............................................................123

9. Bicarbonato de Soda................................................125

10. Dobrada à moda do Porto.........................................129

11. O que há em mim....................................................132

12. Nunca conheci quem tivesse levado porrada...............135

13. Ao volante do Chevrolet pela estrada de Sintra............139

14. Ah, um soneto....................................................143

15. Na nora do quintal da minha casa..............................145

16. Depois de amanhã, sim, só depois de amanhã............149

17. Todas as cartas de amor são ridículas........................152

18. Vem, noite, antiquíssima e idêntica............................155

19. Na véspera de não partir nunca..................................160

20. A minha alma partiu-se como um vaso vazio................162

# Fernando Pessoa –
# Heterônimo – Alberto Caeiro ....... 165

1. E há poetas que são artistas ....... 167
2. É noite. A noite é muito escura.
   Numa casa a uma grande distância ....... 175
3. Da minha aldeia vejo quanto
   da terra se pode ver no universo ....... 177
4. Da mais alta janela da minha casa ....... 180
5. Olá, guardador de rebanho ....... 182
6. O Mistério das coisas, onde está ele? ....... 184
7. Pensar em Deus é desobedecer a Deus ....... 186
8. Ao entardecer, debruçado pela janela ....... 188
9. O que nós vemos das coisas são as coisas ....... 191
10. Como quem num dia de Verão abre a porta de casa ....... 193
11. Acho tão natural que não se pense ....... 195
12. Às vezes, em dias de luz perfeita e exata ....... 198
13. O meu olhar é nítido como um girassol ....... 201
14. Eu nunca guardei rebanhos ....... 203
15. Sou um guardador de rebanhos ....... 207
16. Se, depois de eu morrer, quiserem
    escrever a minha biografia ....... 209
17. Deste modo ou daquele modo ....... 211
18. Há metafísica bastante em não pensar em nada ....... 214
19. O guardador de rebanhos ....... 219
20. Ontem à tarde, um homem das cidades ....... 227

# Fernando Pessoa –
# Heterônimo – Ricardo Reis ....... 231

1. Mestre, são plácidas ....... 233
2. Uns, com os olhos postos no passado ....... 236
3. A Palidez do dia é levemente dourada ....... 238

4. Prefiro rosas, meu amor, à pátria. .......... 240

5. Anjos ou Deuses, sempre nós tivemos. .......... 243

6. As rosas amo dos jardins de Adônis .......... 245

7. Segue o teu caminho. .......... 247

8. Antes de nós, nos mesmos arvoredos. .......... 249

9. Quero ignorado, e calmo. .......... 251

10. Para ser grande, sê inteiro: nada. .......... 255

11. Não tenhas nada nas mãos. .......... 256

12. Ponho na altiva mente o fixo esforço. .......... 259

13. Pois que nada que dure, ou que, durando. .......... 260

14. Não queiras, Lídia, edificar no espaço. .......... 262

15. No breve número de doze meses. .......... 263

16. Tão cedo passa tudo quanto passa! .......... 264

17. Cada coisa a seu tempo tem seu tempo. .......... 265

18. Vivem em nós inúmeros. .......... 267

19. Bocas roxas de vinho. .......... 269

20. Ao longe os montes têm neve ao sol. .......... 271

# Interpretação Dirigida .......... 275

**O Tejo é mais belo que o rio que corre pela minha aldeia**

Questões de 1 a 15 .......... 275

**O deus Pã não morreu**

Questões de 16 a 25 .......... 280

**O Mostrengo**

Questões de 26 a 35 .......... 284

**Texto I - Eis aqui, quase cume da cabeça**

**Texto II - A Europa jaz, posta nos cotovelos**

Questões de 36 a 45 .......... 290

**Abdicação**

Questões de 46 a 55 .......... 297

**Ela canta, pobre ceifeira.**

Questões de 56 a 65 .......... 301

**Texto A – O Sonho**

**Texto B – O Quinto Império**

Questões de 66 a 75 ......................................................... 307

**'Screvo meu livro à beira-mágoa...**

Questões de 76 a 95 ......................................................... 313

**Vem sentar-te comigo, Lídia, à beira do rio.**

Questões de 96 a 112 ......................................................... 321

**Quando, Lídia, vier o nosso Outono.**

Questão de 113 a 115 ......................................................... 329

**Nevoeiro**

Questões de 116 a 125 ......................................................... 330

**Autopsicografia**

Questões de 126 a 135 ......................................................... 334

**Mar Portuguez**

Questões de 136 a 150 ......................................................... 341

**O Infante**

Questões de 151 a 163 ......................................................... 347

**Isto**

Questões de 164 a 183 ......................................................... 353

**Mar. Manhã**

Questões de 184 a 200 ......................................................... 360

# Respostas às Questões
# de Interpretação Dirigida ...................................... 367

# Bibliografia ...................................................... 369

# Crédito da Fonte ............................................... 375

# A Título de Introdução

Ainda adolescente, tomei conhecimento da poesia de Fernando Pessoa. Caiu-me à mão, por acaso, e o acaso não é outra coisa senão o nome vulgar da providência, o poema "Infante" do livro "Mensagem". A leitura do primeiro verso já teve o poder de virar-me a alma ao avesso.

"Deus quer, o homem sonha, a obra nasce"

Um adolescente não poderia receber, naquele verso, mensagem mais sublime. A obra que se deve executada neste universo, seria um plano divino... E Deus escolhe quem sonha para executar sua obra. Quando o impossível for, no futuro, tarefa possível, só poderia ser realizada por aqueles que sonharam. Primeiro um projeto arquitetado pelos céus; depois a escolha dos executores daquele projeto; por último, a edificação da obra então projetada. Os céus escolhem o caminho a serem brilhados pela humanidade; alguns homens, em concerto, com o sublime, sonham com aquele caminho; estes são os escolhidos para desvendar os caminhos dos descaminhos. Um projeto divino, os sonhadores, a obra realizada.

"Deus quer, o homem sonha, a obra nasce"

Este livro procura interpretar a poesia de Fernando Pessoa, ortônimo e os principais heterônimos: Álvaro de Campos, Alberto Caeiro e Ricardo Reis. Heterônimo não deve ser confundido com pseudônimo. O pseudônimo escreve sob outro nome, mas conserva o seu estilo, preserva os mesmos temas e a mesma linguagem. O heterônimo não só escreve sob outro nome, como também escreve como se fosse outra pessoa, assim outra personagem, outro tema, outro estilo. O pseudônimo faz de outro nome apenas a máscara em que se oculta o escritor. O heterônimo, sob outro nome, revela um outro ser, atormentado por conflitos subjetivos e sentimentais. O pseudônimo, ao tirar a máscara, (e pessoa vem de persona = máscara) pode dizer "aquele sou eu". O heterônimo ao tirar a máscara diz "aquele é o outro eu".

Ouçamos Fernando Pessoa:

## A liberdade do Leitor

"Paro, olho, escuto. E depois, fantasio. O que presencio? Um sujeito vai consultar um clínico. Leva numa pasta uma bola. Entrando no consultório, senta-se a convite do experto: Então, o que traz por cá? Senhor Doutor, se dá licença, deixe-me tirar uma coisa que trago aqui na pasta. Uma Bola!... Sr, sr....? Fernando, é Fernando, Sr. Doutor, sim uma bola. Pega na bola com as duas mãos e, elevando os braços, coloca-a entre ele e o médico: O Senhor Doutor está a ver-me? Não, não, porque a bola não deixa. Exatamente, isso, eu também o não vejo a si, então o que é que vê, Sr. Doutor? Vejo a bola. A bola toda, Sr. Doutor? Não, a metade da bola. Bem, admitamos que vê metade, eu diria que vê quase a metade. E daí, Sr. Fernando? Daí que eu vejo a bola toda. O médico refreou a reação imediata: <<O Sr. Fernando está louco>>. Diga lá o que lhe passou pela cabeça, Sr. Doutor, diga lá o que Sr. Fernando está louco. Pois é, Sr. Doutor, a bola é o Mundo, e eu, não o vendo a si, vejo todos os lados da bola, todos nitidamente. Aliás, até o vejo por detrás da bola, como fazemos parte do Mundo. Eu sou quatro. Por isso, repartida a bola em quatro partes e observada pelo olhar de cada eu dos quatro que são eu, dado que cada eu dos quatro está a ver o mundo a partir do seu ângulo de visão, eu vejo a bola toda. Vejo o Mundo todo. Toda a Realidade. Na Totalidade das perspectivas. Possíveis. De cada eu. Do eu todo."

A poesia de Fernando Pessoa tem dado motivo a interpretações diversas. Há quem o considere o maior poeta europeu do século XX. Sou um dos que assim pensam. Outros, poucos, veem na poesia de Pessoa um caso de esquizofrenia paranóica. Os que assim pensam, fazem a análise de seus poemas e, só baseadas neles, chegam ao diagnóstico. Chegar a um diagnóstico psiquiátrico, sem nunca entrevistar o poeta, parece-nos um juízo temerário. Mário Saraiva, médico psiquiátrico, em seu livro "O caso clínico de Fernando Pessoa" chega ao diagnóstico através da poesia. Seleciona alguns versos e tenta demonstrar que estes revelam uma mente perturbada. Vamos a um exemplo:

*"Passa uma borboleta por diante de mim*
*E pela primeira vez no universo eu reparo*
*Que as borboletas não têm perfume nem cor.*
*A cor é que tem cor nas asas da borboleta,*
*No movimento da borboleta, o movimento é que se move.*
*O perfume é que tem perfume no perfume da flor*
*A borboleta é apenas borboleta*
*E a flor apenas flor".*
Alberto Caeiro


Argumenta Mário Saraiva: "E o que havemos nós de dizer destas expressões ou melhor do raciocínio do poeta no momento em que as lançou ao papel? (as borboletas não têm perfume nem cor; a cor é que tem cor nas asas da borboleta; o movimento é que se move; e o perfume é que tem perfume no perfume da flor) são pensamentos absurdos para os quais já não há interpretação, porque são claras amostras de demência"
Antes de rebatermos a opinião médica, deixemos o próprio Fernando Pessoa rebatê-la:

"O fato é que a realidade verdadeira é que há duas coisas – a nossa sensação do objeto e o objeto. Como o objeto não existe fora da nossa sensação-para nós, pelo menos, e isso é o que nos importa – segue que a realidade verdadeira vem a ser contida nisto: na nossa sensação do objeto e a nossa sensação da nossa sensação. [...]
A realidade, para nós, é a sensação. Outra realidade imediata não pode para nós existir.
A arte, seja ela o que for, tem de trabalhar sobre este elemento, que é o único real que temos.
O que é arte? A tentativa de dar dos objetos – entendendo por objetos não só a coisas exteriores, mas também os nossos pensamentos e construções espirituais – uma noção quanto possível exata e nítida.
A sensação compõe-se de dois elementos: o objeto e a sensação propriamente dita. Toda a atividade humana consiste na procura do absoluto. A

ciência procura o objeto absoluto- isto é, o objeto quanto possível independente da nossa sensação dele. A arte procura a Sensação absoluta – isto é, a sensação quanto possível independente do objeto."

O que lhe respondeu Fernando Pessoa? Disse-lhe que a realidade é a nossa sensação do objeto e a nossa sensação da nossa sensação; que a arte procura a sensação independente do objeto.

George Berkeley (1685-1753), no livro "Os diálogos de Hylas e Philonous", afirmou que os objetos materiais só existem ao serem percebidos. A luz, a cor, a figuras são percebidas pela visão; os sons são percebidos pelo ouvido; o gosto, pelo paladar; o cheiro pelo olfato; e a matéria pelo tato. Assim as coisas sensíveis não são nada mais do que qualidades sensíveis. A realidade das coisas sensíveis consiste em serem percebidas. Berkeley defende sua tese com alguns exemplos. O calor e o frio excessivos causam dor e por isso estão na mente. Usa do famoso argumento da água morna. Uma das mãos num balde de gelo, a outra num balde de água a 70ºC. Quando ambas recebem um banho de água a 40º, parecerá quente a uma das mãos e fria a outra. Mas a água não está ao mesmo tempo quente e fria. É que o calor e o frio são somente sensações. Também as cores. As nuvens do pôr-do-sol são policromáticas. Vistas de perto são monocromáticas. O daltônico é cego para o vermelho. Então, "a cor é que tem cor nas asas das borboletas".

É possível que o filósofo Berkeley não tenha razão, mas o poeta é livre em sua manifestação artística. Pode ele captar as várias sensações da humanidade. Nada há de absurdo nos versos de Pessoa, muito menos demência. Para julgá-lo louco, Saraiva escolheu alguns versos de Pessoa, deixando de mencionar aqueles (a maioria) que fizeram dele o maior poeta do século XX. Nenhuma poesia de "Mensagem", livro épico, composto de poesias que serão lidas, ouvidas e declamadas enquanto neste mundo houver quem fale o idioma português. Também não aparecem as maravilhosas poesias de Álvaro de Campos ("No tempo que festejava o dia dos meus anos"); muito menos o panteísmo de Alberto Caeiro (Pensar em Deus é desobedecer a Deus); nada da poesia "Carpe Diem" de Ricardo Reis (Senta-te ao sol. Abdica e sê rei de ti próprio).

Por último, só mais um argumento em defesa da genialidade de Fernando Pessoa:

## O Poeta é um fingidor

*"Autopsicográfia*
*O Poeta é um fingidor.*
*Finge tão completamente*
*Que chega o fingir que é dor*
*A dor que deveras sente.*

*E os que leem o que escreve,*
*Na dor lida sentem bem*
*Não as duas que ele teve*
*Mas só aqui eles não têm.*

*E assim nas calhas de roda*
*Gira, a entreter a razão,*
*Esse comboio de corda*
*Que se chama coração".*

Autopsicografia (auto+psico+grafia=próprio+alma+escrita) é a descrição da alma do poeta feita por ele próprio. Quando lemos "Romeu e Julieta" de Shakespeare (dor fingida) nós nos emocionamos com o texto, não com a ficção. Quando lemos o episódio da morte de Inês de Castro em "Os Lusíadas" de Camões, nós nos emocionamos com o texto, embora o fato narrado seja real. A emoção vem das palavras, não da realidade. Um velório mudo não é triste. Só a arte emociona. "No principio era o verbo, e o verbo estava com Deus e o verbo era Deus. Todas as coisas foram feitas pelo verbo e nada do que foi feito sem o verbo. No verbo estava a vida, e a vida era luz dos homens" (São João - Capítulo I). "Os limites da minha linguagem são também os limites de meu pensamento" Wittgentein. "As desavenças humanas são desavenças de palavras" Spinoza. Só sentimos a dor intelectualizada, aquela que vem da leitura do texto. Só a palavra mentalizada provoca sensações. Tudo aquilo que não possa ser revelado pela palavra, não existe no âmbito das sensações.

"A Borboleta é apenas borboleta
E A flor apenas flor"

Este livro interpreta 95 poemas de Fernando Pessoa. É evidente que nossa interpretação não esgota o conteúdo do poema. Procura sugerir alguns caminhos para que o estudioso possa, ele mesmo, beber integralmente a beleza dos versos do Poeta.

95 Poemas assim distribuídos:
- Fernando Pessoa – Oortônimo – O Épico – 12 poemas
- Fernando Pessoa - Ortônimo – O Lírico- 8 poemas
- Álvaro de Campos – Heterônimo – 20 pessoas
- Álberto Caeira - Heterônimo – 20 poemas
- Ricardo Reis – Heterônimo – 20 poemas
- Fernando Pessoa – Ortônimo e Heterônimo – 200 Exercícios – 15 poemas

# Vida e Obra de
# Fernando Pessoa

Alguns dados importantes na vida de Fernando Pessoa

**1888** – Lisboa é o berço de nascimento do poeta.

**1889** – Nascem Alberto Caeiro e Álvaro de campos. Ricardo Reis já havia nascido em 1887

**1896** – A mãe do poeta, casada em segunda núpcias, leva-o consigo para Durban – Africa do sul

**1899** – Iniciam-se seus estudos fundamentais em idioma inglês.

**1904** – Recebe da escola que frequenta o premio "Rainha Vitoria".

**1905** – Com 17 anos volta sozinho para Lisboa.

**1906** – Ingressa no Curso de Letras em Lisboa.

**1907** – Abandonam o curso de letras.

**1908** – É agora correspondente estrangeiro de uma empresa.

**1912** – Publica a Revista "A Aguia" e nela propõe a Nova Poesia Portuguesa.

**1913** – Estreita a amizade com Almada Negreiro e Sá – Carneiro.

**1915** – Publicam-se os primeiros números da Revista Orfheu.

**1916** – Seu amigo Sá- Carneiro põe, voluntariamente, fim à vida na Cidade de Paris.

**1617** – A Revista "Portugal Futurista" publica algumas poesia do poeta.

**1922** – "A Revista Contemporânea" publica algumas poesias do poeta.

**1927** – Colabora com a Revista "Presença".

**1934** – Seu livro "Mensagem" é publicado.

**1935** – Falece no hospital São Luis, em 30 de novembro. Não sobreviveu a uma cólica hepática.

# Fernando Pessoa
# por Fernando Pessoa

## Nota Biográfica - Escrita por Fernando Pessoa em 30 de Março de 1935

**Nome completo:** Fernando Antônio Nogueira Pessoa.

**Idade e naturalidade:** Nasceu em Lisboa, freguesia dos Mártires, no prédio n.o 4 do Largo de S. Carlos (hoje do Diretório) em 13 de Junho de 1888.

**Filiação:** Filho legítimo de Joaquim de Seabra Pessoa e de D. Maria Madalena Pinheiro Nogueira. Neto paterno do general Joaquim Antônio de Araújo Pessoa, combatente das campanhas liberais,e de D. Dionísia Seabra; neto materno do conselheiro Luís António Nogueira,jurisconsulto e que foi diretor-geral do Ministério do Reino, e de D. Madalena Xavier Pinheiro.

**Ascendência geral:** Misto de fidalgos e de judeus.

**Estado:** Solteiro.

**Profissão:** A designação mais própria será "tradutor", a mais exalta a de "correspondente estrangeiro em casas comerciais".O ser poeta e escritor não constitui profissão mas vocação.

**Morada:** Rua Coelho da Rocha,16, 1.0, dt.°, Lisboa. (Endereço postal - Caixa Postal 147, Lisboa.)

**Funções sociais que tem desempenhado:** Se por isso se entende cargos públicos, ou funções de destaque, nenhumas.

**Obras que tem publicado:** A obra está essencialmente dispersa, por enquanto, por várias revistas e publicações ocasionais. O que, de livros ou folhetos, considera como válido, é o seguinte: "35 Sonnets" (em inglês), 1918; "English Poems I-Il" e "English Poems lI!" (em inglês também), 1922, e o livro "Mensagem",1934, premiado pelo Secretariado de Propaganda Nacional, na categoria "Poemas". O folheto "O Interregno", publicado em 1928, e constituindo uma defesa da Ditadura Militar em Portugal, deve ser considerado como não existente. Há que rever tudo isso e talvez que repudiar muito.

**Educação:** Em virtude de, falecido seu pai em 1893, sua mãe ter casado, em 1895, em segundas núpcias, com o comandante João Miguel Rosa, cônsul de Portugal em Durban, Natal, foi ali educado. Ganhou o prêmio Rainha Vitória de estilo inglês na Universidade do Cabo da Boa Esperança, em 1903, no exame de admissão, aos 15 anos.

**Ideologia política:** Considera que o sistema monárquico seria o mais próprio para uma nação organicamente imperial como é Portugal. Considera, ao mesmo tempo, a Monarquia completamente inviável em Portugal. Por isso, a haver um plebiscito entre regimes, votaria, com pena, pela República. Conservador do estilo inglês, isto é, liberal dentro do conservantismo, e absolutamente anti-reacionário.

**Posição religiosa:** Cristão agnóstico, e, portanto inteiramente. oposto a todas as Igrejas organizadas, e sobretudo à Igreja de Roma. Fiel, por motivos que mais adiante estão implícitos, à Tradição Secreta do Cristianismo, que tem íntimas relações com a Tradição Secreta em Israel (a Santa Kabbalah) e com a essência oculta da Maçonaria.

**Posição iniciática:** Iniciado, por comunicação direta de Mestre a Discípulo, nos três graus menores da (aparentemente extinta) Ordem Templária de Portugal.

**Posição patriótica:** Partidário de um nacionalismo mítico, de onde seja abolida toda a infiltração católica-romana, criando-se, se possível for, um sebastianismo novo, que a substitua espiritualmente, se é que no catolicismo português houve alguma vez espiritualidade. Nacionalista que se guia por este lema: "Tudo pela Humanidade; nada contra a Nação".

**Posição social:** Anticomunista e anti-socialista. O mais deduz-se do que vai dito acima.

**Resumo de estas últimas considerações:** Ter sempre na memória o mártir Jacques de Molay, grão-mestre dos Templários, e combater, sempre e em toda a parte, os seus três assassinos - a Ignorância, o Fanatismo e a Tirania.

Lisboa, 30 de Março de 1935.

# Fernando Pessoa
# Ortônimo – O Épico

A poesia épica de Fernando pessoa revela-se em sua obra ' mensagem' publicada em **1934**, um ano antes da morte do poeta. Nela se leem o nacionalismo, o sebastianismo o heroísmo. A história das navegações sempre presente nos versos de seus poemas. "Mensagem" são "Os Lusíadas" modernos. Pessoa é camões do século XX. A Grandiosidade de Portugal do século XV, seus feitos e descobertas, parecem esquecidos no século XX. É preciso renascer. É preciso buscar, no passado majestoso, exemplo para construir um novo Portugal. Só a memória não basta. Quer-se um Renascimento. Um quinto império, não necessariamente, matriarcal, mas cultural e espiritual. Este renascimento Português é o cenário ideal para uma paz universal. Uma frase latina inicia a mensagem "benedictus Donimis Deus noster que dedit nobris signum" Bendito seja Deus nosso senhor que nos deu o sinal. O sinal é o destino histórico reservado por Deus ao povo Português. Outra frase fecha a obra: "Valete, Frates" . Saúde, Irmãos. "Mensagem" tem o mesmo sentido de "O Evangelho Bíblico". As boa novas. A anunciação de um novo mundo. "Mensagem" é uma obra tripartida: "Brasão", "Mar Português " e " O Encontro".

## Primeira Parte
## Brasão

Brasão também recebe, no seu início, uma frase latina:" Bellum sine bello" Guerra sem guerra. O futuro de Portugal vai se fazer agora sem as guerras e as lutas do passado . Uma Paz universal. Um quinto império . O mesmo quinto império, idealizado pelo padre Antônio Vieira. Os heróis históricos, ainda que as vezes lendários, são contados pelo poeta. "Brasão" são assim os fundadores, o inicio , o nascimento da grande nação portuguesa. "Brasão" está dividido em cinco partes, as mesmas partes de que é constituído o Brasão Português : Os Campos, Os Castelos , As Quinas , A Coroa, O Grifo. "Os Campos" apresenta dois poemas: "O de Castelos" apresentam sete poemas. São sete porque sete eram os castelos conquistados dos mouros por D. Afonso III. "As quinas" apresenta cinco poemas, porque cinco eram as chagas de Cristo." A Coroa" apresenta um poema . "O Grifo" apresenta três poemas. Grifo é o animal fabuloso com a cabeça de águia e garras de leão. Um poema reservado a cabeça do grifo; dois poemas reservados às asas.

Com o sétimo poema em "Os Castelos" se apresenta em dois, "Brasão" é então composto por 19 poemas.

**Os Campos**
Símbolo de proteção
Primeiro – O dos Castelos
*"A Europa jaz, posta nos cotovelos.*

..................................................

*O rosto com que fita é Portugal"*


Segundo – O das Quinas
*"Foi com desgraça e com vileza*
*Que Deus ao Cristo definiu!!"*


**Os Castelos**
Defesa e residência dos reis
Primeiro – Ulisses – O fundador Mítico de Portugal
*"Este, que aqui apontou,*
*Foi por não ser existindo.*
*Sem existir nos bastou.*
*Por não ter vindo, foi vindo*
*E nos criou."*


Segundo – Viriato – o Fundador da Lusitânia
*"Teu ser é como aquela fria*
*Luz que precede a madrugada,*
*E é já o ir a haver o dia*
*Na antemanhã, confuso nada"*

Terceiro – O Conde D. Henrique – O fundador do Condado Portucalense

*"Todo começo é involuntário*
*Deus é o agente*

.........................................

*Que farei eu com esta espada?"*
*Ergueste-a e fez-se"*

Quarto – D.Tareja – O início da Dinastia de Borgonha.

*"As Nações todas são mistérios.*

.........................................

*Ó mãe de reis e avós de impérios,*
*Vela por nos!"*

Quinto – D. Afonso Henrique

*"Dá, contra a hora em que, errada,*
*Novos Infiéis vençam,*
*A bênção como espada,*
*A espada como bênção!"*

Sexto – D. Dinis – Plantou pinhais, já profetizado as viagens.

*"Na Noite escreveu em seu Cantar de Amigo*
*O plantador de naus a haver,*
*E onde um silêncio murmuro consigo:*
*É o rumor dos pinhais que, como um trigo*
*De império, ondulam sem se poder ver"*

Sétimo (I) – D. João, o Primeiro - O Início da Dinastia de Avis

*"O mestre e a hora são um só*
*Quando Deus faz e a Historia é feita.*
*O mais é carne, cujo pó*
*A terra espreita"*

Sétimo (II) – D. Filipa de Lencastre

*"Que enigma havia em teu seio*
*Que só Gênios concebia?*
*Que arcanjo teus sonhos veio*
*Velar, maternos, um dia?*

*Volve a nós teu rosto sério,*
*Princesa do santo Gral*
*Humano ventre do Império,*
*Madrinha de Portugal!"*

**As quinas**

Heróis e mártires . As cinco chagas de Cristo
Primeira – D. Duarte , Rei de Portugal. O sofrimento fê–lo herói

*"Firme em minha tristeza, tal vivi*
*Cumpri contra o Destino o meu dever.*
*Inutilmente ? Não, porque o cumpri"*

Segunda – D. Fernando, Infante de Portugal.
*D. Fernando, Infante de Portugal, filho de D João I, irmão de D.Duarte,*
*humilhado e martirizado pelos mouros.*
*"Cheio de Deus, não temo o que virá,*
*Pois venha o que vier, nunca será*
*Maior do que a minha alma"*

Terceira - D. Pedro, Regente de Portugal - Fidelíssimo aos seu ideais

*"Claro em pensar e claro no sentir,*
*E Claro no querer;*
*.......................................................*
*Fiel à palavra dada e à idéia tida.*
*Tudo mais é com Deus!"*

Quarta - D. João, Infante de Portugal - A Humildade

*"Não fui alguém. Minha alma estava estreita*
*Entre tão grandes almas minhas pares,*
*Inutilmente eleita,*
*Virgimente parada"*

Quinta – D Sebastião, Rei de Portugal. A loucura também constrói a grandeza

*"Louco, sim, louco, porque quis grandeza*
*Qual a sorte a não dá.*
..............................................................
*Minha loucura, outros que me a tomem*
*Com o que nela ia.*
*Sem a loucura que é o homem*
*Mais que a besta sadia,*
*Cadáver adiado que procria?"*

## A Coroa

Símbolo da Realeza
Nun' Álvares Pereira

*"mas que espada é que, erguida,*
*Faz esse halo no céu?*
*É excalibur, a ungida,*
*Que o rei Artur te deu.*
..........................................
*Ergue a luz da tua espada*
*Para a estrada se ver!"*

## O Timbre

Timbre é marca, símbolo do poder. O grito é ave mitologia com bico e asas de águia e corpo de leão A cabeça do grito – O infante D. Henrique

*"Em seu trono entre brilhos das esferas,*
*Com seu manto de noite e solidão,*
*Tem aos pés o mar novo e as mortas eras*
*O único imperador que tem, deveras,*
*O globo mundo em sua mão."*

*Uma Asa do Grifo – D. João, o segundo.*
*Preparação para execução do sonho.*
*"Braços cruzados, fita além do mar.*
*Parece em promontório uma alta serra.*
*O limite da terra a dominar*
*O mar que possa haver além da terra"*

*A outra Asa do grito – Afonso de Albuquerque.*
*A Execução do sonho,*
*"De pé, sobre os países conquistados*
*Desce os olhos cansados*
*De ver o mundo e a injustiça e a sorte*
.............................................................
*Três impérios do chão lhe a sorte apanha.*
*Criou-os como quem desdenha"*

## Segunda parte
## "Mar Português"

*"Possessio maris"* – O domínio do mar . Epígrafe em latim que abre a segunda parte. Então, já fica anunciado que o tema desta segunda parte é a conquista dos mares pela nação portuguesa. É a história de toda a navegação dos séculos XV e XVI ." Mar Português" é constituído de doze poemas.

### I. "O infante"
D. Henrique como idealizado dos conquistas marítimas
*"Deus quer, o Homem Sonha, a obra nasce.*
*Deus quis que a terra fosse toda uma,*
*Que o mar unisse , já não separasse.*
*Sagrou-te, e foste desvendando a espuma"*

### II. "Horizonte"
É a busca de novas terras.
*"Buscar na linha fria do horizonte*
*A árvore, a praia, a flor, a ave a fonte -*
*Os beijos merecidos da verdade"*

### III. "Padrão"

Diogo Cão tem oficialmente a posse do espaço conquistado

*"O Esforço é a grande e o homem é pequeno.*
*Eu, Diego Cão, navegador, deixei*
*Este padrão ao pé do areal moreno*
*E para diante naveguei"*

### IV. "O Mostrengo"

A recriação do gigante Adamastor de "Os Lusíadas ".
Símbolo das Histórias Fantásticas, obstáculos às conquistas marítimas
Bartolomeu Dias vence os obstáculos

*"E disse no fim de tremer três vezes,*
*Aqui ao leme sou mais do que eu,*
*Sou um Povo que quer o mar que é teu;*
........................................
*Manda a vontade, que me ata ao leme,*
*De EL –rei D. João Segundo!"*

### V. "Epitáfio de Bartolomeu Dias"

Bartolomeu dobrou o cabo das Tormentas. Pagou com a vida sua valentia. Ali jaz sepultado.

*"Jaz aqui, na pequena praia extrema,*
*O capitão do fim. Dobrado o Assombro,*
*O mar é o mesmo: já ninguém o tema!*
*Atlas, mostra alto o mundo no seu ombro".*

### VI - "Os Colombos"

Outras nações européias também ousam navegações. Contudo pequenas em relações às expansões gloriosas de Portugal.

*"Outros haverão de ter*
*O que houvemos de perder*
........................................
*E por isso a sua glória*
*É justa auréola dada*
*Por uma luz emprestada"*

### VII - "Ocidente"

O descobrimento do Brasil

*"Fosse acaso, ou vontade, ou temporal*
*A mão que ergueu o facho que luziu,*
*Foi Deus a alma e corpo de Portugal*
*Da mão que o conduziu"*

### VIII - Fernando de Magalhães

*"Os titãs dançam alegres*
*A morte daquele que*
*Realizou a circum- navegação*

*De quem é a dança que a noite aterra?*
*São os Titãs, os filhos da terra,*
*Que dançam da morte do marinheiro".*

### IX - Ascensão de Vasco da Gama

O herói, tal qual os Deuses gregos, ascende ao Olimpio e transforma-se em semi–deus.

*"Em baixo , onde a terra é, o pastor gela e a flauta,*
*Cai-lhe, e em êxtase vê, à luz de mil trovões,*
*O céu abrir o abismo à alma do argonauta."*

### X - "Mar Português"

O sofrimento de toda uma nação pela conquista dos mares.

*" Ó mar salgado, quanto do teu sal*
*São lágrimas de Portugal!*
................................................
*Valeu a pena? Tudo vale a pena*
*Se a alma não é pequena."*

### XI - "A Última Nau"

O último navegante, Dom Sebastião, morreu em Alcácer–Quibir. Mas ele voltará. O sonho ainda há de realizar-se.

*"Foi-se a última nau, ao sol aziago*
*Erma, e entre choros de ânsia e de presságio*
*Mistério.*

..............................................................................................

*Não sei a hora, mas sei que a hora"*

### XII - "Prece"

Do passado histórico o que resta? Restam o silêncio hostil, o mar universal e a saudade. Mas, aquela chama pode ainda ser revivida.

*"Senhor, a noite veio e a alma é vil.*

..............................................................................................

*Mas a chama, que a vida em nós criou,*
*Se ainda há vida ainda não é finda...*

..............................................................................................

*Dá o sonho, a aragem, ou desgraça ou ânsia*
*Com que a chama do esforço se renova,*
*E outra vez conquistemos a Distância*
*Do mar ou outra, mas que seja nossa"*

## Terceira Parte
## "O Encoberto"

*"PAX in EXCELSIS"* "paz na alturas" – é a epígrafe em latim, que abre as poesias da terceira parte . Vimos que, na primeira, parte O Brasão, o cenário é a terra . Na segunda parte "Mar Português", o cenário são os mares. Nesta terceira parte, O Encoberto, o cenário é o céu. A terra, o mar, o céu são valores de universalidade, presentes nas obras renascentistas: A terra - a fundação do reino ; o mar – a expansão ultramarina; o céu - o futuro português que há de vir *"PAX IN EXCELSIS"*

"O Encoberto" está dividido em três momentos: Os Símbolos (cinco poemas); Os Avisos ( três poemas ); Os Tempos ( cinco poemas ).

**I - Os Símbolos**

Primeiro – D. Sebastião

A certeza do regresso de D. Sebastião. Nos Símbolos, o rei aparece sob três nomes: D. Sebastião , O Desejado, O Encoberto. Três nomes, um só rei, como as três pessoas da Santíssima Trindade.

*"Que importa o areal e a morte e a desventura*
*Se com Deus me guardei?*
*É o que eu me sonhei que eterno dura,*
*É esse que regressarei"*


Segundo – O Quinto Império

Certamente, a vinda do Quinto Império será o momento de paz universal.

*"Triste de quem vive em casa*
*Contente com seu lar,*
*Sem que um sonho, no erguer de asa,*
*Faça até mais rubra a brasa*
*Da lareira a abandonar!"*


Terceiro - O Desejado

Galaaz ,o Cavaleiro da Távola Redonda. Conheceu o Santo Graal. Graal é o símbolo da paz universal.

*"Vem, Galaaz com pátria, erguer de novo,*
*Mas já no auge na suprema prova,*
*A alma penitente do teu povo*
*À Eucaristia Nova."*


Quarto - As Ilhas Afortunadas

Nas Ilhas Afortunadas está D. Sebastião à espera do Quinto Império.

*"São Ilhas Afortunadas,*
*São terra sem ter lugar,*
*Onde o rei mora esperando,*
*Mas, se vamos despertando,*
*Cala a voz, e há só o mar"*

Quinto – O Encoberto
Referência à Ordem Rosa – Cruz. Cooperação universal entre os povos.
*"Que símbolo fecundo*
*Vem na aurora ansiosa?*
*Na cruz morta do Mundo*
*A vida, que é a Rosa."*

## II - Os Avisos

Primeiro – Bandarra
Sapateiro da época do Renascimento, autor de trovas proféticas sobre o futuro grandioso de Portugal.
*"Sonhava , anônimo e disperso,*
*O império por Deus mesmo visto,*
*Confuso como o Universo*
*E plebeu como Jesus Cristo"*

Segundo – Padre Antônio Viera
Anuncia no século XVII a vinda do Quinto Império.
*"O céu estrela o azul e tem grandeza,*
*Este, que teve a fama e a glória tem,*
*Imperador da língua portuguesa,*
*Foi-nos um céu também."*
Terceiro - D . Sebastião alivia a dor do poeta. Crê que ele voltará.
*"Quando virás, ó Encoberto,*
*Sonho das eras português,*
*Tornar-me mais que o sopro incerto*
*De um grande anseio que Deus fez?"*

## III – Os Tempos

Primeira Noite
As aventuras pelos mares em busca do poder e do renome, mas só com autorização de Deus.

*"A nau de um deles tinha-se perdido*
*No mar indefinido.*
*O segundo pediu licença ao Rei*
*De, na fé e na lei*
*Da descoberta, ir em procura*
*Do irmão no mar sem fim e a névoa escura."*

Segundo – Tormenta

Portugal não é mais a pátria do histórico passado, mas haverá de se reerguer.

*"Que jaz no abismo sob o mar que se ergue?*
*Nós, Portugal, o poder ser.*
*Que inquietação do fundo nos soergue?*
*O desejar poder querer."*

Terceiro – Calma

Portugal há de encontrar numa ilha de sonhos o seu Quinto Império.

*"Aqui, onde há só sargaço,*
*Surja uma ilha velada,*
*O país afortunado*
*Que guarda o Rei desterrado*
*Em sua vida encantada?*
*Quarto – Antemanhã*
*O mostrengo desperta o antemanhã. O anúncio do amanhã.*
*"O mostrengo que está no fim mar*
*Veio das trevas a procurar*
*A madrugada do novo dia,*
*Do novo dia sem acabar..."*

Quinto – Nevoeiro

Nevoeiro é um símbolo de trevas, atraso, obscuridade. Portugal de hoje é nevoeiro. É hora de buscar um grandioso futuro.

*"Tudo é incerto e derradeiro,*
*Tudo é disperso, nada é inteiro,*
*Ó Portugal, hoje és nevoeiro...*
*É a Hora!"*

# 1

## Os Castelos

**Primeiro – Ulisses.**

*O mito é o nada que é tudo.*
*O mesmo sol que abre os céus*
*É um mito brilhante e mudo -*
*O corpo morto de Deus,*
*Vivo e desnudo.*

*Este, que aqui aportou,*
*Foi por não ser existindo.*
*Sem existir nos bastou.*
*Por não ter vindo foi vindo*
*E nos criou.*

*Assim a lenda se escorre*
*A entrar na realidade.*
*E a fecundá-la decorre.*
*Embaixo, a vida, metade*
*De nada, morre.*

**Fernando Pessoa**

Ulisses, personagem grego, rei lendário da Ítaca, filho de Laertes, pai de Telêmaco e esposo de Penélope, um dos principais heróis do cerco de Tróia. O regresso de Ulisses à Pátria constitui o assunto da Odisseia de Homero. Segundo uma lenda, Ulisses, nas suas viagens e aventuras, veio ao Território Ibérico do litoral do Atlântico e fundou, à margem do Tejo, uma cidade, Olisipo, hoje Lisboa. O poeta fala de um mito: Ulisses, o fundador de Lisboa. É a origem, o gérmen, o começo. Povo navegador não poderia ter outro fundador senão o grande navegador aventureiro. Mito é a passagem ou particularidades dos tempos fabulosos ou heróicos. Tradição que, sob a forma de alegoria, diz respeito a um grande acontecimento histórico.

O sentido da palavra "mito" mora próximo ao sentido de inacreditável e fabuloso. Na origem da fundação de Lisboa, encontramos Ulisses, o navegador aventureiro. É fácil, então, compreender o primeiro verso: "O mito é o nada que é tudo". Nada, porque é fábula; tudo porque é o gérmen. Portanto, Portugal é caminho dos Deuses antigos. O poeta já dissera antes: "Deus quer, o homem sonha, a obra nasce". Ora, o descobrimento dos vários mundos é vontade de Deus e a escolha de quem o faria, só pode recair naquela que sonhava. Portugal – que teve sua origem no deus grego sonhou e a obra nasceu. As antíteses revelam o paradoxo: fábula / gérmen. Este paradoxo toma conta de todo texto:

"O mito é **nada** que é **tudo**"

"É um mito **brilhante** e **mudo**"

"O corpo **morto** de Deus,
**Vivo** e desnudo"

"Foi por **não ser existindo**"

"**Sem existir** nos **bastou**"

"Por **não ter vindo foi vindo**"

"Assim a **lenda** se escorre
A entrar na **realidade**"

"Em baixo, a vida, **metade**
**De nada**, morre"

Na primeira estrofe, a definição de mito. O mito é nada e é tudo e revela os céus. Mito é o corpo de Deus, morto e vivo. Na segunda estrofe, aparece a figura de Ulisses – "Este, que aqui aportou". O fundador de Lisboa. Também em Os Lusíadas Camões lembra o mito da fundação da Lisboa:

"E tu, nobre Lisboa, que no mundo
Facilmente das outras és princesa,
Que edificada foste do facundo
Por cujo engano foi Dardânia acesa".

## Canto III – 57

"E tu, nobre Lisboa, que, no mundo, és facilmente princesa das outras cidades; tu, que foste edificada pelo facundo Ulisses por cilada do qual foi Tróia (Dardânia) incendiada"

Na terceira estrofe, a conclusão, iniciada pela palavra assim, ou seja, portanto, por conseguinte, logo, à luz do que já se disse, a lenda corre e entra na realidade. A lenda vem de cima e sem ela, cá em baixo, a vida morre. Segundo alguns autores é esta a etimologia da palavra Lisboa. Lisb + ona. "Ona" indica a situação da cidade na embocadura de um rio – no caso, o rio Tejo, portanto cidade ribeirinha. Quanto ao primeiro elemento "Lisb", viram os antigos vestígios da segunda sílaba de "Ulisses" – fundador, segundo a lenda, da capital portuguesa. Lisb + ona = Lisbona = Lisboa.

# 2

# Os Castelos

## Sexto - D. Dinis

*Na noite escreve um seu Cantar de Amigo*
*O plantador de naus a haver,*
*E ouve um silêncio múrmuro consigo:*
*É o rumor dos pinhais que, como um trigo*
*De Império, ondulam sem se poder ver.*

*Arroio, esse cantar, jovem e puro,*
*Busca o oceano por achar;*
*E a fala dos pinhais, marulho obscuro,*
*É o som presente desse mar futuro,*
*É a voz da terra ansiando pelo mar.*

**Fernando Pessoa**

O poema é dedicado a D. Dinis. Três expressões, no poema, fazem referência a D. Dinis:

O Cantar de Amigos
O Plantador de Naus
O Rumor dos Pinhais

**O Cantar de Amigo.** D. Dinis (19 de outubro de 1261 a 7 de janeiro de 1325). Sexto Rei de Portugal. Cognomiado O Rei Poeta - Portugal ou O Rei – Trovador pelas cantigas de amor de sua autoria. Seu reinado viu desenvolverem as poesias do trovadorismo.

**O Plantador de Naus.** Quem planta a madeira planta também as futuras naus. Foi também cognomiado O Rei – Agricultor ou O Lavrador pelo desenvolvimento que deu à agricultura e lavoura.

**O Rumor dos Pinhais.** Foram os pinhais que possibilitaram ao infante D. Henrique a construção de caravelas, responsáveis pela conquista dos mares e pela edificação do Império português. D. Dinis é o plantador dos pinhais, como se fosse o poeta de um novo mundo. "Na noite escreve um seu Cantar de Amigo". A "noite" surge assim como o gérmen do Império. A "noite" está lá no século XIV, e o futuro promissor será no século XV. O poema todo fala deste período de gestão, daquela "noite" em que viveu D. Dinis – o plantador de Naus. A época dos descobrimentos teve início, pois, com o poeta – trovador, o plantador de naus. "É o som presente desse mar futuro". "O plantador de naus a haver". Esse verso identifica D. Dinis como o construtor da história de Portugal, mormente sua história de glória e triunfo. "E ouve um silêncio múrmuro consigo". D. Dinis ouve um silêncio múrmuro. O contraste é expressivo. "silêncio" é ausência de som e "múrmuro" é murmurante, que emite som leve e frouxo. E que silêncio murmurante é esse? "É o rumor dos pinhais que, como um trigo / De império, ondulam sem se poder ver". O poeta aproxima o rumor da plantação de trigo, que se curva ao vento com o rumor dos pinhais, que também ondulam ao comando do vento. A aproximação entre pinhais e trigo vai além. Trigo é fertilidade, riqueza, ouro, alimentação, fartura. Então, o rumor dos pinhais anuncia o futuro auspicioso do povo português. Esse cantar dos pinhais é um pequeno rio (arroio) que busca a imensidão do mar. E esse oceano em que o arroio deságua é o Império português. A fala dos pinhais é um movimento igual às águas do mar (marulho obscuro). "É o som presente desse mar futuro". O rumor dos pinhais lá no século XV. "É a voz da terra, ansiando pelo mar". É a voz do passado comedido, ansiando pelo futuro. Voz da terra (Portugal ainda contido na península), ansiando pelo mar (Portugal conquistando América, Ásia e África).
É preciso destacar a concordância irregular, processada com elegância e sabedoria.

"É o rumor dos pinhais que...
Ondulam sem se poder ver"

O verbo "ondular" concorda com "pinhais" (adjunto adnominal) e não com "rumor" (sujeito da oração). É que a ação expressa pelo verbo "ondular" coaduna-se com "pinhais" e não com "rumor".

Em Os Lusíadas, D. Dinis é o personagem histórico. Leiamos as estrofes 96, 97 e 98 do Canto III.

## Estrofe 96

*Eis depois vem Dinis, que bem parece*
*Do bravo Afonso estirpe nobre e dina,*
*Com quem a fama grande se escurece*
*Da liberalidade Alexandrina.*
*Com este o Reino próspero floresce*
*(Alcançada já a paz áurea divina)*
*Em constituições, leis e costumes,*
*Na terra já tranqüila claros lumes.*

Reina agora D. Dinis, descendente do bravo Afonso III. Sua fama faz escurecer a fama de bondade que tinha Alexandre. Com o rei D. Dinis, a paz áurea prospera (paz dourada). Leis e costumes foram claros lumes. (Com efeito, D. Dinis ordenou com clareza as leis portuguesas). Dessa reforma adveio a felicidade e tranquilidade do povo português.

## Estrofe 97

*Fez primeiro em Coimbra exercitar-se*
*O valeroso ofício de Minerva;*
*E de Helicona as Musas fez passar-se*
*A pisar do Mondego a fértil erva.*
*Quanto pode de Atenas desejar-se*
*Tudo o soberbo Apolo aqui reserva.*
*Aqui as capelas dá tecidas de ouro,*
*Do bácaro e do sempre verde louro.*

Primeiramente, D. Dinis despertou em Coimbra o valoroso ofício de minerva (fundou a universidade); e de Helicona (montanha da Grécia) fez que de lá viessem as musas (a poesia). Tudo quanto existiu em Atenas, também existiu em Portugal. Dá aos doutores em Coimbra as capelas (coroas e grinaldas), tecidas de ouro, do bácaro (de bacharel) e do sempre verde louro (com que são laureados os professores universitários).

## Estrofe 98

*Nobres vilas de novo edificou,*
*Fortalezas, castelos mui seguros,*
*E quase o Reino todo reformou*
*Com edifícios grandes e altos muros;*
*Mas, depois que a dura Átropos cortou*
*O fio de seus dias já maduros,*
*Ficou-lhe o filho, pouco obediente,*
*Quarto Afonso, mas forte e excelente.*

D. Dinis edificou vilas, castelos e fortalezas muito seguros; reformou quase todo o reino com grandes edifícios e altos muros (Lisboa, Coimbra, Santarém); mas depois que a cruel Átropos (aquela que possui a tesoura que corta o fio da vida) cortou o fio de seus dias já maduros, sucedeu-lhe o filho Afonso IV que foi um filho pouco obediente mas forte e excelente rei.
Em Camões, D. Dinis é o construtor de cidades e de cultura. Em Pessoa, D. Dinis é o gérmen, a origem, a gestão dos descobrimentos. Em Camões, o herói. Em Pessoa, o poeta.
D. Dinis morreu em Santarém a 7 de janeiro de 1325 e foi sepultado no mosteiro de São Dinis, em Odivelas. Tem como descendente o Papa Bento XIII (papa de 1724 a 1730).

# 3

# As Quinas

## Quinta - D. Sebastião, Rei de Portugal.

*Louco, sim, louco, porque quis grandeza*
*Qual a Sorte a não dá.*
*Não coube em mim minha certeza;*
*Por isso onde o areal está*
*Ficou meu ser que houve, não o que há.*

*Minha loucura, outros que me a tomem*
*Com o que nela ia.*
*Sem a loucura que é o homem*
*Mais que a besta sadia,*
*Cadáver adiado que procria?*

**Fernando Pessoa**

D. Sebastião, décimo sexto rei de Portugal. Nasceu em 1554, algumas semanas depois da morte de seu pai – D. João III. Foi declarado maior em 1568, aos 14 anos. (No Brasil, o fato se repete com D. Pedro II). A educação que o moço monarca recebera havia feito dele um exaltado e fanático. Só devaneava combates contra os inimigos da fé. Tornou-se idéia fixa do seu espírito o desejo de conquistar Marrocos. Desprezando objeções e conselhos que lhe não faltaram, passou-se à África com um exército mal organizado e mal dirigido. A jornada de Alcácer Quibir (nome de uma província em Marrocos que deu o nome à batalha) foi o desfecho desta insensata aventura. D. Sebastião desapareceu na batalha (1578). (Fonte Dicionário Lello e Irmão Editores. Porto). No poema, ouve-se a voz de D. Sebastião. Ele fala na primeira pessoa do singular (porque eu quis grandeza). Ele conta sua história, fala do futuro e faz considerações filosóficas. A história é a de um louco que sonhou grandeza. A sorte não dá grandeza a nenhum país ou povo. Só a loucura é guia infalível da ousadia. Há nele dois seres. Um perdido no areal do deserto, depois de perdida a batalha de

Alcácer Quibir. O outro, na mente e no coração de sua gente. Esperança de um retorno. Esperança de um novo Portugal, grandioso como seu passado. O futuro aguarda aqueles que, loucos como ele, retomem as rédeas da aventura e ousadia e edifiquem uma pátria imensa, sublime e grandiosa, tal qual assistiram os séculos XV e XVI. Filosoficamente, questiona nos três últimos versos: Quem é o homem sem a loucura? Seria mais que uma besta saudável? Seria o homem sem loucura um cadáver adiado que procria? O homem do século XXI, segundo as palavras de D. Sebastião, deve contaminar-se de sua loucura e lutar loucamente pela renovação de seu país e o renascimento de Portugal. Camões, em "Os Lusíadas", Canto I, estrofes 6 a 18, dedica o poema épico ao Rei D. Sebastião, chamando-o a maravilha, o assombroso da sua época, a esperança do alargamento da fé cristã e o terror dos mouros. Vale a pena lermos as estrofes de 6 a 9, a título de intertextualidade. Fonte "os Lusíadas" – Francisco de Sales Lencastre – Livraria Clássica – Editora Lisboa.

## 6

*E vós, ó bem nascida segurança*
*Da Lusitana antiga liberdade,*
*E não menos certíssima esperança*
*De aumento da pequena Cristandade;*
*Vós, ó novo temor da Maura lança,*
*Maravilha fatal da nossa idade,*
*Dada ao mundo por Deus, que todo o mande,*
*Para do mundo a Deus dar parte grande;*

E vós, ó poderoso rei (D. Sebastião) que sois bem nascida segurança (nascida em boa hora, afortunada) da antiga liberdade lusitana (da independência de Portugal que já tinha cinco séculos) e ainda mais que sois certíssima esperança do aumento da pequena cristandade (esperança de que no reinado futuro de D. Sebastião aumentar-se-á o número de cristãos); vós que sois temor novo para a lança dos mouros; vós, que sois maravilha (pessoa que causa admiração) fatal (providencial) da nossa idade (da nossa época) e dada por Deus ao mundo para que o governe todo e para dar grande parte do mundo a Deus (império universal).

A esperança do poeta em um império universal exercido pelo rei português. O poderoso rei D. Sebastião, essa maravilha, governaria todo o mundo para dar grande parte dele a Deus – para converter à fé cristã grande parte dos povos do mundo.

## 7

*Vós, tenro e novo ramo florescente*
*De uma árvore de Cristo mais amada*
*Que nenhuma nascida no Ocidente,*
*Cesárea ou Cristianíssima chamada;*
*(Vede-o no vosso escudo, que presente*
*Vos amostra a vitória já passada,*
*Na qual vos deu por armas, e deixou*
*As que Ele para si na Cruz tomou)*

Vós, que sois novo ramo, tenro e florescente (o monarca devia ter doze a treze anos quando Camões escrevia o poema) duma árvore genealógica mais amada por Cristo do que nenhuma outra nascida no ocidente, ainda que seja chamada cesárea ou cristianíssima; - vede-o no vosso escudo, que vos mostra presente a vitória já passada e na qual o próprio Cristo vos deu e deixou por armas (brasão) as que ele, para si, na cruz tomou;

"vede-o no vosso escudo..."

O escudo das armas reais traz à lembrança de D. Sebastião a batalha da vitória de Ourique em que D. Afonso Henriques, o primeiro rei de Portugal, desbaratou cinco reis mouros e da qual, segundo a tradição, resultou consolidar-se a independência do reino. As armas do reino de Portugal eram uma cruz azul em fundo branco. D. Afonso Henriques acrescentou-lhes cinco escudos, lembrando os cinco reis mouros vencidos.

## 8

*Vós, poderoso Rei, cujo alto Império*
*O Sol, logo em nascendo, vê primeiro;*
*Vê-o também no meio do Hemisfério,*
*E quando desce o deixa derradeiro;*
*Vós, que esperamos jugo e vitupério*
*Do torpe Ismaelita cavaleiro,*
*Do Turco oriental, e do Gentio,*
*Que inda bebe o licor do santo rio;*

Vós, poderoso rei, cujo alto império o sol vê primeiramente logo que nasce, vê-o também quando está no meio do hemisfério celeste e, por último, deixa-o somente quando desce (quando se esconde); vós que, assim o esperamos, sereis jugo e vitupério (humilhação) do torpe cavaleiro ismaelita (descendentes de Ismael, filho de Abraão e da escrava Agar, que formaram a tribo de que procedia Maomé), do turco ocidental (os turcos da Ásia que auxiliavam seus correligionários contra os portugueses) e do gentio que ainda bebe o licor (o líquido) do chamado rio santo (os pagãos que habitavam a Índia e que se banhavam no Ganges – grande rio que deságua no golfo de Bengala e que eles supunham "santo", imaginando que ficavam purificados depois de se banharem nas suas águas".

## 9

*Inclinai por um pouco a majestade,*
*Que nesse tenro gesto vos contemplo,*
*Que já se mostra qual na inteira idade,*
*Quando subindo ireis ao eterno templo;*
*Os olhos da real benignidade*
*Ponde no chão: vereis um novo exemplo*
*De amor dos pátrios feitos valerosos,*
*Em versos divulgado numerosos.*

Inclinai, por um pouco, a majestade que de vós contemplo nesse tenro gesto (rosto jovem: o poeta pede ao rei que incline para ele o rosto, em que a majestade se ostenta ocupada em elevados pensamentos), rosto este que já se mostra qual será na vossa inteira idade, quando ireis subindo ao eterno templo (tendes já majestade no rosto como quando fordes subindo ao templo da glória eterna, quando fordes aureolado pelas vossas proezas gloriosas); ponde no chão os olhos da vossa real benignidade (pede ao rei para que, do alto do trono, baixe benignamente os olhos para o lugar inferior que está ocupando o poeta); vereis, em mim, um novo exemplo de amor dos valorosos feitos pátrios (tais quais fizeram os poetas no passado) – amor divulgado em numerosos versos.

## Ainda a título de intertextualidade
Sebastião Rei

*Não chegou de manto
nem com lenço e pranto*

*Não entrou a barra
com pendão e amarra*

*Não veio em ginete
Com a sua gente*

*Não voltou da guerra
Com os mortos dela*

*Não voltou de púrpura
Com ferida ou sutura*

*Não voltou de coroa
Nem ceptro a Lisboa*

*Não veio da batalha
Com trajo de gala*

*Não trouxe burel
Nem viseira e elmo*

*Nem trajou de estopa*
*Nem demandou porto*

*Não veio doente*
*Nem com mantimentos*

*Não chegou na frota*
*Ou deu à costa*

*Nem alçou pendão*
*Nem selo de mão*
*Nem veio às matinas*
*Com saio de linho*

*Nem calçou pelica*
*Com fivela e vira*

*Não voltou ao cais*
*Nem em mês ou ano*
*Perdeu arraiais*
*E tendas de pano*

**Fiama Hasse Pais Brandão**

## A intertextualidade não se esgota

Abaixo el-Rei Sebastião

*É preciso enterrar el-rei Sebastião*
*é preciso dizer a toda a gente*
*que o Desejado já não pode vir.*
*É preciso quebrar na ideia e na canção*
*a guitarra fantástica e doente*
*que alguém trouxe de Alcácer Quibir.*

*Eu digo que está morto.*
*Deixai em paz el-rei Sebastião*
*deixai-o no desastre e na loucura.*
*Sem precisarmos de sair o porto*
*temos aqui à mão*
*a terra da aventura.*

*Vós que trazeis por dentro*
*de cada gesto*
*uma cansada humilhação*
*deixai falar na vossa voz a voz do vento*
*cantai em tom de grito e de protesto*
*matai dentro de vós el-rei Sebastião.*

*Quem vai tocar a rebate*
*os sinos de Portugal?*
*Poeta: é tempo de um punhal*
*por dentro da canção.*
*Que é preciso bater em quem nos bate*
*é preciso enterrar el-rei Sebastião.*

**Manuel Alegre**

# 4
# O Timbre

## Uma Asa do Grifo - D. João, o Segundo

*"Braços cruzados, fita além do mar.*
*Parece em promontório uma alta serra -*
*O limite da terra a dominar*
*O mar que possa haver além da terra.*

*Seu formidável vulto solitário*
*Enche de estar presente o mar e o céu,*
*E parece temer o mundo vário*
*Que ele abra os braços e lhe rasgue o véu"*

**Fernando Pessoa**

O poema parece retratar uma escultura: braços cruzados, fita além do mar, em promontório uma alta serra, vulto solitário, abra os braços, lhe rasgue o véu. É a interpretação simbólica do personagem D. João II, o príncipe perfeito, décimo terceiro rei de Portugal. Reinou de 1481 a 1495. Continuando a obra do infante D. Henrique, deu novo e poderoso impulso às navegações. Sob sua ordem, Bartolomeu Dias dobra a ponta meridional de África a que D. João II dá o nome de Cabo da Boa Esperança. O poema de Fernando Pessoa quer transcendentalizar a figura de D. João II. Observe: fita além do mar, formidável vulto, dominar o limite da terra, abra os braços, rasgue o véu do mundo. Domina o poema o presente do indicativo: fita, parece, enche, parece temer. O presente oferece a idéia de eternidade, aquilo que o tempo não conseguiu sucumbir. A rima é expressiva e também faz uma comunicação secundária: dominar / além do mar; além da terra / alta serra; mundo vário / solitário; véu / céu. Promontório é um cabo elevado em alto mar. D. João II é maior. Parece uma alta serra sobreposta a um promontório.

O mundo, além da Península, parece temer que D. João II abra os braços e lhe rasgue o véu. Abrindo os braços e rasgando o véu "o mar une, já não separa, e a terra é toda uma".

Em Os Lusíadas, Canto IV, estrofe 60, aparece a intertextualidade:

*Porém, depois que a escura noite eterna*
*Afonso aposentou no céu sereno,*
*O príncipe que o reino então governa,*
*Foi Joane segundo, e rei Trezeno.*
*Este, por haver fama sempiterna,*
*Mais do que tentar pode homem terreno,*
*Tentou que foi buscar da roxa aurora*
*Os términos que eu vou buscando agora.*

Porém, depois que a escura noite eterna (a morte) agasalhou Afonso no sereno céu, o príncipe que então governou o reino foi D. João II, décimo terceiro rei. Este, para haver fama eterna, tentou mais do que pode tentar o homem terrestre, pois foi buscar os confins da vermelha aurora que eu (Vasco da Gama) agora vou buscando.

# 5
# Mar Português

**II - Horizonte.**

*Ó mar anterior a nós, teus medos*
*Tinham coral e praias e arvoredos.*
*Desvendadas a noite e a cerração,*
*As tormentas passadas e o mistério,*
*Abria em flor o Longe, e o Sul sidério*
*<Splendia sobre as naus da iniciação.*

*Linha severa da longínqua costa--*
*Quando a nau se aproxima ergue-se a encosta*
*Em árvores onde o Longe nada tinha;*
*Mais perto, abre-se a terra em sons e cores:*
*E, no desembarcar, há aves, flores,*
*Onde era só, de longe a abstracta linha*

*O sonho é ver as formas invisíveis*
*Da distância imprecisa, e, com sensíveis*
*Movimentos da esp>rança e da vontade,*
*Buscar na linha fria do horizonte*
*A árvore, a praia, a flor, a ave, a fonte --*
*Os beijos merecidos da Verdade.*

**Fernando Pessoa**

O tema deste poema, pode ser indicado pelos três últimos versos:

*Buscar na linha do horizonte*
*A árvore, a praia, a flor, a ave, a fonte –*
*Os beijos merecidos da verdade.*

É o sonho português. Ir além, ultrapassar o horizonte, "ver formas invisíveis da distância imprecisa". O próprio título "Horizonte" já desvenda o tema. É preciso ir além da fria linha do horizonte. Na primeira estrofe, as primeiras viagens. O mar povoado de monstros. A ilha de Taprobana, o fim do mundo. Teus medos tinham coral e praia e arvoredos". É preciso passar além do Bojador. Ultrapassado o nevoeiro denso (cerração), passadas as tormentas, desvendado o mistério, o mar abria, em flor, aquilo que estava distante (longe). E o sul celeste, sideral (sidério) brilhava esplendidamente (esplêndida) sobre as naus. Na segunda estrofe, o fim da viagem, a chegada, a terra prometida. De longe ainda não se via a terra em sons e cores. E, de perto, viam-se as aves e flores que, de longe, eram apenas uma linha abstrata. Na terceira estrofe, uma interpretação filosófica do descobrir: "o sonho é ver as formas invisíveis da distância imprecisa". E a árvore, a praia, a flor, a ave, a fonte não são outra coisa, senão os beijos merecidos da verdade. O que era noite e cerração (medo e pavor) agora é o conhecimento (a natureza), revelado pelo merecido beijo da verdade. Enfim, a viagem inicial, o destino e o conhecimento. Em outra oportunidade , já dissera o poeta:

*"Triste de quem vive em casa,*
*Contente com o seu lar,*
*Sem que um sonho, no erguer de asas,*
*Faça até mais rubra a brasa*
*Da lareira, a abandonar".*

Quem desvenda a noite e a cerração, desembarca entre aves e flores, só pode merecer os beijos merecidos da verdade.

# 6
# Mar Português

### III - Padrão

*O esforço é grande e o homem é pequeno*
*Eu, Diogo Cão, navegador, deixei*
*este padrão ao pé do areal moreno*
*e para diante naveguei.*

*A alma é divina e a obra é imperfeita.*
*Este padrão sinala ao vento e aos céus*
*Que, da obra ousada, é minha a parte feita:*
*O por fazer é só com Deus.*

*E ao imenso e possível oceano*
*Ensinam estas quinas, que aqui vês,*
*Que o mar com fim será grego ou romano:*
*O mar sem fim é português.*

*E a Cruz ao alto diz que o que me há na alma*
*E faz a febre em mim de navegar*
*Só encontrará de Deus na eterna calma*
*O porto sempre por achar.*

**Fernando Pessoa**

Padrão – monumento de Pedra que os portugueses erigiam em terras que iam descobrindo. Monumento. Marco. No Padrão, a cruz e as quinas. (Cada um dos cincos escudos que fazem parte das armas de Portugal). Diogo Cão – Ilustre navegador português que, por duas vezes, (1482 e 1484), foi mandado aos descobrimentos por D. João II. Descobriu a foz do rio Zaire e o norte de Angola.

*"O esforço é grande e o homem é pequeno*
*A alma é divina e a obra é imperfeita"*

É Diogo Cão quem fala. Navegador, vai deixando o Padrão nos lugares, então desconhecidos, que agora vai descobrindo e conquistando. O esforço do homem é maior que ele. A alma humana é divina embora sua obra seja imperfeita. O esforço é português, a alma é portuguesa. O Padrão revela as conquistas de Diogo Cão. Revela a obra ousada, pequena e imperfeita. O por-fazer-grande e divina – é só com Deus. O mar com fim (limitado e pequeno) é Grego ou Romano. O homem é pequeno. A obra imperfeita. Mas o mar por-fazer, o mar sem fim, é português. O esforço é grande. A alma é divina. E a cruz no Padrão anuncia que aquilo que anima Diogo Cão (a febre de navegar) só encontra o porto muito além. É o homem no Oceano infinito, tal qual no deserto: o horizonte foge sempre. E quanto mais navegar, mais Oceano achará para navegar. Haverá um porto seguro e último: a eterna calma de Deus.

# 7
# Mar Português

### VII - Ocidente

*Com duas mãos - o Acto e o Destino -*
*Desvendámos. No mesmo gesto, ao céu*
*Uma ergue o facho trémulo e divino*
*E a outra afasta o véu.*

*Fosse a hora que haver ou a que havia*
*A mão que ao Ocidente o véu rasgou,*
*Foi a alma a Ciência e corpo a Ousadia*
*Da mão que desvendou.*

*Fosse Acaso, ou Vontade, ou Temporal*
*A mão que ergueu o facho que luziu,*
*Foi Deus a alma e o corpo Portugal*
*Da mão que o conduziu.*

**Fernando Pessoa**

O poema "Ocidente" faz referência ao descobrimento do Brasil. Portugal conquistou o Oriente. É o que canta Camões em "Os Lusíadas". A viagem de Vasco da Gama, conquistando a Índia. Mas e o título deste poema é "Ocidente" e se refere às conquistas do lado de cá do Atlântico. Na conquista do ocidente, Pedro Álvares Cabral. Duas mãos para desvendar as terras do ocidente: o Ato e o Destino. Para desvendar (tirar a venda) é preciso trazer luz. O ato ergue o facho trêmulo e divino. O destino afasta o véu, retira o véu, descobre, desvenda. O ato é da responsabilidade dos portugueses. O destino é desígnio de Deus. Deus quer que o Ocidente seja desvendado. Escolhe os portugueses para realizar aquilo que é providência divina. O destino dos portugueses é descobrir o Brasil. Então, erguem eles o facho trêmulo e divino. ("Deus quer, o homem sonha, a obra nasce"). A mão que desvendou o Ocidente (a mão dos portugueses) – o ato – teve a ciência n'alma e a ousadia no corpo. Não importa tenha sido o Brasil descoberto por acaso ou por vontade ou pela circunstância de um temporal. Acaso, vontade ou temporal é resultado da vontade de Deus. De Portugal é a mão que realizou a vontade de Deus como personagem do Acaso, da vontade ou do temporal. Os Lusíadas, embora cantem a viagem de Vasco da Gama ao Oriente, fazem referência à viagem de Cabral ao Ocidente. Veja no Canto X – estrofe 140

*Mas cá onde se alegra, ali tereis*
*Parte também, co pau vermelho*
*De Santa Cruz o nome lhe poreis;*
*Descobri-la-á a primeira vossa frota.*
*Ao longo dessa costa, que tereis,*
*Irá buscando a parte mais remota*
*O Magalhães, no feito, com verdade,*
*Português, porém não na lealdade.*

Mas os portugueses terão também nela o seu quinhão, lá na parte onde a sua largura é maior, conhecida pelo pau-brasil. Chamar-lhe-ão Santa Cruz. Será descoberta pela primeira frota que vier. E ao longo desta costa, Magalhães, português nas ações, mas não na lealdade, irá procurar a parte mais remota.

É a fala de Tétis a Vasco da Gama. Ao contrário do poema de Fernando Pessoa, a estrofe de Camões é profecia. Diz em 1498 que ainda vai acontecer em 1500. As terras de "Santa Cruz" mais tarde serão conhecidas como Brasil. Pau vermelho é o pau-brasil. No final da estrofe, uma referência a Fernão de Magalhães. A viagem que este fez a serviço da Espanha. Daí "português, porém não na lealdade". Essa profecia de Tétis é anunciada a Vasco da Gama, na Ilha dos Amores, após o banquete em que se reuniam ninfas e nautas, comemorando o grande feito da gente portuguesa.

# 8
# Mar Português

### IX - Ascensão de Vasco da Gama

*Os Deuses da tormenta e os gigantes da terra*
*Suspendem de repente o ódio da sua guerra*
*E pasmam. Pelo vale onde se ascende aos céus*
*Surge um silêncio, e vai, da névoa ondeando os véus,*
*Primeiro um movimento e depois um assombro.*
*Ladeiam-no, ao durar, os medos, ombro a ombro,*
*E ao longe o rastro ruge em nuvens e clarões.*

*Em baixo, onde a terra é, o pastor gela, e a flauta*
*Cai-lhe, e em êxtase vê, à luz de mil trovões,*
*O céu abrir o abismo à alma do Argonauta.*

**Fernando Pessoa**

Assunção, ação de assumir, elevação, festa católica em celebração ao recebimento da Virgem no céu. Ascensão, ato de ascender, subida, elevação, festa eclesiástica comemorativa da ascenção de Cristo ao céu. Na assunção, vai-se ao céu com ajuda e auxílio dos anjos. Na ascenção, vai-se ao céu pela própria força espiritual. É certo que, nesse sentido, falamos "Assunção de Maria", porém o poeta preferiu designar a elevação do argonauta ao céu de "Ascenção de Vasco da Gama". "Os Deuses da tormenta e os gigantes da terra / suspendem de repente o ódio de sua guerra". Na travessia do cabo da Boa Esperança, Vasco da Gama enfrentava o gigante Adamastor. É ele aspérrimo filho da Terra qual Encélado, Egeu e Centímano. Estes gigantes da terra se revoltaram contra Júpiter – o Deus que vibra os raios de vulcano. Vasco ouve de Adamastor sua história. Na ascenção de Vasco da Gama ao céu, os Deuses e os gigantes pasmam. É a visão sublime. O silêncio domina o vale de onde se parte para o céu... o silêncio vai ondeando os véus da névoa, este vapor aquoso que obscurece a atmosfera. Este é o cenário. Começa agora gradativamente a ascenção. Um movimento seguido de admiração e espanto. Os medos acompanham Vasco da Gama, indo ao lado dele, ombro a ombro. (Ó mar anterior a nós, teus medos / Tinham coral e praias arvoredos). Os medos do mar só existiam antes de Vasco da Gama. Agora apenas ladeiam o poeta, companheiros reminiscentes na ascenção para o céu. E ao longe, o rastro por onde pisa o herói, resultado de sua passagem, ressoa, brame e urra em nuvens e clarões. Vasco da Gama, lá no alto, no limiar do céu; em baixo, na terra, o pastor ainda o vê. A visão deslumbra-o. Gela. A flauta lhe cai da mão, envolvido que está em êxtase. Mil trovões iluminam o patamar do céu, e o pastor, porque a luz não lhe falta, vê "o céu abrir o abismo à alma do Argonauta". Em Os Lusíadas, canto IX, estrofes de 64 a 95, Camões faz os heróis, e com eles Vasco da Gama, ingressarem numa ilha encantada como prêmio pelas conquistas no oriente. Pessoa faz Vasco da Gama ascender ao céu; Camões põe o argonauta numa paradisíaca ilha mística, para que possua sexualmente as belas ninfas. Recria-se o paraíso para receber e homenagear Vasco e outros heróis. Lembremos que os islâmicos também põem, no caminho dos heróis, sete virgens para lhes despertar todo prazer sensual.

Leiamos um trecho em que Vasco da Gama e seus argonautas, coroados de louro, ouro e flores, preparam-se para seduzir as ninfas da ilha dos amores.

## 64

*Nesta frescura tal desembarcavam*
*Já das naus os segundos Argonautas,*
*Onde pela floresta se deixavam*
*Andar as belas Deusas, como incautas.*
*Algumas, doces cítaras tocavam;*
*Algumas, harpas e sonoras flautas;*
*Outras, com os arcos de ouro, se fingiam*
*Seguir os animais, que não seguiam.*

## 65

*Assi lho aconselhara a mestra experta:*
*Que andassem pelos campos espalhadas;*
*Que, vista dos barões a presa incerta,*

*Se fizessem primeiro desejadas.*
*Algumas, que na forma descoberta*
*Do belo corpo estavam confiadas,*
*Posta a artificiosa formosura,*
*Nuas lavar se deixam na água pura.*

## 82

*Já não fugia a bela Ninfa tanto,*
*Por se dar cara ao triste que a seguia,*
*Como por ir ouvindo o doce canto,*
*As namoradas mágoas que dizia.*
*Volvendo o rosto, já sereno e santo,*
*Toda banhada em riso e alegria,*
*Cair se deixa aos pés do vencedor,*
*Que todo se desfaz em puro amor.*

## 83

*Oh, que famintos beijos na floresta,*
*E que mimoso choro que soava!*
*Que afagos tão suaves, que ira honesta,*
*Que em risinhos alegres se tornava!*
*O que mais passam na manhã e na sesta,*
*Que Vênus com prazeres inflamava,*
*Melhor é exprimentá-lo que julgá-lo;*
*Mas julgue-o quem não pode exprimentá-lo.*

Os "barões" que se lêem na estrofe 65 do Canto IX, são os mesmo "barões" que se lêem na estrofe 1 do Canto I. A ilha dos amores pode representar, não só a conquista do elemento feminino mas a conquista do espaço físico. Depois de contados seus feitos, Vasco da Gama e outros barões tornam-se heróis e imortais.

# 9

# Mar Português

**XI - A última nau**

*Levando a bordo El-Rei D. Sebastião,*
*E erguendo, como um nome, alto o pendão*
*Do Império,*
*Foi-se a última nau, ao sol aziago*
*Erma, e entre choros de ânsia e de presago*
*Mistério.*

*Não voltou mais. A que ilha indescoberta*
*Aportou? Voltará da sorte incerta*
*Que teve?*
*Deus guarda o corpo e a forma do futuro,*
*Mas Sua luz projecta-o, sonho escuro*
*E breve.*

*Ah, quanto mais ao povo a alma falta,*
*Mais a minha alma atlântica se exalta*
*E entorna,*
*E em mim, num mar que não tem tempo ou 'spaço,*
*Vejo entre a cerração teu vulto baço*
*Que torna.*

*Não sei a hora, mas sei que há a hora,*
*Demore-a Deus, chame-lhe a alma embora*
*Mistério.*
*Surges ao sol em mim, e a névoa finda:*
*A mesma, e trazes o pendão ainda*
*Do Império.*

**Fernando Pessoa**

A última Nau narra a partida de El-Rei D. Sebastião, que parte para a derradeira batalha em Alcacerquibir. Nunca voltou. Nem seu cadáver foi encontrado. No momento da partida, há sofrimento e ansiedade: "sol aziago", entre choros de ânsia e de pressago mistério". 'Aziago' é adjetivo que expressa mau agouro, azarento, agourento, infausto, infeliz. "Pressago" é o adjetivo de mistério e revela presságio, agouro, pressentimento. Qual o destino daquela nau? A primeira estrofe já anuncia desgraça. Certamente aportou a uma ilha indescoberta mas voltará, trazendo o pendão do Império. "Quanto mais ao povo a alma falta, mais a minha alma atlântica se exalta e entorna". Quanto mais desanimado é o povo, mais exuberante é o poeta. É essa a missão do poeta: a de encontrar o caminho para sua gente e povo. No caos em que se encontra o povo, o poeta faz nascer a esperança. Não sabe o poeta a hora desta renovação. Mas sabe que a esperança, embora demore, vai trazer novo pendão do Império. Veja que a nau partiu ao sol aziago e agora volta ao sol, trazendo o pendão do Império. A nau partiu a uma ilha indescoberta e volta entre cerração "surges ao sol em mim, e a névoa finda".

Duas palavras antitéticas: sol e névoa. Luz e ignorância. Vida e morte. Em outras palavras: quando o conhecimento entra na minha alma, cessa a ignorância. Portanto, a certeza na volta de El-Rei D. Sebastião, embora não saiba a hora mas sabe que haverá uma hora.

# 10
# Mar Português

### XII - Prece

*Senhor, a noite veio e a alma é vil.*
*Tanta foi a tormenta e a vontade!*
*Restam-nos hoje, no silêncio hostil,*
*O mar universal e a saudade.*

*Mas a chama, que a vida em nós criou,*
*Se ainda há vida ainda não é finda.*
*O frio morto em cinzas a ocultou:*
*A mão do vento pode erguê-la ainda.*

*Dá o sopro, a aragem — ou desgraça ou ânsia —*
*Com que a chama do esforço se remoça,*
*E outra vez conquistaremos a Distância —*
*Do mar ou outra, mas que seja nossa!*

**Fernando Pessoa**

O poema é uma prece. Não bastasse o título para anunciar a prece, o léxico e o discurso fazem soar uma invocação ao divino: senhor, alma, a chama, sopro, aragem. A prece se desenvolve em 3 estrofes. Na primeira, uma confissão; na segunda, a esperança; na última, um desejo. A confissão se faz por meio de símbolo, para reconhecer a degradação de Portugal. Antes o Império; hoje, o mais modesto país europeu, em termos econômicos e culturais: "a noite veio, restam-nos hoje o mar universal e a saudade". A esperança, também por meio de símbolo. Esperança da chama, a chama de nossa gente pode ainda ser erguida pela mão do vento. Por último, um apelo. Conquistemos a distância do mar ou outra distância, mas que seja de Portugal. A distância do mar conquistada no passado pertence a todos. É preciso hoje outra glória, outro Império, que sejam exclusivos do povo português. Confissão, esperança, desejo. Na confissão, predomina o presente do indicativo, coerente com a declaração que se faz: a noite veio, a alma é vil, restam-nos o mar e a saudade. Na esperança, predomina o passado perfeito, coerente com a lembrança do passado: a vida em nós criou, o frio morto ocultou em cinzas. No desejo predomina o imperativo, coerente com o apelo que se proclama: Dá o sopro, a aragem, conquistemos a distância. Duas vezes aparece no poema a conjunção adversativa "mas". Se é adversativa, nega então, pelo menos em parte, o que se declara antes.

*"Senhor, a noite veio, mas*
*A chama ainda não é finda"*

*"E outra vez conquistemos a distância*
*Do mar ou outra mas que seja nossa"*

## Em outros termos

Senhor, o império Português se desfez mas a força e a ousadia de nossa gente ainda não morreram. Como também, e outra vez, conquistemos outros valores mas que sejam eles apenas do povo português e não como aquele outro que pertence à humanidade. Na confissão, é de entender-se que predominem expressões de conotação negativa, já que fala de um presente decadente em contraposição a um passado de glória: a noite veio, a alma é vil, tormenta, silêncio hostil, saudade. Na esperança, é de entender--se que predominem expressões de conotação positiva como esperança de um Portugal futuro: a chama não é finda; a mão do vento pode erguer a chama ainda. No desejo, é de entender-se que predominem expressões de conotação positiva, já que se apela a que Portugal encontre seu futuro, tão grandioso como fora seu passado: Sopro, aragem, a chama se remoça, conquistemos a distância do mar, que seja nossa.

# 11

# O Encoberto. Os Avisos

## Segundo - Antônio Vieira

*O céu 'strela o azul e tem grandeza.*
*Este, que teve a fama e a glória tem,*
*Imperador da língua portuguesa,*
*Foi-nos um céu também.*

*No imenso espaço seu de meditar,*
*Constelado de forma e de visão,*
*Surge, prenúncio claro do luar,*
*El-Rei D. Sebastião.*

*Mas não, não é luar: é luz do etéreo.*
*É um dia, e, no céu amplo de desejo,*
*A madrugada irreal do Quinto Império*
*Doira as margens do Tejo.*

**Fernando Pessoa**

O céu estrela o azul e tem grandeza; Padre Antônio Vieira, imperador da Língua Portuguesa, é o céu de Portugal e de seu idioma. "Céu" aparece assim no poema como metáfora para significar tanta glória. O que é o céu para o azul imenso do firmamento, é-o Vieira para sua Pátria e para a Língua Portuguesa. O domínio da Língua é poder. Com ele, a volta de D. Sebastião, o Sebastianismo, o Quinto Império. Deu-se o nome de Quinto Império ao sonho de Vieira. Para o grande pregador, Portugal, pelas mãos de D. João IV, realizaria o reino universal de Cristo. O Quinto Império seguiria após os quatro impérios do passado: Grécia, Roma, Cristandade, Europa, Império Português.

Ouçamos Vieira:

*"Todos os reinos se unirão em um ceptro, todas as cabeças obedecerão a uma suprema cabeça, todas as coroas rematarão em um só diadema, e esta será a peanha de uma cruz de Cristo". (Peanha é o pequeno pedestal sobre o qual assenta a cruz de Cristo)".*

Quinto Império, império de fraternidade e de paz universais. Ao desaparecimento de D. Sebastião seguiu-se a perda da identidade nacional. É preciso constituir um novo Império.

Padre Antônio Vieira, nasceu em Lisboa em 1608 e faleceu no Brasil em 1697. Viveu praticamente o século XVII inteiro e foi a figura mais expressiva de sua época. Como orador sagrado atingiu universal conceito. Aos brasileiros impõe-se como defensor dos índios e eloquente adversário da invasão holandesa. Viveu grande parte de sua vida no Brasil. Aqui mesmo, no Maranhão, foi preso pelos que defendiam a escravidão do índio e, em Lisboa, preso dois anos pela Santa Inquisição, castigo por suas ideias liberais e sebastianistas. "Não há maior comédia do que a minha vida; e quando quero ou chorar, ou rir, ou admirar-me, ou dar graças a Deus, ou zombar do mundo, não tenho mais que olhar para mim" (Carta de Vieira a um amigo). Com efeito, sua obra foi a sua vida: a mesma grandeza, o mesmo excepcional talento. É o mais fluente, expressivo e rico prosador do século XVII. *Sermões* é sua obra principal: contêm cerca de duzentas peças oratórias, num estilo viril, enérgico e másculo. Sua oratória expõe, demonstra, raciocina e prova. É verdadeiro silogismo. Lança a premissa maior, e prova sua veracidade; trabalha com a menor, e chega insofismavelmente à conclusão, que é sua tese. De seus duzentos sermões e mais de quinhentas cartas, destacam-se Sermão de Santo Antônio aos Peixes , Sermão pelo Bom Sucesso das Armas de Portugal contra as de Holanda, Sermão de São Roque, Sermão da Sexagésima, Sermão das Verdadeiras e Falsas Riquezas.

# 12
# O Encoberto – Os Tempos

### Terceiro - Calma

*Que costa é que as ondas contam*
*E se não pode encontrar*
*Por mais naus que haja no mar?*
*O que é que as ondas encontram*
*E nunca se vê surgindo?*
*Este som de o mar praiar*
*Onde é que está existindo?*

*Ilha próxima e remota,*
*Que nos ouvidos persiste,*
*Para a vista não existe.*
*Que nau, que armada, que frota*
*Pode encontrar o caminho*
*A praia onde o mar insiste,*
*Se à vista o mar é sozinho?*

*Haverá rasgões no espaço*
*Que dêem para outro lado,*
*E que, um deles encontrado,*
*Aqui, onde há só sargaço,*
*Surja uma ilha velada,*
*O país afortunado*
*Que guarda o Rei desterrado*
*Em sua vida encantada?*

**Fernando Pessoa**

O sujeito poético vislumbra a existência de uma realidade que existe além do mar. Por mais naus que haja no mar, não se podem encontrar todas as ondas do mar. "Este som de o mar praiar / onde é que está existindo?"

Sujeito Poético e o desconhecido... Que é que os une? Relaciona-os o ecoar das ondas. "Ilha próxima e remota..." como é possível a mesma ilha receber dois adjetivos contraditórios entre si? O paradoxo se desfaz, ao percebermos que a ilha se aproxima do poeta pelo som das águas que nela se quebram e se distancia pelo sonho e pelo devaneio. Aproxima-se pelo sentido auditivo e distancia-se pelo sentido da visão. A ilha existe para os ouvidos mas para a vista não existe. Não se encontra o caminho desta ilha, já que não é suscetível de ser conhecida pelo sentido da visão. Não há qualquer possibilidade de se trilhar o caminho que conduz àquela ilha. Isso através dos meios convencionais e reais. É possível atingir aquela ilha velada (encoberta) através do espaço sideral, do sonho, da fantasia, do ideal. Lá está o Rei desterrado em sua vida encantada. Encontrá-lo seria a concretização do sonho, da fantasia, do ideal. Aqui só há sargaço (algas escuras). Lá, naquela ilha encoberta, mora o país afortunado. Encontrar o Rei seria a realização do sonho. O mar que Portugal já desvendou, não lhe dá hoje a glória e o sonho. É preciso desvendar a ilha velada onde lhe aguarda o Rei desterrado. Para se chegar à ilha, não se pode usar a mesma trilha que fora usada na época dos descobrimentos. A trilha é outra. É sideral. São rasgões no espaço. É sonho. É devaneio. Só assim pode-se agora ser encontrado o país afortunado onde mora o desterrado Rei.

# Fernando Pessoa
# Ortônimo - O lírico

## I

Negação da realidade, resultada da incapacidade de viver .

*"Tudo o que faço ou medito*
*Fica sempre na metade"*

## II

Oposição expressiva entre o "pensar" e o "sentir".

*"O amor quando se revela*
*Não se sabe revelar"*

## III

Consciência da solidão.

*"E como é branca de graça*
*A paisagem que não sei,*
*Vista de traz da vidraça*
*Do lar que nunca terei"*

## IV

Dúvida e angústia existenciais.

*"Em toda a noite o sono não veio.*
*Agora raia do fundo*
*Que faço eu do mundo ?*

## V

Evolução nostálgica de um passado perdido

*"O sino da minha aldeia*

*.........................................*

*A cada pancada tua*

*.........................................*

*Sinto mais longe o passado*
*Sinto a saudade mais perto"*

## VI

Alienação de si próprio, a fragmentação do eu
*"Não sei quantas almas tenho*
*Cada momento mudei"*

## VII

Náusea, desespero, tristeza, dor, tédio.
*"Toma-me, ó noite eterna, nos teus braços*
*E chama-me teu filho"*

## VIII

A incapacidade de ser feliz
*"Ah, poder ser tu sendo eu!*
*Ter a tua alegre inconsciência*
*E a consciência disso...!*

## IX

Fingimento Poético
*"O poeta e um fingidor.*
*Finge tão completamente*
*Que chega a fingir que e a dor*
*A dor que deveras sente"*

# 1
# Tudo que eu faço ou medito

*Tudo que faço ou medito*
*Fica sempre na metade*
*Querendo, quero o infinito.*
*Fazendo, nada é verdade.*

*Que nojo de mim me fica*
*Ao olhar para o que faço!*
*Minha alma é lúdica e rica,*
*E eu sou um mar de sargaço.*

*Um mar onde bóiam lentos*
*Fragmentos de um mar de além...*
*Vontades ou pensamentos?*
*Não o sei e sei-o bem.*

**Fernando Pessoa**

O poema é formado de três estrofes, três quadras, versos de redondilha maior (sete sílabas poetas) com rimas cruzadas (ABAB). Algumas rimas ricas (metido / infinito; fica / rica; faço / sargaço; lentos / pensamentos), já que se processam entre palavras de diferentes classes gramaticais. Outras rimas são pobres (metade/ verdade; de além / bem), já que se processam entre palavras de mesma classe gramatical. Os dois primeiros versos de cada quadra anunciam uma conjuntura pessoal: a tomada de consciência de uma fraqueza. Os dois últimos versos de cada quadra explicam a razão desta crise existencial. Na primeira quadra, primeiro anuncia que tudo que faz fica pela metade:

*Tudo que faço ou medito*
*Fica sempre pela metade.*

Depois, o poeta explica a razão por que toma consciência desta incapacidade de realização. É o choque entre duas vontades: querer e fazer. Nem tudo que quer, realiza-se com o fazer. A frustração é manifesta.

*Querendo, quero o infinito.*
*Fazendo, nada é verdade.*

Na segunda quadra, de pronto, o poeta confessa o nojo que tem por ele mesmo quando toma consciência daquilo que consegue fazer.

*Que nojo de mim me fica*
*Ao olhar para o que faço!*

Logo em seguida, o desconcerto entre a lucidez e a riqueza da alma e a mediocridade e a pobreza das realizações. Minha alma é lúdica e rica, e eu sou um mar de sargaço. Por último, na terceira quadra, o poeta, apesar de se autodenominar "um mar de sargaço", ameniza a qualificação negativa, anunciando que sonhos, devaneios e o infinito ainda habitam seu espírito:

*Um mar onde boiam lentos*
*Fragmentos de um mar de além...*

Intuitivamente, o autor sabe de toda conjuntura pessoal; racionalmente não sabe de nada:

*Vontades ou pensamentos?*
*Não o sei e sei-o bem.*

A figura da antítese está presente no texto: metade / infinito; alma lúdica e rica / um mar de sargaço / onde bóiam lentos fragmentos de um mar de além; não o sei / sei-o bem.

Palavras ou expressões-chave de cada estrofe:

1ª – Querer – Fazer
2ª – Alma lúdica – Mar de sargaço
3ª – Vontade ou Pensamento
   Não o sei e seio-o bem.

# 2
# Não sei se é sonho, se realidade

Não sei se é sonho se realidade,
Se uma mistura de sonho e vida,
Aquela terra de suavidade
Que na ilha extrema do sul se olvida.
É a que ansiamos. Ali, ali,
A vida é jovem e o amor sorri.

Talvez palmares inexistentes,
Áleas longínquas sem poder ser,
Sombra ou sossego deem aos crentes
De que essa terra se pode Ter
Felizes, nós? Ah, talvez, talvez,
Naquela terra, daquela vez.

Mas já sonhada se desvirtua,
Só de pensá-la cansou pensar,
Sob os palmares, à luz da lua,
Sente-se o frio de haver luar.
Ah, nesta terra também, também
O mal não cessa, não dura o bem.

Não é com ilhas do fim do mundo,
Nem com palmares de sonho ou não,
Que cura a alma do seu mal profundo,
Que o bem nos entra no coração.
É em nós que é tudo. É ali, ali,
Que a vida é jovem e o amor sorri.

**Fernando Pessoa**

O tema do poema é simples: "A felicidade não está além do horizonte". A felicidade está dentro de nós. A última estrofe fecha formalmente o poema e lhe dá o sentido temático:

*Não é com ilhas do fim do mundo,*
..................................................
*É em nós que é tudo. É ali, ali,*
*Que a vida é jovem e o amor sorri.*

Na primeira estrofe, o autor anseia, deseja ardentemente, sonha com uma terra de suavidade, portanto um lugar físico que se perde numa extrema ilha do Sul. Certamente, imagina, é lá o lugar da felicidade. Lá "a vida é jovem e o amor sorri". Na segunda estrofe, surge a dúvida, a incerteza: "Talvez palmares", "Ah, talvez, talvez". Surge a interrogação: "Felizes, nós?" e a dúvida começa a questionar a certeza da primeira estrofe. A dúvida passa a ser o começo da sabedoria que se lê na última estrofe. Na terceira estrofe, não há mais dúvida. Existe a certeza da infelicidade. Aquela ilha extrema do Sul não é o lugar da felicidade e do bem. O autor lírico nem precisou visitá-la para conhecer esta certeza. Bastou sonhar com ela, pensar nela para sentir o frio da alma, ainda que "sob os palmares, à luz da lua". Lá "o mal não cessa, não dura o bem", precisamente porque os palmares não existem. Só a sombra ou o sossego dão aos ingênuos a crença de que este lugar possa existir. Na quarta e última estrofe, o tema envolvido na conclusão sábia: a felicidade está dentro de nós, cada homem é um universo em miniatura. E aquela terra de sua vida, ilha extrema do Sul, está dentro de nós. A alma não se cura com ilhas do fim do mundo nem com palmares de sonho. A alma se cura com o conhecimento de si mesma, em busca da individualidade e da liberdade. A figura da antítese (oposição de ideias) domina todo o poema. Não é de se estranhar. Se o poeta define um lugar paradisíaco, em terra de felicidade, uma ilha extrema do Sul como o ideal de vida e, na última estrofe, nega o que disse de si, nada mais natural que a antítese domine o texto. Observe:

"não sei se é sonho, se realidade"

Sonho / realidade

"se uma mistura de sonho e vida"

Sonho / vida

"Áleas longínquas sem poder ser"

Áleas (sorte) / sem poder ser

"mas já sonhada se desvirtua"

Sonhada (idealizada) / desvirtua (corrompe, deprecia)

"só de pensá-la cansou pensar"

Pensar / cansou

"o mal não cessa, não dura o bem"

O mal / o bem

"nem com palmares de sonho ou não"

Sonho / não (sonho)

"Que cura a alma seu mal profundo,
Que o bem nos entra no coração"

Mal / bem

"Não é com ilhas do fim do mundo,
É em nós que é tudo..."

Ilhas do fim do mundo / nós

"Vós buscais o reino de Deus e ele está dentro de vós"

# 3

# O amor, quando se revela

*O amor, quando se revela,*
*Não se sabe revelar.*
*Sabe bem olhar p'ra ela,*
*Mas não lhe sabe falar.*

*Quem quer dizer o que sente*
*Não sabe o que há de dizer.*
*Fala: parece que mente*
*Cala: parece esquecer*

*Ah, mas se ela adivinhasse,*
*Se pudesse ouvir o olhar,*
*E se um olhar lhe bastasse*
*Pra saber que a estão a amar!*
*Mas quem sente muito, cala;*
*Quem quer dizer quanto sente*
*Fica sem alma nem fala,*
*Fica só, inteiramente!*

*Mas se isto puder contar-lhe*
*O que não lhe ouso contar,*
*Já não terei que falar-lhe*
*Porque lhe estou a falar...*

**Fernando Pessoa**

*"O amor, quando se revela,*
*Não se sabe revelar".*

Este paradoxo é resolvido, dando ao verbo "revelar" sentido diverso. No primeiro verso, "revelar" é aparecer, surgir, mostrar, fazer conhecer-se. No segundo verso, "revelar" é declarar, divulgar, manifestar-se, proferir. Então, o amor quando é sentido, não sabe ser comunicado. Pensar é falar sem ruído. Ora, quem ama, pensa o amor mas não consegue "pensar" com ruído, porque não consegue falar.

*"Fala: parece que mente*
*Cala: parece esquecer"*

Já que "quem quer dizer o que sente / não sabe o que há de dizer", quando fala, mente. O amante não consegue traduzir, em palavras, seu pensamento.

Quando insiste em fazê-lo, falando, mente. Não existe correspondência entre o pensamento e a fala, quando o assunto é o amor. Portanto, falar do próprio amor é mentir. Solução: - o amante cala-se. Calando-se, parece esquecer o amor que lhe invade a alma. É um paradoxo. Se fala, mente. Se cala, parece não amar.

*"Ah, mas se ela adivinhasse,*
*Se pudesse ouvir o olhar,"*

O caminho é esse mesmo. É preciso adivinhar o amor e ouvir a declaração de amor no olhar. A exclamação "ah" demonstra a vontade que tem o sujeito lírico de ser entendido.

*"Mas quem sente muito, cala;*
*Fica só, inteiramente"*

A adversativa "mas" é expressiva. Com ela, o sujeito insiste em declarar serem incompatíveis o amor e sua comunicação.

*"Já não terei que falar-lhe*
*Porque estou a falar"*

Outro paradoxo. Quem ama não consegue falar de seu amor. Mas o que fez o poeta nestes versos? Falou, do primeiro ao último verso, do amor que sente pela amada. Não consegue falar de amor, mas quer falar. Não precisa mais falar porque, nestes versos, já falou.

Para Carlos Drummond de Andrade, amar é falar. Leia com atenção

*Quero que todos os dias do ano*
*todos os dias da vida*
*de meia em meia hora*
*de 5 em 5 minutos*
*me digas: Eu te amo.*

*Ouvindo-te dizer: Eu te amo*
*creio, no momento, que sou amado.*
*No momento anterior*
*e no seguinte, como sabê-lo?*

*Quero que me repitas até a exaustão*
*que me amas que me amas que me amas.*
*Do contrário evapora-se a amação*
*pois no dizer: Eu te amo,*
*desmentes*
*apagas*
*teu amor por mim.*

*Exijo de ti o perene comunicado.*
*Não exijo senão isto,*
*isto sempre, isto cada vez mais.*

*Quero ser amado por e em tua palavra*
*nem sei de outra maneira a não ser esta*
*de reconhecer o dom amoroso,*
*a perfeita maneira de saber-se amado:*
*amor na raiz da palavra*
*e na sua emissão,*
*amor*
*feito com*
*vibração espacial.*

*No momento em que não me dizes:*
*Eu te amo,*
*inexoravelmente sei*
*que deixaste de amar-me,*
*que nunca me amaste antes.*

*Se não me disseres urgente repetido*
*Eu te amoamoamoamoamo,*
*verdade fulminante que acabas de desentranhar,*
*eu me precipito no caos,*
*essa coleção de objetos de não-amor.*

O amor só passa a existir quando se manifesta por meio da fala. O amor só se realiza na realidade lingüística. Para Pessoa, quem ama, não fala. Para Drummond, só ama, quem fala. Para o primeiro, o mundo interior existe sem sua expressão. Para o poeta português "falar de amor é mentir". Para o poeta brasileiro, "não falar de amor" é admitir seu perecimento. Observe a gradação crescente e depois decrescente: dias do ano, dias da vida, meia hora, 5 minutos. Há uma contradição no poeta, versos desafinados com o sentido geral do texto. Atente: "pois no dizer: Eu te amo, / desmentes, / apagas / teu amor por mim". Falar que ama é igual ao ato de falar: "Quero ser amado por e em tua palavra". Pelo contrário, não falar que ama é igual ao ato de não amar: "No momento em que não me dizes: Eu te amo, inexoravelmente sei que deixaste de amar-me". Para Pessoa, o amor não sabe revelar. Para Drummond, o amor só existe quando revelado pela palavra.

Parece-nos que se aproximam de Drumond os versículos, Capítulo Primeiro, do Evangelho de Jesus Cristo, segundo São João:
"No princípio era o verbo, e o verbo estava com Deus, e o verbo era Deus... Todas as coisas foram feitas pelo verbo e nada do que foi feito, foi feito sem o verbo. No verbo estava a vida e a vida era a luz dos homens...
E verbo se fez carne e habitou entre nós".

# 4
# Natal... Na província neva

*Natal... Na província neva.*
*Nos lares aconchegados,*
*Um sentimento conserva*
*Os sentimentos passados.*

*Coração oposto ao mundo,*
*Como a família é verdade!*
*Meu pensamento é profundo,*
*Stou só e sonho saudade.*

*E como é branca de graça*
*A paisagem que não sei,*
*Vista de trás da vidraça*
*Do lar que nunca terei!*

**Fernando Pessoa**

Na primeira estrofe, o Natal faz aproximar o passado e o presente. Esta aproximação se processa no lar. Então, o Natal favorece as relações de família. A antítese é expressiva. Lá fora **neva,** mas cá dentro os lares são **aconchegantes**. Na segunda estrofe, o poeta lírico constata que o coração, sentimental como a família, situa-se oposto ao mundo. Aqui dentro, a família e o coração, unindo o passado e o presente. Lá fora, o mundo assistindo ao afastamento, ao isolamento, à destruição das relações humanas. A saudade lhe invade a alma, porque não está no lar. Está fora. Lá fora neva. Na terceira estrofe, a paisagem é branca de graça, ou seja, é meiga, sublime, elevada, pura, desde que vista de trás da vidraça de um lar... e este lar o sujeito lírico nunca terá. No aconchego do lar, a neve é pureza vista de dentro para fora. O sujeito lírico lamenta sua solidão.

## Natal

No ermo agreste, da noite e do presepe, um hino
De esperança pressaga enchia o céu, com o vento...
As árvores: "Serás o sol e o orvalho!" E o armento:
"Terás a glória!" E o luar: "Vencerás o destino!"

E o pão: "Darás o pão da terra e o pão divino!"
E a água: "Trarás alívio ao mártir e ao sedento!"
E a palha: "Dobrarás a cerviz do opulento!"
E o tecto: "Elevarás do opróbrio o pequenino!"

E os reis: "Rei, no teu reino, entrarás entre palmas!"
E os pastores: "Pastor, chamarás os eleitos!"
E a estrela: "Brilharás, como Deus, sobre as almas!"

Muda e humilde, porém, Maria, como escrava,
Tinha os olhos na terra em lágrimas desfeitos;
Sendo pobre, temia; e, sendo mãe, chorava.

**Olavo Bilac**

## Soneto de Natal

Um homem, — era aquela noite amiga,
Noite cristã, berço do Nazareno, —
Ao relembrar os dias de pequeno,
E a viva dança, e a lépida cantiga,

Quis transportar ao verso doce e ameno
As sensações da sua idade antiga,
Naquela mesma velha noite amiga,
Noite cristã, berço do Nazareno.

*Escolheu o soneto... A folha branca*
*Pede-lhe a inspiração; mas, frouxa e manca,*
*A pena não acode ao gesto seu.*

*E, em vão lutando contra o metro adverso,*
*Só lhe saiu este pequeno verso:*
*"Mudaria o Natal ou mudei eu?"*

**Machado de Assis**

"Natal" de Fernando Pessoa é solidão.
"Natal" de Olavo Bilac é esperança.
"Natal" de Machado de Assis é mudança.

Em Pessoa, o verso-chave:
*"Stou só e sonho saudade"*

Em Bilac, o verso-chave:
*"No ermo agreste, da noite e do presepe, um hino*
*De esperança pressaga enchia o céu, com o vento..."*

Em Machado, o verso-chave:
*"Mudaria o Natal ou mudei eu?"*

Dos três poemas sobre o Natal, o de Bilac, o mais cristão; o de Machado, o mais realista; o de Pessoa, o mais amargo.

## 5

# Em toda a noite o sono não veio

*Em toda a noite o sono não veio. Agora*
*Raia do fundo*
*Do horizonte, encoberta e fria, a manhã.*
*Que faço eu no mundo?*
*Nada que a noite acalme ou levante a aurora,*
*Coisa séria ou vã.*

*Com olhos tontos da febre vã da vigília*
*Vejo com horror*
*O novo dia trazer-me o mesmo dia do fim*
*Do mundo e da dor*
*Um dia igual aos outros, da eterna família*
*De serem assim.*

*Nem o símbolo ao menos vale, a significação*
*Da manhã que vem*
*Saindo lenta da própria essência da noite que era,*
*Para quem*
*Por tantas vezes ter sempre esperado em vão,*
*Já nada espera.*

**Fernando Pessoa**

Na primeira estrofe, surge, de pronto, o tempo do poema: a noite e a madrugada. Na noite, a insônia. Na madrugada, uma manhã que surge, encoberta e fria. Em toda a noite... o artigo definido antes do substantivo "noite" denota "noite inteira", "noite toda" e não qualquer noite. A noite é de vigília. A madrugada que lhe segue, é encoberta e fria. O sentido é paralelo. Noite de insônia seguida da madrugada gelada e nebulosa. "Que faço eu no mundo?". É a dúvida existencial anunciada pela interrogação. Por que existe? Que valor tem sua vida? Por que a angústia não o deixa dormir? O poeta vê, com horror, que a madrugada não anuncia a esperança de um novo dia. Anuncia sim um dia igual aos outros; um dia povoado de outros; um dia povoado de noite de insônia e de vigília que o leva a uma madrugada encoberta e fria. Assim todos os dias. Assim todas as noites. A manhã que vem nem simbolicamente vale como um novo amanhã. O poeta vê, com horror, o novo dia igual a todos, uma nova manhã que nem a metáfora colabora em anunciar um novo dia. Vê, com horror, que nada mais espera de um novo dia, embora já o tenha, em vão, esperado.

# 6
# Ó sino da minha aldeia

Ó sino da minha aldeia
Dolente na tarde calma,
Cada tua badalada
Soa dentro da minha alma.

E é tão lento o teu soar,
Tão como triste da vida
Que já a primeira pancada
Tem o som de repetida

Por mais que me tanjas perto
Quando passo sempre errante
És para mim como um sonho
Soas-me na alma distante.

A cada pancada tua
Vibrante no céu aberto
Sinto mais longe o passado
Sinto a saudade mais perto.

**Fernando Pessoa**

O poema fala do tempo e, em especial, do passado. São quatro estrofes e cada uma delas formada por quatro versos de redondilha maior. Em cada estrofe, um paradoxo ou antítese. Na primeira, o sino é dolente na tarde calma mas cada balada soa na alma. Na segunda, a primeira pancada tem o som de repetida. Na terceira, tange perto mas soa na alma distante. Na última, mais longe o passado mas a saudade mais perto. As antíteses e os paradoxos se justificam: O passado invade a alma do poeta... e aquele passado distante torna-se presente. A magia que faz o passado tornar-se presente, tem um agente: o sino da aldeia do poeta. Os adjetivos são expressivos e revelam a interioridade saudosa do poeta: sino dolente, tarde calma, soar lento e triste, o "eu" errante, alma distante, passado longe, saudade perto.

Os substantivos também invocam a recordação: sino, aldeia, tarde, alma, som, sonho, céu, passado, saudade.

Os verbos escolhidos tocam a alma do sujeito lírico: soar, tanger, sentir.

Verso que resume o tema do poema

"Sinto a saudade mais perto"

# 7

# Não sei quantas almas tenho

Não sei quantas almas tenho.
Cada momento mudei.
Continuamente me estranho.
Nunca me vi nem acabei.
De tanto ser, só tenho alma.
Quem tem  alma não tem calma.
Quem vê é só o que vê,
Quem sente não é quem é,

Atento ao que sou e vejo,
Torno-me eles e não eu.
Cada meu sonho ou desejo
É do que nasce e não meu.
Sou minha própria paisagem;
Assisto à minha passagem,
Diverso, móbil e só,
Não sei sentir-me onde estou.

Por isso, alheio, vou lendo
Como páginas, meu ser.
O que segue não prevendo,
O que passou a esquecer.
Noto à margem do que li
O que julguei que senti.
Releio e digo: "Fui eu?"
Deus sabe, porque o escreveu.

**Fernando Pessoa**

Quem sou eu? É o que tenta responder o poeta em seu poema. Ele se parte em vários. "Não sei quantas almas tenho". O próprio autor já dissera em outra oportunidade: "sinto-me múltiplo. Sou um quarto com inúmeros espelhos fantásticos que torcem para reflexões falsas uma única realidade que não está em nenhuma e está em todas". É lógico que diga no 3º verso que desconhece a si mesmo: "Continuamente me estranho". E, desconhecendo-se, sente-se despersonalizado: "Quem vê é só o que vê, / Quem sente não é quem é". Desconhecendo-se é inevitável sua inadaptação: "Não sei sentir-me onde estou"

Observe que o poeta inicia o poema na primeira pessoa-: não sei... mudei... me estranho... nunca vi... nem achei... só tenho alma. Contudo, repentinamente, no 5º verso, o autor passa para a 3º pessoa-: Quem tem... não tem... quem vê... quem sente... quem é. A mudança de pessoa indica que o problema da fragmentação da alma não é só dele. Busca o autor, com a mudança de pessoa, anunciar a generalização da crise, que já anuncia no primeiro verso. "Quem tem alma não tem calma". Ou seja, basta ser humano para sentir o que sente o sujeito lírico. Ver, sentir e ser. Quem apenas vê é aquilo que vê. Contudo, quem sente não é o mesmo antes de ter sentido. "Ver" é físico; "sentir" é espírito. Vê-se com os olhos. Sente-se com a alma. Portanto, "quem tem alma não tem calma". Na segunda estrofe, o sujeito poético volta-se à primeira pessoa: atento... eu sou... vejo. Ainda aí, a alma se esfacela. Três adjetivos expressivos qualificam seu "eu": diverso, móbil e só. "Diverso", porque oferece vários aspectos, diferente. "Móbil", porque é volúvel, inconstante. "Só", porque sem companhia, isolado, solitário. O mundo é uma aglomerada solidão: "Quem tem alma não tem calma". Na terceira e última estrofe, uma conclusão. A metáfora é eloquente. Sua vida é um livro que o sujeito lírico lê. Toma nota à margem do livro daquilo que já leu e da leitura que faz, interpreta sua vida. Ao reler, no futuro, questiona se o livro ou as anotações expressam sua vida. Ou seja, não se reconhece no livro e nas anotações de sua própria vida. Sem passado. Sem futuro. Só Deus sabe por que escreveu sua vida assim.

# 8

# O menino da sua mãe

No plaino abandonado
Que a morna brisa aquece,
De balas trespassado
- Duas, de lado a lado-,
Jaz morto, e arrefece.

Raia-lhe a farda o sangue.
De braços estendidos,
Alvo, louro, exangue,
Fita com olhar langue
E cego os céus perdidos.

Tão jovem! Que jovem era!
(agora que idade tem?)
Filho único, a mãe lhe dera
Um nome e o mantivera:
"O menino de sua mãe".

Caiu-lhe da algibeira
A cigarreira breve.
Dera-lhe a mãe. Está inteira
É boa a cigarreira.
Ele é que já não serve.

De outra algibeira, alada
Ponta a roçar o solo,
A brancura embainhada
De um lenço... deu-lho a criada
Velha que o trouxe ao colo.

*Lá longe, em casa, há a prece:*
*"Que volte cedo, e bem!"*
*(Malhas que o Império tece")*
*Jaz morto, e apodrece,*
*O menino de sua mãe.*

**Fernando Pessoa**

Um poeta ser antibelicista é redundância. Todo poeta ama a vida e a liberdade. A posição de Fernando Pessoa contra a primeira guerra mundial é anunciada em uma dúzia de poemas, alguns escritos em língua inglesa. Em "Ode Marcial", Álvaro de Campos insurge-se contra o horror da guerra.

*"A minha cruz está dentro de mim, hirta, a escaldar, a quebrar*
*E tudo dói na minha alma extensa como um Universo"*

Ricardo Reis não é indiferente aos horrores da guerra:

*"Ardiam casas, saqueadas eram*
*As arcas e as preces,*
*Violadas, as mulheres eram postas*
*Contra os muros caídos,*
*Trespassadas de lanças, as crianças*
*Eram sangue na rua..."*

"O menino da sua mãe" fica dentro deste contexto: a futilidade da guerra. Um jovem – talvez soldado, jaz morto, putrefacto. Duas balas trespassam seu corpo. O sangue na farda reproduz, com mais intensidade, a luz do sol. Os braços estendidos. Esvaído em sangue, fita com olhar desfalecido e abatido e cego os céus perdidos. Observe a bela construção, aparentemente paradoxal – "Fita cego". Se está cego, como fita? O paradoxo se desfaz quando entendemos que o jovem, de braços estendidos, olhos abertos postos em direção ao céu, mas nada vê porque jaz morto. É jovem como todo convocado à guerra. Filho único. A cigarreira – estojo em que se guardam cigarros – está intacta. Ele é que não está intacto, porque jaz morto. A mãe lhe deu a vida e a cigarreira. Sobrou-lhe esta última. Irônico consolo. Também a criada. Cuidou dele e de seu lenço. Sobrou-lhe este último. Irônico consolo. Lá longe, ouve-se a prece.

"Que volte cedo, e bem!"

São malhas que o Império tece. As malhas são tecidas, ponto a ponto, criadas pelo trabalho incansável, geralmente, das mulheres. A história de um Império, por metáfora, é a confecção de uma malha. Mas a oração "que volte cedo, e bem!" está em antítese com o desfecho do poema, já que o filho jaz morto e apodrece. As orações e o desfecho trágico são malhas que o Império tece. É a história.

# Fernando Pessoa
# Heterônimo – Álvaro de Campos

## Características de suas poesias

**I**

O Canto da civilização industrial moderna e do futuro; a civilização mecânica, a máquina, a velocidade, a energia, o progresso, a chaminé a fumaça - o Futurismo.

*"A dolorosa luz das grandes lâmpadas elétricas da fábrica*
*Tenho febre e escrevo,*
*Escrevo, rangendo os dentes, fera para a beleza disto,*
*Para a beleza disto totalmente desconhecida dos antigos"*

**II**

A lembrança de uma infância perdida.

*"No tempo em que festejavam o dia dos meus anos,*
*Eu era feliz e ninguém estava morto.*
*...........................................................................................................*
*Raiva de não trazido o passado roubado na algibeira."*

**III**

Solidão, isolamento , aversão à vida real.

*"Outra vez te revejo - Lisboa e Tejo e tudo -*
*Transeunte inútil de ti de mim,*
*Estrangeiro aqui como em toda a parte"*

## IV

Inexistência de uma razão para viver.
*"A vida é uma fabula, sem sentido, contada por um idiota"*
*(SHAKESPEARE)*

*"Ah a frescura na face de não cumprir um dever*

..............................................................................................

*Respiro melhor agora que passaram as horas dos encontros.*
*Faltei a todos, com uma deliberação do desleixo...*

.........................................................................................."

## V

Náusea , desespero existencial, desânimo, cansaço. "A morte é o sinal de igual na equação da vida ".

*"Súbita, uma angústia...*
*Ah, que angústia, que náusea do estômago à alma !*

..............................................................................................

*Deem –me de beber, que não tenho sede !"*

## VI

Frustração amorosa; ausência de um sentido para o amor.

*"Um dia, num restaurante, fora do espaço e do tempo,*
*Serviram – me o amor como dobrada fria."*

..............................................................................................

*Mas se eu pedi amor, porque é que me trouxeram*
*Dobrada à moda do Porto fria?*

## VII

Poema confessional.

*"Nunca conheci quem tivesse levado porrada.*
.................................................................................
*Então sou só eu que é vil errôneo nesta terra?"*

## VIII

"Violação a uma conduta social ou moral já estabelecida.

*"Depois de amanhã, sim, só depois de amanhã...*
*Levarei amanhã a pensar em depois de amanhã ..."*

## IX

Texto antifilosófico e antipoético.

*"Na véspera de não partir nunca*
*Ao menos não há que arrumar malas"*

## X

Sadismo.

*"Lembro-me de que seria interessante*
*Enforcar os filhos à vista das mães*
*(mas sinto-me sem querer as mães deles),*
*Enterrar vivas nas ilhas desertas as crianças de quatro anos*
*Levando os pais em barcos até lá para verem*
*(mas estremeço, lembrando-me dum filho que não tenho e está dormindo*
*tranquilo em casa)".*

## XI

Masoquismo.

*"Eu podia morrer triturado por um motor*
*Com o sentimento de deliciosa entrega duma mulher possuída*
*Atirem-me para dentro das fornalhas!*
*Metam-me debaixo dos comboios!*
*Espanquem-me a bordo de navios!".*

# 1
# Aniversário

No tempo em que festejavam o dia dos meus anos,
Eu era feliz e ninguém estava morto.
Na casa antiga, até eu fazer anos era uma tradição de há séculos,
E a alegria de todos, e a minha, estava certa com religião qualquer.

No tempo em que festejam o dia dos meus anos,
Eu tinha a grande saúde de não receber coisa nenhuma,
De ser inteligente entre a família,
E de não ter as esperanças que os outros tinham por mim.
Quando vim a ter esperanças, já não sabia ter esperanças.
Quando vim a olhar para a vida, perdera o sentido da vida.

Sim, o que fui de suposto a mim-mesmo,
O que fui de coração e parentesco.
O que fui de serão de meia-província,
O que fui de amarem-me e eu ser menino,
O que fui - ai, meus Deus!, o que hoje sei que fui...
A que distância!...
(Nem o acho...)
O tempo em que festejam o dia dos meus anos!

O que eu sou hoje é como a umidade no correr do fim da casa,
Pondo grelado nas paredes...
O que eu sou hoje (e a casa dos que me amaram treme através das minhas
lágrimas),
O que eu sou hoje é terem vendido a casa,
É terem morrido todos,
É estar eu sobrevivente a mim-mesmo como um fósforo frio...

*No tempo em que festejavam o dia dos meus anos,*
*Que meu amor, como uma pessoa, esse tempo!*
*Desejo físico da alma de se encontrar ali outra vez,*
*Por uma viagem metafísica e carnal,*
*Com uma dualidade de eu para mim...*
*Comer o passado como pão de fome, sem tempo de manteiga nos dentes!*
*Vejo tudo outra vez com uma nitidez que me cega para o que há aqui...*
*A mesa posta com mais lugares, com melhores desenhos na loiça, com mais copos,*
*O apartado com muitas coisas – doces, frutas, o resto na sombra debaixo do alçado -,*
*As tias velhas, os primos diferentes, e tudo era por minha causa,*
*No tempo em que festejavam o dia dos meus anos...*

*Pára meu coração!*
*Não penses! Deixa o pensador na cabeça!*
*Ó meu Deus, meu Deus, meu Deus!*
*Hoje já não faço anos.*
*Duro.*
*Somam-se-me dias.*
*Serei velho quando o for.*
*Mais nada.*
*Raiva de não ter trazido o passado roubado na algibeira!...*

*O tempo em que festejavam o dia dos meus anos...!*

**Álvaro de Campos**

O sujeito lírico, relembrando, fala de um tempo feliz, junto à família. Tinha, na época, a atenção de todos que o cercavam. Hoje, confessa que está só. O tema deste poema é "A Perda". A perda da atenção, da família, do calor humano, do sonho...

Então, o passado -> a felicidade.
  o presente -> a solidão.

Podemos, então, dividir o poema em duas partes: a infância e a maturidade.

### Infância
No tempo em que festejavam o dia dos meus anos
Eu era feliz e ninguém estava morto

### Maturidade
O que eu sou hoje é terem vendido a casa,
É terem morrido todos
É eu estar sobrevivente a mim mesmo como um fósforo frio...

Na infância, a inconsciência: no tempo em que festejavam o dia dos meus anos,
Eu tinha a grande saúde de não perceber coisa nenhuma

Na maturidade, a consciência: vejo tudo outra vez com uma nitidez que me cega para o que há aqui...
*Para, meu coração!*
*Não penses! Deixa o pensar na cabeça!*
*Na infância, a casa, a saúde, a família. Na maturidade, o corredor, a umidade, as lágrimas.*
Na infância, o amor que a família lhe dedica e a esperança que tinha nele:
*"De ser inteligente para entre a família*
*E de não ter as esperanças que os outros tinham por mim"*
*Na maturidade, a desesperança:*

*"É terem morrido todos. Quando vim a ter esperança já não sabia ter esperança"*

O poeta consegue uma simbologia expressiva. Às vezes através da comparação:

*"O que eu sou hoje é como a umidade no corredor do fim da casa..."*

*"É estar sobrevivente a mim mesmo como um fósforo frio"*

*Outra vez, através da metáfora, sem a conjunção comparativa, já que a associação é mental:*

*"... sem tempo de manteiga nos dentes"*

*"raiva de não ter trazido o passado roubado na algibeira"*

Sem a mesa posta, com mais lugares, com melhores desenhos na loiça, com mais copos, o aparador com muitas coisas-doces, frutas... (tempo da infância), o sujeito lírico não festeja mais seu aniversário:

*"Hoje já não faço anos".*

*"Duro".*

*"Somam-se-me dias".*

*"Serei velho quando o for".*

Na maturidade, a ausência da família e a desesperança.

# 2
# Nada me prende a nada

Nada me prende a nada.
Quero cinquenta coisas ao mesmo tempo.
Anseio com uma angústia de fome de carne
O que não sei que seja -
Definidamente pelo indefinido...
Durmo irrequieto, e vivo num sonhar irrequieto
De quem dorme irrequieto, metade a sonhar.

Fecharam-me todas as portas abstratas e necessárias.
Correram cortinas de todas as hipóteses que eu poderia ver da rua.
Não há na travessa achada o número da porta que me deram,

Acordei para a mesma vida para que tinha adormecido.
Até os meus exércitos sonhados sofreram derrota.
Até os meus sonhos se sentiram falsos ao serem sonhados.
Até a vida só desejada me farta - até essa vida...

Compreendo a intervalos desconexos;
Escrevo por lapsos de cansaço;
E um tédio que é até do tédio arroja-me à praia.

Não sei que destino ou futuro compete à minha angústia sem leme;
Não sei que ilhas do sul impossível aguardam-me náufrago;
ou que palmares de literatura me darão ao menos um verso.

Não, não sei isto, nem outra coisa, nem coisa nenhuma...
E, no fundo do meu espírito, onde sonho o que sonhei,
Nos campos últimos da alma, onde memoro sem causa
(E o passado é uma névoa natural de lágrimas falsas),
Nas estradas e atalhos das florestas longínquas

*Onde supus o meu ser,*
*Fogem desmantelados, últimos restos*
*Da ilusão final,*
*Os meus exércitos sonhados, derrotados sem ter sido,*
*As minhas coortes por existir, esfaceladas em Deus.*

*Outra vez te revejo,*
*Cidade da minha infância pavorosamente perdida...*
*Cidade triste e alegre, outra vez sonho aqui...*
*Eu? Mas sou eu o mesmo que aqui vivi, e aqui voltei,*
*E aqui tornei a voltar, e a voltar.*
*E aqui de novo tornei a voltar?*

*Ou somos todos os Eu que estive aqui ou estiveram,*
*Uma série de contas-entes ligados por um fio-memória,*
*Uma série de sonhos de mim de alguém de fora de mim?*

*Outra vez te revejo,*
*Com o coração mais longínquo, a alma menos minha.*

*Outra vez te revejo - Lisboa e Tejo e tudo -,*
*Transeunte inútil de ti e de mim,*
*Estrangeiro aqui como em toda a parte,*
*Casual na vida como na alma,*
*Fantasma a errar em salas de recordações,*
*Ao ruído dos ratos e das tábuas que rangem*
*No castelo maldito de ter que viver...*

*Outra vez te revejo,*
*Sombra que passa através das sombras, e brilha*
*Um momento a uma luz fúnebre desconhecida,*
*E entra na noite como um rastro de barco se perde*
*Na água que deixa de se ouvir...*

*Outra vez te revejo,*
*Mas, ai, a mim não me revejo!*
*Partiu-se o espelho mágico em que me revia idêntico,*
*E em cada fragmento fatídico vejo só um bocado de mim -*
*Um bocado de ti e de mim!...*

**Álvaro de Campos**

Vamos dividir o poema em duas partes lógicas. A primeira parte, do verso "nada me prende a nada" até o verso "As minhas coortes por existir, esfaceladas em Deus". A segunda parte, do verso "outra vez te revejo" até o verso "um bocado de ti e de mim". Na primeira parte (verso de 1 a 30), o autor vê-se cerceado pelo espaço físico e humano. (Fecharam-me todas as portas abstratas e necessárias). Na segunda parte, verso 31 a 58, o espaço físico e humano que lhe cerceia a vida. É Lisboa. (Estrangeiro aqui como em toda a parte). Tudo é negativo no poema. O pessimismo acompanha os versos do primeiro ao último. O pessimismo se manifesta: - nos substantivo invocados pelo poeta: angústia de fome de carne, sonhar irrequieto, lapsos de cansaço, um tédio, angústia sem leme, náufrago, fantasma, ruído dos ratos e das tabuas, sombra, noite... Nos adjetivos usados para qualificar os substantivos: irrequietos (intervalos), longínquas (florestas), desmantelados (restos), final (ilusão), derrotados (exércitos) esfaceladas (cortes), perdida (cidade), triste (cidade), inútil (transeunte), maldito (castelo), fúnebre (luz), fatídico (fragmento)... Nos verbos empregados no poema: fecharam (todas as portas), correram (cortinas), sofreram derrota (meus exércitos), me farta (a vida) arroja-me, à praia (um tédio) fogem (últimos versos), a errar (eu), rangem (ratos e tábuas), partiu-se (o espelho)...

Destaquemos:
- A metáfora toma conta do poema inteiro:
*"Fecharam-se todas as portas abstratas e necessárias"*
*"Correram cortinas de todas as hipóteses que eu poderia ver na rua"*
*"E o passado é uma névoa natural de lágrimas falsas"*

*"Estrangeiro aqui como em toda parte"*
*"Fantasma a errar em salas de recordações"*
*"Partiu-se o espelho mágico em que me revia idêntico"*

- A presença da morte, já que é a expressão maior do pessimismo:
*"Sombra que passa através de sombras, e brilha*
*um momento a uma luz fúnebre desconhecida,*
*E entra na noite como um rastro de barco se perde*
*na água que deixa de se ouvir"*

- Em Lisboa, o sujeito lírico, agora, não é o mesmo. Está esgotado. Acaba-se no vazio:
*"Durmo inquieto, e vivo num sonhar irrequieto"*

*"Fecharam-se todas as portas abstratas e necessárias"*

*"Acordei para a mesma vida para que tinha adormecido"*

*"Até os meus sonhos se sentiram falsos ao serem sonhados"*

*"E um tédio que é até do tédio arroja-me à praia"*

*"Com o coração mais longínquo, a alma menos minha"*

*"Fantasma a errar em salas de recordações"*

*"Partiu-se o espelho mágico em que me revia idêntico"*

# 3
# Ode Triunfal

*À dolorosa luz das grandes lâmpadas eléctricas da fábrica*
*Tenho febre e escrevo.*
*Escrevo rangendo os dentes, fera para a beleza disto,*
*Para a beleza disto totalmente desconhecida dos antigos.*

*Ó rodas, ó engrenagens, r-r-r-r-r eterno!*
*Forte espasmo retido dos maquinismos em fúria!*
*Em fúria fora e dentro de mim,*
*Por todos os meus nervos dissecados fora,*
*Por todas as papilas fora de tudo com que eu sinto!*
*Tenho os lábios secos, ó grandes ruídos modernos,*
*De vos ouvir demasiadamente de perto,*
*E arde-me a cabeça de vos querer cantar com um excesso*
*De expressão de todas as minhas sensações,*
*Com um excesso contemporâneo de vós, ó máquinas!*

*Em febre e olhando os motores como a uma Natureza tropical --*
*Grandes trópicos humanos de ferro e fogo e força --*
*Canto, e canto o presente, e também o passado e o futuro,*
*Porque o presente é todo o passado e todo o futuro*
*E há Platão e Virgílio dentro das máquinas e das luzes eléctricas*
*Só porque houve outrora e foram humanos Virgílio e Platão,*
*E pedaços do Alexandre Magno do século talvez cinquenta,*
*Átomos que hão de ir ter febre para o cérebro do Ésquilo do século cem,*
*Andam por estas correias de transmissão e por estes êmbolos e por estes volantes,*
*Rugindo, rangendo, ciciando, estrugindo, ferreando,*
*Fazendo-me um excesso de carícias ao corpo numa só carícia à alma.*

*Ah, poder exprimir-me todo como um motor se exprime!*
*Ser completo como uma máquina!*
*Poder ir na vida triunfante como um automóvel último-modelo!*
*Poder ao menos penetrar-me fisicamente de tudo isto,*
*Rasgar-me todo, abrir-me completamente, tornar-me passento*
*A todos os perfumes de óleos e calores e carvões*
*Desta flora estupenda, negra, artificial e insaciável!*
*Fraternidade com todas as dinâmicas!*
*Promíscua fúria de ser parte-agente*
*Do rodar férreo e cosmopolita*
*Dos comboios estrénuos,*
*Da faina transportadora-de-cargas dos navios,*
*Do giro lúbrico e lento dos guindastes,*
*Do tumulto disciplinado das fábricas,*
*E do quase-silêncio ciciante e monótono das correias de transmissão!*

*Horas europeias, produtoras, entaladas*
*Entre maquinismos e afazeres úteis!*
*Grandes cidades paradas nos cafés,*
*Nos cafés -- oásis de inutilidades ruidosas*
*Onde se cristalizam e se precipitam*
*Os rumores e os gestos do Útil*
*E as rodas, e as rodas-dentadas e as chumaceiras do Progressivo!*
*Nova Minerva sem-alma dos cais e das gares!*
*Novos entusiasmos da estatura do Momento!*
*Quilhas de chapas de ferro sorrindo encostadas às docas,*
*Ou a seco, erguidas, nos pianos-inclinados dos portos!*
*Actividade internacional, transatlântica, Canadian-Pacific!*
*Luzes e febris perdas de tempo nos bares, nos hotéis,*
*Nos Longchamps e nos Derbies e nos Ascots,*
*E Piccadillies e Avenues de l'Opera que entram*
*Pela minh'alma dentro!*
*Hé-lá as ruas, hé-lá as praças, hé-la-hó la foule!*
*Tudo o que passa, tudo o que pára às montras!*

*Comerciantes; vadios; escrocs exageradamente bem-vestidos;*
*Membros evidentes de clubes aristocráticos;*
*Esquálidas figuras dúbias; chefes de família vagamente felizes*
*E paternais até na corrente de oiro que atravessa o colete*
*De algibeira a algibeira!*
*Tudo o que passa, tudo o que passa e nunca passa!*
*Presença demasiadamente acentuada das cocotes;*
*Banalidade interessante (e quem sabe o quê por dentro?)*
*Das burguesinhas, mãe e filha geralmente,*
*Que andam na rua com um fim qualquer,*
*A graça feminil e falsa dos pederastas que passam, lentos;*
*E toda a gente simplesmente elegante que passeia e se mostra*
*E afinal tem alma lá dentro!*

*(Ah, como eu desejaria ser o souteneur disto tudo!)*

*A maravilhosa beleza das corrupções políticas,*
*Deliciosos escândalos financeiros e diplomáticos,*
*Agressões políticas nas ruas,*
*E de vez em quando o cometa dum regicídio*
*Que ilumina de Prodígio e Fanfarra os céus*
*Usuais e lúcidos da Civilização quotidiana!*

*Notícias desmentidas dos jornais,*
*Artigos políticos insinceramente sinceros,*
*Notícias passez à-la-caisse, grandes crimes --*
*Duas colunas deles passando para a segunda página!*
*O cheiro fresco a tinta de tipografia!*
*Os cartazes postos há pouco, molhados!*
*Vients-de-paraitre amarelos com uma cinta branca!*
*Como eu vos amo a todos, a todos, a todos,*
*Como eu vos amo de todas as maneiras,*
*Com os olhos e com os ouvidos e com o olfacto*
*E com o tacto (o que palpar-vos representa para mim!)*

*E com a inteligência como uma antena que fazeis vibrar!*
*Ah, como todos os meus sentidos têm cio de vós!*
*Adubos, debulhadoras a vapor, progressos da agricultura!*
*Química agrícola, e o comércio quase uma ciência!*
*Ó mostruários dos caixeiros-viajantes,*
*Dos caixeiros-viajantes, cavaleiros-andantes da Indústria,*
*Prolongamentos humanos das fábricas e dos calmos escritórios!*

*Ó fazendas nas montras! ó manequins! ó últimos figurinos!*
*Ó artigos inúteis que toda a gente quer comprar!*
*Olá grandes armazéns com várias secções!*
*Olá anúncios eléctricos que vêm e estão e desaparecem!*
*Olá tudo com que hoje se constrói, com que hoje se é diferente de ontem!*
*Eh, cimento armado, beton de cimento, novos processos!*
*Progressos dos armamentos gloriosamente mortíferos!*
*Couraças, canhões, metralhadoras, submarinos, aeroplanos!*
*Amo-vos a todos, a tudo, como uma fera.*
*Amo-vos carnivoramente,*
*Pervertidamente e enroscando a minha vista*
*Em vós, ó coisas grandes, banais, úteis, inúteis,*
*Ó coisas todas modernas,*
*Ó minhas contemporâneas, forma actual e próxima*
*Do sistema imediato do Universo!*
*Nova Revelação metálica e dinâmica de Deus!*

*Ó fábricas, ó laboratórios, ó music-halls, ó Luna-Parks,*
*Ó couraçados, ó pontes, ó docas flutuantes --*
*Na minha mente turbulenta e incandescida*
*Possuo-vos como a uma mulher bela,*
*Completamente vos possuo como a uma mulher bela que não se ama,*
*Que se encontra casualmente e se acha interessantíssima.*

*Eh-lá-hô fachadas das grandes lojas!*
*Eh-lá-hô elevadores dos grandes edifícios!*

*Eh-lá-hô recomposições ministeriais!*
*Parlamento, políticas, relatores de orçamentos;*
*Orçamentos falsificados!*
*(Um orçamento é tão natural como uma árvore*
*E um parlamento tão belo como uma borboleta.)*

*Eh-lá o interesse por tudo na vida,*
*Porque tudo é a vida, desde os brilhantes nas montras*
*Até à noite ponte misteriosa entre os astros*
*E o amor antigo e solene, lavando as costas*
*E sendo misericordiosamente o mesmo*
*Que era quando Platão era realmente Platão*
*Na sua presença real e na sua carne com a alma dentro,*
*E falava com Aristóteles, que havia de não ser discípulo dele.*
*Eu podia morrer triturado por um motor*
*Com o sentimento de deliciosa entrega duma mulher possuída.*
*Atirem-me para dentro das fornalhas!*
*Metam-me debaixo dos comboios!*
*Espanquem-me a bordo de navios!*
*Masoquismo através de maquinismos!*
*Sadismo de não sei quê moderno e eu e barulho!*

*Up-lá hó jóquei que ganhaste o Derby,*
*Morder entre dentes o teu cap de duas cores!*

*(Ser tão alto que não pudesse entrar por nenhuma porta!*
*Ah, olhar é em mim uma perversão sexual!)*
*Eh-lá, eh-lá, eh-lá, catedrais!*
*Deixai-me partir a cabeça de encontro às vossas esquinas,*
*E ser levantado da rua cheio de sangue*
*Sem ninguém saber quem eu sou!*
*Ó tramways, funiculares, metropolitanos,*
*Roçai-vos por mim até ao espasmo!*
*Hilla! hilla! hilla-hô!*

Dai-me gargalhadas em plena cara,
Ó automóveis apinhados de pândegos e de putas,
Ó multidões quotidianas nem alegres nem tristes das ruas,
Rio multicolor anónimo e onde eu me posso banhar como quereria!
Ah, que vidas complexas, que coisas lá pelas casas de tudo isto!
Ah, saber-lhes as vidas a todos, as dificuldades de dinheiro,
As dissensões domésticas, os debeches que não se suspeitam,
Os pensamentos que cada um tem a sós consigo no seu quarto
E os gestos que faz quando ninguém pode ver!
Não saber tudo isto é ignorar tudo, ó raiva,
Ó raiva que como uma febre e um cio e uma fome
Me põe a magro o rosto e me agita às vezes as mãos
Em crispações absurdas em pleno meio das turbas
Nas ruas cheias de encontrões!
Ah, e a gente ordinária e suja, que parece sempre a mesma,
Que emprega palavrões como palavras usuais,
Cujos filhos roubam às portas das mercearias
E cujas filhas aos oito anos -- e eu acho isto belo e amo-o! --
Masturbam homens de aspecto decente nos vãos de escada.
A gentalha que anda pelos andaimes e que vai para casa
Por vielas quase irreais de estreiteza e podridão.
Maravilhosa gente humana que vive como os cães,
Que está abaixo de todos os sistemas morais,
Para quem nenhuma religião foi feita,
Nenhuma arte criada,
Nenhuma política destinada para eles!
Como eu vos amo a todos, porque sois assim,
Nem imorais de tão baixos que sois, nem bons nem maus,
Inatingíveis por todos os progressos,
Fauna maravilhosa do fundo do mar da vida!
(Na nora do quintal da minha casa
O burro anda à roda, anda à roda,
E o mistério do mundo é do tamanho disto.
Limpa o suor com o braço, trabalhador descontente.

*A luz do sol abafa o silêncio das esferas*
*E havemos todos de morrer,*
*Ó pinheirais sombrios ao crepúsculo,*
*Pinheirais onde a minha infância era outra coisa*
*Do que eu sou hoje. . . )*

*Mas, ah outra vez a raiva mecânica constante!*
*Outra vez a obsessão movimentada dos ónibus.*
*E outra vez a fúria de estar indo ao mesmo tempo dentro de todos os comboios*
*De todas as partes do mundo,*
*De estar dizendo adeus de bordo de todos os navios,*
*Que a estas horas estão levantando ferro ou afastando-se das docas.*
*Ó ferro, ó aço, ó alumínio, ó chapas de ferro ondulado!*
*Ó cais, ó portos, ó comboios, ó guindastes, ó rebocadores!*
*Eh-lá grandes desastres de comboios!*
*Eh-lá desabamentos de galerias de minas!*
*Eh-lá naufrágios deliciosos dos grandes transatlânticos!*
*Eh-lá-hô revoluções aqui, ali, acolá,*
*Alterações de constituições, guerras, tratados, invasões,*
*Ruído, injustiças, violências, e talvez para breve o fim,*
*A grande invasão dos bárbaros amarelos pela Europa,*
*E outro Sol no novo Horizonte!*
*Que importa tudo isto, mas que importa tudo isto*
*Ao fúlgido e rubro ruído contemporâneo,*
*Ao ruído cruel e delicioso da civilização de hoje?*
*Tudo isso apaga tudo, salvo o Momento,*
*O Momento de tronco nu e quente como um fogueiro,*
*O Momento estridentemente ruidoso e mecânico,*
*O Momento dinâmico passagem de todas as bacantes*
*Do ferro e do bronze e da bebedeira dos metais.*
*Eia comboios, eia pontes, eia hotéis à hora do jantar,*
*Eia aparelhos de todas as espécies, férreos, brutos, mínimos,*
*Instrumentos de precisão, aparelhos de triturar, de cavar,*
*Engenhos, brocas, máquinas rotativas!*

*Eia! eia! eia!*
*Eia eletricidade, nervos doentes da Matéria!*
*Eia telegrafia-sem-fios, simpatia metálica do inconsciente!*
*Eia túneis, eia canais, Panamá, Kiel, Suez!*
*Eia todo o passado dentro do presente!*
*Eia todo o futuro já dentro de nós! eia!*
*Eia! eia! eia!*
*Frutos de ferro e útil da árvore-fábrica cosmopolita!*
*Eia! eia! eia, eia-hô-ô-ô!*
*Nem sei que existo para dentro. Giro, rodeio, engenho-me.*
*Engatam-me em todos os comboios.*
*Içam-me em todos os cais.*
*Giro dentro das hélices de todos os navios.*
*Eia! eia-hô eia!*
*Eia! sou o calor mecânico e a electricidade!*
*Eia! e os rails e as casas de máquinas e a Europa!*
*Eia e hurrah por mim-tudo e tudo, máquinas a trabalhar, eia!*

*Galgar com tudo por cima de tudo! Hup-lá!*

*Hup-lá, hup-lá, hup-lá-hô, hup-lá!*
*Hé-lá! He-hô Ho-o-o-o-o!*
*Z-z-z-z-z-z-z-z-z-z-z-z!*
*Ah não ser eu toda a gente e toda a parte!*

**Álvaro de Campos**

Três são os momentos deste poema:
Primeiro, o sujeito lírico certifica-se de uma realidade que não é difícil
perceber. É a luz das grandes lâmpadas elétricas da fábrica, desconhecida
dos antigos. Coincide este primeiro momento com a primeira estrofe. Depois, na segunda e terceira estrofes, o canto da máquina – objeto e tema do
poema: engrenagens, ruídos modernos, motores, luzes elétricas, átomos,
correias de transmissão, êmbolos. Contudo, a máquina não é indiferente
ao poeta. Ela o pertuba, altera seu comportamento, enfurece-o: lábios se-

cos, arde-me a cabeça, em febre... Ainda nesse segundo momento, o canto do passado, presente e futuro. Todo esse presente que o autor constata é fruto do passado... e o futuro será resultado desse presente que, então, também será passado. Nessas rodas e engrenagem em fúria, existe a sabedoria de Platão e Virgílio... e pedações de Alexandre Magno. Os sábios do presente, tais quais os gregos, darão sua contribuição à civilização do século cem. Todo o passado... "andam por estas correias de transmissão e por estes êmbolos e por estes volantes, rugindo, rangendo, ciciando, estrugindo, ferreando..." No terceiro momento, coincidindo com a quarta e última estrofe, o sujeito lírico manifesta o desejo de identificar-se com a máquina e lamenta a impossibilidade dessa identificação: "Ah, poder exprimir-me todo como um motor se exprime!". A imagem final é expressiva: quer tornar-se passento, um papel que repasse todos os perfumes de óleos e calores e carvões desta flora estupenda, negra, artificial e insaciável.

Em 1909, Tommasio Marinetti, no jornal Le Figaro, publica, na Itália, o manifesto do Futurismo. Lê-se no número 4 de sua manifestação: *"Declaramos que o esplendor do mundo foi enriquecimento por uma beleza nova, a beleza da velocidade. Um automóvel que passa apressado, com o chassi adornado por grandes carros, como cobras, com um resfolegar explosivo... um automóvel, roncando que parece correr sobre shrapnel é mais belo do que a Vitória alada de Samotrácia. ("Poder ir na vida triunfante como um automóvel último modelo")".*

*A comunicação secundária está presente no poema. Já que o texto fala do movimento da máquina, secundariamente ouve-se o som daquele movimento*

*"Ó rodas, ó engrenagem, r-r-r-r-r-r- eterno!"*

*"... em fúria*
*Em fúria fora e dentro de mim"*

*"Por todos os meus nervos dissecados fora"*

*"Grandes trópicos humanos de ferro e fogo e força"*

'Rugindo, rangendo, ciciando, estrugindo, ferreando"*

O poeta glorifica a máquina e seu progresso. Tudo é atemporal, já que o passado, o presente e o futuro estão interligados. Platão e Virgílio, antes de Cristo, são também responsáveis pela máquina e, no futuro, haverá a presença dos sábios do passado. "Ode Triunfal". Ode foi, na Grécia antiga, composição em verso para ser cantada. Triunfal – em que há triunfo; entrada solene e pomposa dos generais vitoriosos na antiga Roma; daí grande vitória, êxito brilhante, grande alegria, satisfação plena, esplendor, aclamação ruidosa. "Ode Triunfal". Ode, Grécia antiga; triunfal, Roma antiga. Platão, Grécia antiga; Virgílio, Roma antiga. O passado e o futuro se confundem com a eternidade do presente.

# 4
# Que Noite Serena!

*Que noite serena!*
*Que lindo luar!*
*Que linda barquinha*
*Bailando no mar!*

*Suave, todo o passado — o que foi aqui de Lisboa — me surge...*
*O terceiro andar das tias, o sossego de outrora,*
*Sossego de várias espécies,*
*A infância sem futuro pensado,*
*O ruído aparentemente contínuo da máquina de costura delas,*
*E tudo bom e a horas,*
*De um bem e de um a horas próprio, hoje morto.*

*Meu Deus, que fiz eu da vida?*

*Que noite serena, etc.*

*Quem é que cantava isso?*
*Isso estava lá.*
*Lembro-me mas esqueço.*
*E dói, dói, dói...*

*Por amor de Deus, parem com isso dentro da minha cabeça.*

**Álvaro de Campos**

Há, no poema, dois tempos: o momento presente e o tempo da infância.
No presente, o sujeito ouve uma cantiga da infância que a memória guardou:

*"Que noite serena!*
*Que lindo luar!*
*Que linda barquinha*
*Bailando no mar!"*

De pronto, a lembrança da cantiga faz o sujeito lírico voltar à sua infância. Na infância, tudo é sossego. A memória faz surgir a Lisboa de outrora, a Lisboa de sua infância. A lembrança das tias e o ruído da máquina de costura. Tudo era despreocupação (A infância sem o futuro pensado). O sujeito tem consciência da solidão em que o presente o mergulhou (Meu Deus, que fiz eu da vida?). E a consciência da solidão lhe dói na alma. (E dói, dói, dói...) O último verso revela o desejo ardente de não mais querer ouvir a cantiga que lhe vem da memória para tentar esquecer o que o tempo fizera de seu espírito. ("Por amor de Deus, parem com isso dentro da minha cabeça"). Com "isso", leia-se "com esta cantiga". "Dentro da minha cabeça", leia-se "no recôndido de minha alma".

# 5
# Ah a frescura na face de não cumprir um dever!

*Ah a frescura na face de não cumprir um dever!*
*Faltar é positivamente estar no campo!*
*Que refúgio o não se poder ter confiança em nós!*
*Respiro melhor agora que passaram as horas dos encontros.*
*Faltei a todos, com uma deliberação do desleixo,*
*Fiquei esperando a vontade de ir para lá, que eu saberia que não vinha.*
*Sou livre, contra a sociedade organizada e vestida.*
*Estou nu, e mergulho na água da minha imaginação.*
*É tarde para eu estar em qualquer dos dois pontos onde estaria à mesma hora,*
*Deliberadamente à mesma hora...*
*Está bem, ficarei aqui sonhando versos e sorrindo em itálico.*
*É tão engraçada esta parte assistente da vida!*
*Até não consigo acender o cigarro seguinte... Se é um gesto,*
*Fique com os outros, que me esperam, no desencontro que é a vida.*

**Álvaro de Campos**

No primeiro verso, o tema do poema: o prazer de não cumprir um dever.
"Ah a frescura na face de não cumprir um dever". Cumprir um dever é ser
sociável, citadino, relacionado, comunicável. O sujeito lírico goza da satisfação de ser antissocial, rural, solitário, incomunicável. "Faltar é positivamente estar no campo". Quem está no campo não cumpre suas obrigações
ditadas pela cidade. "Encontro" é a confiança entre o sujeito poético e o
"ele". Contudo, exclama: "Que refúgio o não poder ter confiança em nós".
Sem a confiança, não há encontros e o refúgio é a ausência de encontros
e, por não ter comparecido a qualquer deles, respira-se melhor. Os quatro
primeiros versos falam desta satisfação de não cumprir um dever: a frescura
na face, estar no campo, o refúgio e "respiro melhor". "Faltei a todos com
uma deliberação do desleixo". Deste quinto verso até o último, o sujeito

lírico vai desfilando os desleixos: ficar esperando a vontade de ir, sabendo que esta vontade nunca virá; marcar encontros vários no mesmo horário precisamente, para faltar a todos; ao invés de "ir para lá", ficar aqui sonhando versos. Todo este desleixo é deliberado, é consciente. A sociedade está vestida (verso 7). O sujeito lírico está nu (verso 8). Quem se veste esconde o que lhe vai no recôndito da alma, fica preso a regras e a etiquetas; é coletivo. Quem está nu, é transparente, é livre, preserva sua individualidade. "Ir para lá" é estar vestido. "Ficar aqui" é estar nu. Acender um cigarro é estar lá; o gesto é sociável. Exageradamente, até este gesto o sujeito recusa. É o ato exterior, pertence ao mundo da sociedade vestida. Se acender um cigarro é um gesto, o sujeito pede que fiquemos com outros gestos, já que estes nunca virão. A vida é um desencontro. ("A vida é a arte do encontro embora haja tanto desencontro nessa vida").

# 6
# Na Casa Defronte

Na casa defronte de mim e dos meus sonhos,
Que felicidade há sempre!

Moram ali pessoas que desconheço, que já vi mas não vi.
São felizes, porque não são eu.

As crianças, que brincam às sacadas altas,
Vivem entre vasos de flores,
Sem dúvida, eternamente.

As vozes, que sobem do interior do doméstico,
Cantam sempre, sem dúvida.
Sim, devem cantar.

Quando há festa cá fora, há festa lá dentro.
Assim tem que ser onde tudo se ajusta —
O homem à Natureza, porque a cidade é Natureza.

Que grande felicidade não ser eu!

Mas os outros não sentirão assim também?
Quais outros? Não há outros.
O que os outros sentem é uma casa com a janela fechada,
Ou, quando se abre,
É para as crianças brincarem na varanda de grades,
Entre os vasos de flores que nunca vi quais eram.

*Os outros nunca sentem.*
*Quem sente somos nós,*
*Sim, todos nós,*
*Até eu, que neste momento já não estou sentindo nada.*

*Nada! Não sei...*
*Um nada que dói ...*

**Álvaro de Campos**

O tema do poema – solidão – pode ser dado pelos versos:
*"Moram ali pessoas que desconheço, que já vi mas não vi.*
*São felizes, porque não são eu".*

A casa situa-se defronte do sujeito e de seus sonhos. A casa existe ao lado dele, tanto no entendimento material como espiritual. É a casa de seu sonho, porque lá a felicidade existe. Moram nela pessoas felizes que o poeta viu mas não viu. Esse paradoxo é resolvido se dermos ao verbo 'ver" o seu devido entendimento. O primeiro é perceber pela visão, olhar para, contemplar. O segundo é conhecer, travar conhecimento com, ter relações, estabelecer convivência. Entendendo assim, o verso seria este.
*"... pessoas que já olhei para elas mas não as conheço".*
As crianças vivem entre vasos e flores, eternamente. O advérbio de tempo é expressivo. Para a criança, a morte é algo terrível que só acontece na vida dos outros. Pensam as crianças que viverão eternamente. Por isso brincam entre vasos e flores. As vozes do interior do doméstico cantam sempre, porque não é a voz do poeta. Tudo se ajusta. A felicidade do mundo lá fora em concerto com a felicidade lá dentro. Que grande felicidade. Basta os outros não serem ele. O poeta questiona na interrogativa: mas os outros não sentirão assim também? Ou seja, os outros não sentirão o que sente o poeta? Seria o mundo feliz precisamente porque o mundo não são eles? Não há outros. Os outros, tais quais o poeta, também vivem enclausurados em uma casa com janela fechada. Os outros também pensam que só os outros são felizes. O único espaço aberto da vida é reservado às crianças que brincam na varada de grades (também enclausuradas). Brincam entre

vasos de flores que o poeta nunca viu quais fossem. Felizes as crianças que não têm consciência da solidão. Brincam enclausuradas entre vasos de flores que não existem. Os outros não sentem o que sente o poeta. Mesmo neste momento, em que o poeta não sente nada, sente tudo, porque em nada dói. O "nada" implica ausência de qualquer sensação, assim a angústia adquire maior força. A ausência de sentimento é tão grande que dói. Náusea na alma.

# 7

# Acordo de noite, muito noite, no silêncio todo

Acordo de noite, muito de noite, no silêncio todo.
São - tictac visível - quatro horas de tardar o dia.
Abro a janela directamente, no desespero da insónia.
E, de repente, humano,
O quadrado com cruz de uma janela iluminada!
Fraternidade na noite!

Fraternidade involuntária, incógnita na noite!
Estamos ambos despertos e a humanidade é alheia.
Dorme. Nós temos luz.

Quem serás? Doente, moedeiro falso, insone simples como eu?
Não importa. A noite eterna, informe, infinita,
Só tem, neste lugar, a humanidade das nossas duas janelas,
O coração latente das nossas duas luzes,
Neste momento e lugar, ignorando-nos, somos toda a vida.

Sobre o parapeito da janela e a traseira da casa,
Sentindo húmida da noite a madeira onde agarro,
Debruço-me para o infinito e, um pouco, para mim.

Nem galos gritando ainda no silêncio definitivo!
Que fazes, camarada, da janela com luz?

Sonho, falta de sono, vida?
Tom amarelo cheio da tua janela incógnita...
Tem graça: não tens luz eléctrica.
Ó candeeiros de petróleo da minha infância perdida!

**Álvaro de Campos**

São quatro horas de tardar o dia. Faltam quatro horas para o amanhecer. Insone, surpresa, fraternidade e interesse. A insônia é desesperadora. Surpresa por avistar alguém nas mesmas condições de insônia. Fraternidade involuntária. Ambos iguais na madrugada. Interesse para conhecer o companheiro da noite. No poema, tudo é sensação. As sensações auditivas: no silêncio todo, tictac visível, nem galos gritando ainda no silêncio definitivo. As sensações visuais: o quadrado com cruz de uma janela iluminada, tom amarelo cheio da tua janela, janela com luz. As sensações táteis: sentindo húmida da noite a madeira onde agarro. Sensações auditivas e visuais (sinestesia): tictac visível.

*"Estamos ambos despertos e a humanidade é alheia"*
Estão ambos conscientes da fragilidade ou grandeza humanas e, no entanto, os que dormem, estão alheios a essa consciência. Por isso ambos têm luz. A conscientização está com eles. As duas luzes acesas unem dois corações, na solidão e imensidão da noite.

*"Ó candeeiros de petróleo da minha infância perdida"*
Lembrança da infância. A luz elétrica que faz agora o sujeito lírico mergulhar em locubrações, faz também recordar a infância perdida de que a luz de petróleo era companhia.

*"São quatro horas de tardar o dia"*
Para Álvaro de Campo, demora muito o amanhecer. Olavo Bilac prefere que a noite não termine nunca. "Por que surge tão cedo a luz do dia?!..." Os versos enchem de sonhos o sono da amada... e nua, soltos os cabelos negros... é um quadro que o poeta não quer ver sufocado pela luz do sol.

*Dormes... Mas que sussurro a umedecida*
*Terra desperta? Que rumor enleva*
*As estrelas, que no alto a Noite leva*
*Presas, luzindo, à túnica estendida?*

*São meus versos! Palpita a minha vida*
*Neles, falenas que a saudade eleva*
*De meu seio, e que vão, rompendo a treva,*
*Encher teus sonhos, pomba adormecida!*

*Dormes, com os seios nus, no travesseiro*
*Solto o cabelo negro... e ei-los, correndo,*
*Doudejantes, sutis, teu corpo inteiro...*

*Beijam-te a boca tépida e macia,*
*Sobem, descem, teu hálito sorvendo...*
*Por que surge tão cedo a luz do dia?!...*

# 8
# Reticências

Arrumar a vida, pôr prateleiras na vontade e na ação.
Quero fazer isto agora, como sempre quis, com o mesmo resultado;
Mas que bom ter o propósito claro, firme só na clareza, de fazer qualquer
coisa!

Vou fazer as malas para o Definitivo,
Organizar Álvaro de Campos,
E amanhã ficar na mesma coisa que antes de ontem — um antes de ontem
que é sempre...
Sorrio do conhecimento antecipado da coisa-nenhuma que serei.
Sorrio ao menos; sempre é alguma coisa o sorrir...
Produtos românticos, nós todos...
E se não fôssemos produtos românticos, se calhar não seríamos nada.
Assim se faz a literatura...
Santos Deuses, assim até se faz a vida!

Os outros também são românticos,
Os outros também não realizam nada, e são ricos e pobres,
Os outros também levam a vida a olhar para as malas a arrumar,
Os outros também dormem ao lado dos papéis meio compostos,
Os outros também são eu.
Vendedeira da rua cantando o teu pregão como um hino inconsciente,
Rodinha dentada na relojoaria da economia política,
Mãe, presente ou futura, de mortos no descascar dos Impérios,
A tua voz chega-me como uma chamada a parte nenhuma, como o silêncio da
vida...
Olho dos papéis que estou pensando em arrumar para a janela,
Por onde não vi a vendedeira que ouvi por ela,

*E o meu sorriso, que ainda não acabara, inclui uma crítica metafísica.*
*Descri de todos os deuses diante de uma secretária por arrumar,*
*Fitei de frente todos os destinos pela distração de ouvir apregoando,*
*E o meu cansaço é um barco velho que apodrece na praia deserta,*
*E com esta imagem de qualquer outro poeta fecho a secretária e o poema...*
*Como um deus, não arrumei nem uma coisa nem outra...*

**Álvaro de Campos**

Arrumar a vida. Como? Pôr prateleiras na vontade e na ação. Ou seja, organizar, disciplinar, ordenar a vontade e a ação. Contudo, embora se organizem a vontade e a ação, o resultado é o mesmo: a vontade e a ação organizadas. O sujeito manifesta vontade de organizar-se a si mesmo (organizar Álvaro de Campos). "Fazer as malas para o definitivo" – só fica na vontade e na ação – sem resultado, porque "amanhã fica na mesma coisa que antes de ontem. E isto indefinidamente já que conclui – "um antes de ontem que é sempre". O humor é a saída: "sorriso do conhecimento antecipado da coisa – nenhuma que serei". Vontade e ação sem resultado é romantismo. O sujeito lírico é romântico e declara românticos os outros. A vendedeira é rodinha dentada na relojoaria da economia política. Cantando seu pregão ainda que inconsciente, participa da economia nacional. A vendedeira é mãe daqueles heróis que contribuíram para a existência do império uma roda na engrenagem da economia e do império. Sem controlar a vontade, não consegue organizar sua vida. Resultam deste fracasso a angústia, a náusea, a solidão tal qual um barco velho que apodrece na praia deserta. O sujeito lírico é a imagem do barco velho. A praia deserta é o cenário de sua vida. "Como um deus, não arrumei nem uma coisa nem outra...". Por acaso, um deus precisa arrumar alguma coisa para ser deus? Assim é o poeta.

# 9
# Bicarbonato de Soda

*Súbita, uma angústia...*
*Ah, que angústia, que náusea do estômago à alma!*
*Que amigos que tenho tido!*
*Que vazias de tudo as cidades que tenho percorrido!*
*Que esterco metafísico os meus propósitos todos!*

*Uma angústia,*
*Uma desconsolação da epiderme da alma,*
*Um deixar cair os braços ao sol-pôr do esforço...*
*Renego.*
*Renego tudo.*
*Renego mais do que tudo.*
*Renego a gládio e fim todos os Deuses e a negação deles.*

*Mas o que é que me falta, que o sinto faltar-me no estômago e na circulação*
*do sangue?*
*Que atordoamento vazio me esfalfa no cérebro?*

*Devo tomar qualquer coisa ou suicidar-me?*
*Não: vou existir. Arre! Vou existir.*
*E-xis-tir...*
*E--xis--tir ...*

*Meu Deus! Que budismo me esfria no sangue!*
*Renunciar de portas todas abertas,*
*Perante a paisagem todas as paisagens,*

*Sem esperança, em liberdade,*
*Sem nexo,*
*Acidente da inconsequência da superfície das coisas,*
*Monótono mas dorminhoco,*
*E que brisas quando as portas e as janelas estão todas abertas!*
*Que verão agradável dos outros!*
*Deem-me de beber, que não tenho sede!*

**Álvaro de Campos**

Angústia é estreiteza, aperto do coração; aflição e agonia. Náusea é vontade de vomitar, ânsia, repugnância, nojo. Bicarbonato é sal do ácido carbônico e, particularmente, sal de base de sódio ($CO_3HNa$): o bicarbonato de sódio facilita a digestão. Mas o texto é simbólico. A angústia não é do coração nem a náusea do estômago. É da alma. Haveria algum bicarbonato de soda para aplacar o enjoo da alma? Talvez renegar, renegar tudo, renegar mais do que tudo, renegar à espada todos os Deuses e a negação deles. O suicídio seria um remédio para o enjoo da alma. O próprio sujeito afasta a hipótese. Não. Melhor existir. Mesmo angustiado, com náusea na alma, vai continuar a resistir.
"Que budismo me esfria no sangue".
O budismo considera que viver é sofrer e que o sofrimento resulta da paixão. A renúncia de si mesmo era, para os homens, o único meio de se libertar do sofrimento. Chama-se "nirvana" o aniquilamento completo do "eu". Álvaro de Campos é coerente com o budismo que lhe esfria o sangue:

*"Renunciar de portas todas abertas,*
*Perante a paisagem todas as paisagens".*

Ou seja,
Renunciar todas as paisagens,
de portas abertas, perante a paisagem.

É o nada, o vazio, o não ser, o vácuo, o eco, a ausência, o nirvana búdico. Antero de Quental, no soneto "Palácio da Ventura", guarda o mesmo propósito de Álvaro de Campos. Como cavaleiro andante busca, em êxtase, o palácio encantado da felicidade. O caminho é árduo, mas depois de longa caminhada, avista, fulgurante, o palácio da felicidade. Bate à porta, grita e pede para que ela se abra. Abrem-se as portas e o poeta encontra, dentro do palácio, a moradia da felicidade total:
"Silêncio e escuridão – e nada mais"
Ou seja, o nada, o vazio, o não ser, o vácuo, o oco, a ausência, o nirvana búdico. Ouçamos Antero de Quental:

## Palácio da Ventura

*Sonho que sou um cavaleiro andante.*
*Por desertos, por sóis, por noite escura,*
*Paladino do amor, busca anelante*
*O palácio encantado da Ventura!*

*Mas já desmaio, exausto e vacilante,*
*Quebrada a espada já, rota a armadura...*
*E eis que de súbito o avisto, fulgurante*
*Na sua pompa e aérea formosura!*

*Com grandes golpes bato à porta e brado:*
*Eu sou o Vagabundo, o Deserdado...*
*Abri-vos, portas de ouro, ante meus ais!*

*Abrem-se as portas de ouro, com fragor...*
*Mas dentro encontro só, cheio de dor,*
*Silêncio e escuridão -- e nada mais...*

*"Que verão agradável dos outros".*

É a revelação do contraste entre a solidão do sujeito lírico e a felicidade dos outros. Semanticamente, o verso sofre um corte. Quem diz "que verão agradável" está dizendo que se sente bem naquela circunstância que anuncia. Porém, de repente, a preposição e artigo seguidos do pronome... "dos outros". É a quebra do sentido.

*"Dêem-me de beber, que não tenho sede!"*

Outra quebra de sentido. Anunciada a primeira oração, espera-se a segunda nestes termos: que tenho sede. Então, pode ser o bicarbonato de sódio para que se aplaque o enjôo causado pela indigestão de alimentos pesados. Mas é só metáfora. O autor quer aplacar a angústia, o desespero, a aflição, a agonia... o enjoo da alma.

Álvaro de Campos não está só. Leia, em Augusto dos Anjos, a ânsia que lhe sobe à boca:

## Psicologia de um Vencido.

*Eu, filho do carbono e do amoníaco,*
*Monstro de escuridão e rutilância,*
*Sofro, desde a epigênese da infância,*
*A influência má dos signos do zodíaco.*

*Profundissimamente hipocondríaco,*
*Este ambiente me causa repugnância...*
*Sobe-me à boca uma ânsia análoga à ânsia*
*Que se escapa da boca de um cardíaco.*
*Já o verme - este operário das ruínas -*
*Que o sangue podre das carnificinas*
*Come, e à vida em geral declara guerra,*

*Anda a espreitar meus olhos para roê-los,*
*E há de deixar-me apenas os cabelos,*
*Na frialdade inorgânica da terra!*

# 10
# Dobrada à Moda do Porto

*Um dia, num restaurante, fora do espaço e do tempo,*
*Serviram-me o amor como dobrada fria.*
*Disse delicadamente ao missionário da cozinha*
*Que a preferia quente,*
*Que a dobrada (e era à moda do Porto) nunca se come fria.*

*Impacientaram-se comigo.*
*Nunca se pode ter razão, nem num restaurante.*
*Não comi, não pedi outra coisa, paguei a conta,*
*E vim passear para toda a rua.*

*Quem sabe o que isto quer dizer?*
*Eu não sei, e foi comigo...*
*(Sei muito bem que na infância de toda a gente houve um jardim,*
*Particular ou público, ou do vizinho.*
*Sei muito bem que brincarmos era o dono dele.*
*E que a tristeza é de hoje).*

*Sei isso muitas vezes,*
*Mas, se eu pedi amor, porque é que me trouxeram*
*Dobrada à moda do Porto fria?*
*Não é prato que se possa comer frio,*
*Mas trouxeram-mo frio.*
*Não me queixei, mas estava frio,*
*Nunca se pode comer frio, mas veio frio.*

**Álvaro de Campos**

Amor – no sentido que usou o poeta, é o sentimento de dedicação absoluta de um ser a outro – devoção extrema. É a atração sexual que um ser sente pelo outro. É um sentimento paradoxal, nos versos de Camões – "Amor é fogo, que arde sem se ver" – como também um sentimento desvairado nos versos de Bilac – "Tenho frio e ardo em febre! / O amor me acalma e endouda, o amor me eleva e abate!". É nesse sentido que Álvaro de Campos usou, no poema, a palavra amor. Mas, se para Camões, amor "é ferida que dói e não se sente" e para Bilac, o amor faz o amante arder em febre, ao sujeito lírico lhe apresentam o amor frio, sem emoção, calmo, disciplina-do. Eis a razão da revolta. Dobrada à moda do Porto come-se quente. No entanto, ao sujeito lírico foi-lhe apresentado o amor como se fora uma fria Dobrada à moda do Porto. A metáfora é facilmente percebida. O restau-rante situa-se fora do espaço e do tempo, a cozinha deste restaurante fora do espaço e do tempo, tem um missionário. Percebe-se a solidão do sujeito lírico, nas expressões simbólicas: não comi, não pedi outra coisa, paguei a conta. Há momentos felizes na vida do sujeito: a infância. Lá havia um jardim (símbolo) onde brincou e era dono dele. A solidão acontece na vida adulta. A tristeza é de hoje. E hoje é que lhe servem o amor como dobrada fria. Ardem os amores que apresentam a Camões e a Bilac. Foi apresentado ao sujeito lírico amor gelado. Assim como não se come dobrada à moda do Porto fria, não se ama sem delírio ou desvario, sem excitação ou arrebata-mento, sem ardor ou frenesi.

A título de intertextualidade, leia o amor que Brás Cubas narra à Marcela no livro Memórias Póstumas de Brás Cubas de Machado de Assis.

*"Gastei trinta dias para ir do Rocio Grande ao coração de Marcela, não já cavalgando o corcel do cego desejo, mas o asno da paciência, a um tempo ma-nhoso e teimoso. (...)*

*Teve duas fases a nossa paixão, ou ligação, ou qualquer outro nome, que eu de nomes não curo; teve a fase consular e a fase imperial. Na primeira, que foi curta, regemos o Xavier e eu, sem que ele jamais acreditasse dividir comigo o governo de Roma; mas, quando a credulidade não pôde resistir à evidência, o Xavier depôs as insígnias, e eu concentrei todos os poderes na minha mão; foi a fase cesariana. Era meu o universo; mas, ai triste! não o era de graça. Foi-me preciso coligir dinheiro, multiplicá-lo, inventá-lo. Primeiro explorei as larguezas de meu pai; ele dava-me tudo o que eu lhe pedia sem repreen-são sem demora, sem frieza; dizia a todos que eu era rapaz e que ele o fora também. Mas a tal extremo chegou o abuso, que ele restringiu um pouco as franquezas, depois mais, depois mais. Então recorri a minha mãe, e induzi-a a desviar alguma cousa, que me dava às escondidas. Era pouco; lancei mão de um recurso último: entrei a sacar sobre a herança de meu pai, a assinar obrigações, que devia resgatar um dia com usura".*

O espaço físico do amor servido a Álvaro de Campos é um restaurante, fora do tempo e do espaço. Brás Cubas, da Praça do Rocio Grande, lugar onde teve o primeiro encontro com Marcela até conquistar seu amor, demorou trinta dias. No início, amor sensualíssimo, dobrada à moda do porto quente. (Cavalgando o corcel do cego desejo). Depois, amor persistente, teimoso, cheio de manha, dobrada à moda do porto fria (cavalgando... o asno da paciência, a um tempo manhoso e teimoso). Duas fases o amor de Brás Cubas. A fase consular em que o dividia com Xavier. O governo dos cônsules era partilhado por várias pessoas. A fase imperial em que tinha a posse exclusiva de Marcela. O governo imperial na Roma antiga era exercido por um só homem – César. Era preciso dinheiro pra garantir a posse de Marcela, e este fora buscar ao pai, à mãe e, por último, a agiotas. Amor é prato que se coma, cavalgando o corcel do cego desejo. Amor não é prato que se possa comer frio.

# 11
# O que há em mim...

O que há em mim é sobretudo cansaço —
Não disto nem daquilo,
Nem sequer de tudo ou de nada:
Cansaço assim mesmo, ele mesmo,
Cansaço.

A sutileza das sensações inúteis,
As paixões violentas por coisa nenhuma,
Os amores intensos por o suposto em alguém,
Essas coisas todas —
Essas e o que falta nelas eternamente —;
Tudo isso faz um cansaço,
Este cansaço,
Cansaço.

Há sem dúvida quem ame o infinito,
Há sem dúvida quem deseje o impossível,
Há sem dúvida quem não queira nada —
Três tipos de idealistas, e eu nenhum deles:
Porque eu amo infinitamente o finito,
Porque eu desejo impossivelmente o possível,
Porque quero tudo, ou um pouco mais, se puder ser,
Ou até se não puder ser...

E o resultado?
Para eles a vida vivida ou sonhada,
Para eles o sonho sonhado ou vivido,
Para eles a média entre tudo e nada, isto é, isto...
Para mim só um grande, um profundo,
E, ah com que felicidade infecundo, cansaço,

*Um supremíssimo cansaço,*
*Íssimo, íssimo, íssimo,*
*Cansaço...*

**Álvaro de Campos**

Cansaço, fadiga, esgotamento, exaustão, extenuação, fraqueza, lassidão, prostração. Não se trata do cansaço que advém do exercício, trabalho ou doença. Apenas exaustão, náusea da vida e de tudo que a circunda. Na segunda estrofe, as razões que levaram o sujeito lírico a este estado de espírito. Primeiro a inutilidade (A sutileza das sensações inúteis). Depois, o excesso (As paixões violentas por coisa nenhuma / Os amores intensos por o suposto em alguém). Os "amores intensos" não por alguém mas por "o suposto". O amor causa-lhe fadiga, não só por ser intenso como também por ser suposto. Na terceira estrofe, o sujeito poético confronta o "eu" e os "outros".

*"Há sem dúvida quem ame o infinito*
*...eu amo infinitamente o finito"*
O"infinito" é objeto do amor dos outros. O "finito" é objeto do amor do sujeito. O primeiro é sonhador; o segundo, pragmático. O que há de "infinito" no segundo é apenas a intensidade da ação de amar.

*"Há sem dúvida quem deseje o impossível*
*...eu desejo impossivelmente o possível"*
O "impossível" é objeto do desejar dos outros. O "possível" é objeto do desejar do sujeito. O primeiro é romântico; o segundo, realista. Tão realista que sabe impossível desejar o possível. Então, pessimista.

*"Há sem dúvida quem não queira nada*
*...eu desejo tudo, ou um pouco mais, se puder ser ou até se não puder ser"*
O "nada" é objeto do querer dos outros. O "tudo" é objeto do querer do sujeito. O primeiro adapta-se insaciável: quer tudo, um pouco mais de tudo, desde que possível ou mesmo que impossível. O sujeito lírico evidencia seu isolamento (três tipos de idealistas, e eu nenhum deles). Apesar de não se enquadrar em nenhum dos três tipos de idealista, o sujeito lírico é o mais idealista de todos, desde que entendamos por idealismo a doutrina filosófica que nega a realidade individual das coisas distintas do "eu" e só delas

admite a ideia. Ser como os outros são ou ser como o sujeito é conduz a resultados diversos que vêm explicados na última estrofe. Para eles, restam a vida vivida, a vida sonhada, o sonho sonhado, o sonho vivido, a média que se obtém entre o tudo e o nada. Para o sujeito lírico, o cansaço profundo, o cansaço grande, a felicidade que não frutifica, cansaço supremo, cansaço em seu grau mais elevado.

# 12
# Nunca conheci quem tivesse levado porrada

Nunca conheci quem tivesse levado porrada.
Todos os meus conhecidos têm sido campeões em tudo.

E eu, tantas vezes reles, tantas vezes porco, tantas vezes vil,
Eu tantas vezes irrespondivelmente parasita,
Indesculpavelmente sujo.
Eu, que tantas vezes não tenho tido paciência para tomar banho,
Eu, que tantas vezes tenho sido ridículo, absurdo,
Que tenho enrolado os pés publicamente nos tapetes das etiquetas,
Que tenho sido grotesco, mesquinho, submisso e arrogante,
Que tenho sofrido enxovalhos e calado,
Que quando não tenho calado, tenho sido mais ridículo ainda;
Eu, que tenho sido cômico às criadas de hotel,
Eu, que tenho sentido o piscar de olhos dos moços de fretes,
Eu, que tenho feito vergonhas financeiras, pedido emprestado sem pagar,
Eu, que, quando a hora do soco surgiu, me tenho agachado
Para fora da possibilidade do soco;
Eu, que tenho sofrido a angústia das pequenas coisas ridículas,
Eu verifico que não tenho par nisto tudo neste mundo.

Toda a gente que eu conheço e que fala comigo
Nunca teve um ato ridículo, nunca sofreu enxovalho,
Nunca foi senão príncipe - todos eles príncipes - na vida...

Quem me dera ouvir de alguém a voz humana
Que confessasse não um pecado, mas uma infâmia;
Que contasse, não uma violência, mas uma cobardia!
Não, são todos o Ideal, se os oiço e me falam.

*Quem há neste largo mundo que me confesse que uma vez foi vil?*
*Ó príncipes, meus irmãos,*

*Arre, estou farto de semideuses!*
*Onde é que há gente no mundo?*

*Então sou só eu que é vil e errôneo nesta terra?*

*Poderão as mulheres não os terem amado,*
*Podem ter sido traídos - mas ridículos nunca!*
*E eu, que tenho sido ridículo sem ter sido traído,*
*Como posso eu falar com os meus superiores sem titubear?*
*Eu, que tenho sido vil, literalmente vil,*
*Vil no sentido mesquinho e infame da vileza.*

**Álvaro de Campos**

Podemos dividir este poema em sete partes.

## 1. Uma Declaração:

*"Nunca conheci quem tivesse levado porrada.*
*Todos os meus conhecidos têm sido campeões em tudo"*

A Declaração que se faz, logo de início, coincide com o tema do poema. Porrada é pancada com cacete, pancada, bordoada. Tem, pois, sentido metafórico. Eliminando a metáfora: "Nunca conheci quem tivesse um só aborrecimento na vida. Todos os meus conhecidos são exemplos de equilíbrio e ponderação". No primeiro verso, a antítese: quem tivesse levado porrada / campeões em tudo.

## 2. Auto-Análise do sujeito lírico.

Depois de anunciar o tema, passa o poeta a qualificar-se, a si mesmo, em oposição àqueles que nunca admitiram ter "levado porrada". Seguem, então, as adjetivações de si mesmo: reles, porco, vil, parasita, sujo, submisso e arrogante. Ainda nesse bloco, uma série de orações adjetivas, iniciadas pelo pronome relativo "que", que tem "eu" como antecedente.

Eu...

*"que tenho enrolado os pés publicamente nas tapetes das etiquetas" (ridículo)*
*"que tenho sofrido enxovalhos e calado" (submisso)*
*"que tenho sido cômico às criadas do hotel" (grotesco)*
*"que tenho sentido o piscar de olhos dos moços de fretes" (ridículo)*
*"que tenho feito vergonhas financeiras, pedindo emprestado sem pagar" (parasita)*
*"que, quando a hora do soco surgiu, me tenho agachado" (covarde)*

E conclui o sujeito nesse segundo bloco:
*'Eu verifico que não tenho par nisto tudo neste mundo"*

## 3. Análise de outrem.

Depois de uma análise de si mesmo, o sujeito encoraja-se a qualificar terceiros: nunca foram ridículos, nunca sofreram enxovalhos. Todos eles príncipes. Uma concordância que se processa, não com o termo claro, mas com o termo subentendido. É a figura da silepse.
*"Toda gente... todos eles príncipes"*

## 4. Vontade de ouvir uma confissão

Vontade de ouvir de outrem uma declaração dos próprios erros ou culpas, dos próprios pecados. Alguém que lhe confessasse uma infâmia. Nem é preciso ouvir a confissão de um pecado. Alguém que confessasse uma cobardia. Nem é preciso ouvir a confissão de uma violência.
Todos são príncipes.

## 5. Desabafo

*"Arre, estou farto de semideuses!*
*Onde é que há gente no mundo?"*

Uma antítese: gente / semideuses. Na antiguidade, supunha-se que os semideuses participavam da divindade. Eram os heróis, filhos de um deus e de uma mulher ou de uma deusa e um homem: Hércules, Castor e Pólux eram semideuses. Enfim, todos são heróis, só ele mesquinho, já que nunca alguém lhe confessou que, nesta vida, tivesse levado porrada.

## 6. Uma constatação

*"Então sou só eu que é vil e errôneo nesta terra?"*
Todos são certos e verdadeiros. Só o sujeito lírico é errôneo, possuído pelo erro. Todos são nobres, elegantes, sublimes. Só o sujeito lírico é abjeto, desprezível, torpe.

## 7. Análise simultânea

Volta o poeta à auto-análise e à análise de outrem.
*Outrem – ainda que as mulheres não os amem, ridículos nunca.*
  *– ainda que seja traídos, ridículos nunca.*

O sujeito lírico nunca tem sido traído, mas ridículo sempre.
Daí sempre vil. Pior. Nele a própria vileza é vil.

# 13
# Ao volante do Chevrolet pela estrada de Sintra

*Ao volante do Chevrolet pela estrada de Sintra,*
*Ao luar e ao sonho, na estrada deserta,*
*Sozinho guio, guio quase devagar, e um pouco*
*Me parece, ou me forço um pouco para que me pareça,*
*Que sigo por outra estrada, por outro sonho, por outro mundo,*
*Que sigo sem haver Lisboa deixada ou Sintra a que ir ter,*
*Que sigo, e que mais haverá em seguir senão não parar mas seguir?*

*Vou passar a noite a Sintra por não poder passá-la em Lisboa,*
*Mas, quando chegar a Sintra, terei pena de não ter ficado em Lisboa.*
*Sempre esta inquietação sem propósito, sem nexo, sem consequência,*
*Sempre, sempre, sempre,*
*Esta angústia excessiva do espírito por coisa nenhuma,*
*Na estrada de Sintra, ou na estrada do sonho, ou na estrada da vida...*

*Maleável aos meus movimentos subconscientes do volante,*
*Galga sob mim comigo o automóvel que me emprestaram.*
*Sorrio do símbolo, ao pensar nele, e ao virar à direita.*
*Em quantas coisas que me emprestaram eu sigo no mundo*
*Quantas coisas que me emprestaram guio como minhas!*
*Quanto me emprestaram, ai de mim!, eu próprio sou!*

*À esquerda o casebre — sim, o casebre — à beira da estrada*
*À direita o campo aberto, com a lua ao longe.*
*O automóvel, que parecia há pouco dar-me liberdade,*
*É agora uma coisa onde estou fechado*
*Que só posso conduzir se nele estiver fechado,*
*Que só domino se me incluir nele, se ele me incluir a mim.*

*À esquerda lá para trás o casebre modesto, mais que modesto.*
*A vida ali deve ser feliz, só porque não é a minha.*

*Se alguém me viu da janela do casebre, sonhará: Aquele é que é feliz.*
*Talvez à criança espreitando pelos vidros da janela do andar que está em*
*cima.*
*Fiquei (com o automóvel emprestado) como um sonho, uma fada real.*
*Talvez à rapariga que olhou, ouvindo o motor, pela janela da cozinha*
*No pavimento térreo,*
*Sou qualquer coisa do príncipe de todo o coração de rapariga,*
*E ela me olhará de esguelha, pelos vidros, até à curva em que me perdi.*
*Deixarei sonhos atrás de mim, ou é o automóvel que os deixa?*

*Eu, guiador do automóvel emprestado, ou o automóvel emprestado que eu guio?*

*Na estrada de Sintra ao luar, na tristeza, ante os campos e a noite,*
*Guiando o Chevrolet emprestado desconsoladamente,*
*Perco-me na estrada futura, sumo-me na distância que alcanço,*
*E, num desejo terrível, súbido, violento, inconcebível,*
*Acelero...*
*Mas o meu coração ficou no monte de pedras, de que me desviei ao vê-lo*
*sem vê-lo,*

*À porta do casebre,*
*O meu coração vazio,*
*O meu coração insatisfeito,*
*O meu coração mais humano do que eu, mais exato que a vida.*

*Na estrada de Sintra, perto da meia-noite, ao luar, ao volante,*
*Na estrada de Sintra, que cansaço da própria imaginação,*
*Na estrada de Sintra, cada vez mais perto de Sintra,*
*Na estrada de Sintra, cada vez menos perto de mim...*

**Álvaro de Campos**

O poema apresenta-se em dois planos. Primeiro, o plano objetivo, físico, circunstancial: "ao volante do Chevrolet pela estrada de Sintra". O segundo, o plano subjetivo, íntimo, espiritual: "me parece ou me forço um pouco para que me pareça que sigo por outra estrada, por outro sonho, por outro mundo". O primeiro plano é pretexto para que se fale do segundo. É assim o primeiro plano metáfora do segundo. Esse deslocamento físico que faz o sujeito poético de Lisboa a Sintra pode ser entendido como a própria trajetória de sua vida. "Que sigo sem haver Lisboa deixada ou Sintra a que ir ter". E, ao longo do poema, vai o sujeito lírico relatando as circunstâncias por que passa a viagem de Lisboa a Sintra que não é outra coisa senão a viagem que faz durante a vida. "Vou passar a noite a Sintra por não poder passá-la em Lisboa, mas quando chegar a Sintra terei pena de não ter ficado em Lisboa". É o mesmo "ou isto ou aquilo" de Cecília Meireles: "É uma grande pena que não se possa estar, ao mesmo tempo, em dois lugares. Ou isto ou aquilo... e vivo escolhendo o dia inteiro". "Sempre esta inquietação, sem propósito, sem nexo, sem conseqüência... na estrada de Sintra, ou na estrada do sonho, ou na estrada da vida... ou isto ou aquilo". O automóvel que lhe emprestaram, galga, avança velozmente. Também dois planos: o empréstimo do automóvel e o empréstimo de todas as sensações na vida. Ele mesmo é empréstimo. Um paradoxo. O automóvel que lhe dá liberdade porque galga pelo campo aberto, é uma prisão porque nele o sujeito fica fechado. É preciso confundir-se com ele para estar nele. Liberdade e cerceamento. A felicidade sob dois planos. O sujeito poético julga felizes os moradores do casebre, porque são outros seres que não ele. Os moradores do casebre julgam feliz o sujeito lírico, porque é outro ser que não eles. A felicidade é algo sublime que só acontece na vida alheia. Ela sempre está além do horizonte.

*"Essa felicidade que supomos,*
*Árvore milagrosa que sonhamos*
*Toda arreada de dourados pomos,*
*Existe sim, mas nós não a encontramos,*
*Porque está sempre apenas onde a pomos*
*E nunca a pomos onde nós estamos"*

**Vicente de Carvalho**

*"Eu, guiador do automóvel*
*emprestado, ou o automóvel*
*emprestado que eu guio?"*

Uma coisa é "governado"; outra coisa é "quem governa". O primeiro é estático, inerte. O segundo é dinâmico, ativo. Guiador de automóvel não é aquele que guia.

*"Há uma pedra no meio do caminho"*

**Drummond**

*"Mas o meu coração ficou no monte de pedras..."*

Ao volante do Chevrolet pela estrada de Sintra... o sujeito poético medita. À medida que o automóvel galga, fica ele mais perto de Sintra e muito mais longe de si.

# 14
# Ah, um soneto...

*Meu coração é um almirante louco*
*que abandonou a profissão do mar*
*e que a vai relembrando pouco a pouco*
*em casa a passear, a passear ...*

*No movimento (eu mesmo me desloco*
*nesta cadeira, só de o imaginar)*
*o mar abandonado fica em foco*
*nos músculos cansados de parar.*

*Há saudades nas pernas e nos braços.*
*Há saudades no cérebro por fora.*
*Há grandes raivas feitas de cansaços.*

*Mas — esta é boa! — era do coração*
*que eu falava... e onde diabo estou eu agora*
*com almirante em vez de sensação?...*

**Álvaro de Campos**

Soneto – composição poética de forma fixa, contendo 14 versos, dispostos em dois quartetos e dois tercetos. Os versos são decassílabos e as rimas cruzadas. Há rimas ricas – formadas por palavras de diversas classes gramaticais: louco / pouco; mar / passear; descolo / foco. Como há também rimas pobres – formadas por palavras de mesmas classes gramaticais: imaginar / parar; braços / cansaços; coração / sensação; fora / agora. "Meu coração é um almirante louco". Expressiva metáfora. Meu coração age como se fosse um almirante louco. E que faz o louco almirante? Relembra as atividades que tivera no mar. As pernas, os braços, o cérebro... tudo é saudade. A conjunção adversativa "mas", no início da última estrofe, interrompe a lembrança e, ironicamente, confessa o sujeito lírico, que falava do coração e não do almirante. Coração é sensação. Sensação é impressão moral, comoção. Tal qual o almirante que já abandonou a profissão do mar e vai relembrando sua vida de luta marítima, assim também o sujeito lírico relembrava sua vida de luta subjetiva. As pernas, os braços e o cérebro do almirante provocam saudades. As pernas, os braços e o cérebro do poeta provocam raivas feitas de cansaço. O cansaço do almirante é físico. O cansaço do poeta é espiritual. Mas – esta é boa! O poeta quer falar dele mesmo, de seu coração, de suas sensações. Onde estava ele com a cabeça de falar de almirante, já que quer falar de seu próprio cansaço que se lê nas pernas, nos braços, no cérebro e no coração?

# 15
# Na nora do quintal
# da minha casa

*(Na nora do quintal da minha casa*
*O burro anda à roda, anda à roda,*
*E o mistério do mundo é do tamanho disto.*
*Limpa o suor com o braço, trabalhador descontente.*
*A luz do sol abafa o silêncio das esferas*
*E havemos todos de morrer,*
*Ó pinheirais sombrios ao crepúsculo,*
*Pinheirais onde a minha infância era outra coisa*
*Do que eu sou hoje...)*

*Mas, ah outra vez a raiva mecânica constante!*
*Outra vez a obsessão movimentada dos ônibus.*
*E outra vez a fúria de estar indo ao mesmo tempo dentro de todos os comboios*
*De todas as partes do mundo,*
*De estar dizendo adeus de bordo de todos os navios,*
*Que a estas horas estão levantando ferro ou afastando-se das docas.*
*Ó ferro, ó aço, ó alumínio, ó chapas de ferro ondulado!*
*Ó cais, ó portos, ó comboios, ó guindastes, ó rebocadores!*

*Eh-lá grandes desastres de comboios!*
*Eh-lá desabamentos de galerias de minas!*
*Eh-lá naufrágios deliciosos dos grandes transatlânticos!*
*Eh-lá-hô revoluções aqui, ali, acolá,*
*Alterações de constituições, guerras, tratados, invasões,*
*Ruído, injustiças, violências, e talvez para breve o fim,*
*A grande invasão dos bárbaros amarelos pela Europa,*
*E outro Sol no novo Horizonte!*

*Que importa tudo isto, mas que importa tudo isto*
*Ao fúlgido e rubro ruído contemporâneo,*
*Ao ruído cruel e delicioso da civilização de hoje?*
*Tudo isso apaga tudo, salvo o Momento,*
*O Momento de tronco nu e quente como um fogueiro,*
*O Momento estridentemente ruidoso e mecânico,*
*O Momento dinâmico passagem de todas as bacantes*
*Do ferro e do bronze e da bebedeira dos metais.*
*Eia comboios, eia pontes, eia hotéis à hora do jantar,*
*Eia aparelhos de todas as espécies, férreos, brutos, mínimos,*
*Instrumentos de precisão, aparelhos de triturar, de cavar,*
*Engenhos brocas, máquinas rotativas!*
*Eia! eia! eia!*
*Eia electricidade, nervos doentes da Matéria!*
*Eia telegrafia-sem-fios, simpatia metálica do Inconsciente!*
*Eia túneis, eia canais, Panamá, Kiel, Suez!*
*Eia todo o passado dentro do presente!*
*Eia todo o futuro já dentro de nós! eia!*
*Eia! eia! eia!*
*Frutos de ferro e útil da árvore-fábrica cosmopolita!*
*Eia! eia! eia! eia-hô-ô-ô!*
*Nem sei que existo para dentro. Giro, rodeio, engenho-me.*
*Engatam-me em todos os comboios.*
*Içam-me em todos os cais.*
*Giro dentro das hélices de todos os navios.*
*Eia! eia-hô! eia!*
*Eia! sou o calor mecânico e a electricidade!*

*Eia! e os rails e as casas de máquinas e a Europa!*
*Eia e hurrah por mim-tudo e tudo, máquinas a trabalhar, eia!*

*Galgar com tudo por cima de tudo! Hup-lá!*

*Hup-lá, hup-lá, hup-lá-hô, hup-lá!*
*Hé-la! He-hô! H-o-o-o-o!*
*Z-z-z-z-z-z-z-z-z-z-z-z!*

*Ah não ser eu toda a gente e toda a parte!*

**Álvaro de Campos**

A primeira estrofe surge entre parênteses. Por que a utilização de parênteses na primeira estrofe? Os parênteses, logo de início, estabelecem uma relação temática e expressiva em relação às estrofes subsequentes. Nas estrofes subsequentes, o canto da modernidade: ônibus, comboios, navios; o ferro, o aço, o alumínio; o cais, os portos, os guindastes; guerras, invasões, injustiças, violências; eletricidade, telegrama-sem-fio, túneis, canais... contudo, toda violência que se apresente, é antítese daquilo que vem entre parênteses. O que vem entre parênteses, é uma incursão nostálgica na vida da infância: a nora (aparelho para tirar água dos poços ou rios cuja peça principal é uma grande roda) e o burro que anda à roda (moinho composto de duas mós sobrepostas e giratórias movidas pelo animal). Antes, a nora e o burro onde a infância era outra coisa. Além do mergulho na infância, o contraste entre a parafernália de hoje e a simplicidade de outrora; mais uma inferência: a parafernália de hoje não é outra coisa senão a nora e o burro à roda, ampliados. O mistério do mundo tem o tamanho do cenário da infância. Na infância, os pinheirais sombrios ao crepúsculo; na maturidade, estado febril, histérico: "raiva mecânica", "obsessão movimentada", "engatam-me em todos os comboios", "içam-me em todos os cais". E o tempo? São três os tempos: o passado – evocação nostálgica da infância. "A minha infância era outra coisa do que sou hoje". O presente – a modernidade, a fúria das máquinas. "O momento estridentemente ruidoso e mecânico". O futuro – o tempo que não sucede o presente como também o passado não antecede o presente. Há, na verdade, uma fusão entre o passado e o presente como também uma fusão entre o presente e o futuro. "Eia todo o passado dentro do presente". "Eia todo o futuro já dentro de nós! Eia!". A nora e o burro à roda é o mundo de hoje, desde que ampliados. O comboio, a eletricidade, os navios, os rebocadores é o mundo de ontem, desde que simplificados. Não é só os tempos que se fundem. O sujeito lírico manifesta-se, no último verso, o desejo de uma fusão física. Estar entre toda gente, em toda a parte, em qualquer tempo. "Ah não ser eu toda a gente e toda a parte!"

# 16
# Depois de amanhã, sim,
# só depois de amanhã...

*Depois de amanhã, sim, só depois de amanhã...*
*Levarei amanhã a pensar em depois de amanhã*
*E assim será possível; mas hoje não...*
*Não, hoje nada; hoje não posso.*
*A persistência confusa da minha subjetividade objetiva,*
*O sono da minha vida real, intercalado,*
*O cansaço antecipado e infinito,*
*Um cansaço de mundos para apanhar um elétrico...*
*Esta espécie de alma...*
*Só depois de amanhã...*
*Hoje quero preparar-me,*
*Quero preparar-me para pensar amanhã no dia seguinte...*
*Ele é que é decisivo.*
*Tenho já o plano traçado; mas não, hoje não traço planos...*
*Amanhã é o dia dos planos.*

*Amanhã sentar-me-ei à secretária para conquistar o mundo;*
*Mas só conquistarei o mundo depois de amanhã...*
*Tenho vontade de chorar,*
*Tenho vontade de chorar muito de repente, de dentro...*

*Não, não queiram saber mais nada, é segredo, não digo.*
*Só depois de amanhã...*
*Quando era criança o circo de domingo divertia-me toda a semana.*
*Hoje só me diverte o circo de domingo de toda a semana da minha infância...*
*Depois de amanhã serei outro,*
*A minha vida triunfar-se-á,*
*Todas as minhas qualidades reais de inteligente, lido e prático*

*Serão convocadas por um edital...*
*Mas por um edital de amanhã...*
*Hoje quero dormir, redigirei amanhã...*
*Por hoje, qual é o espetáculo que me repetiria a infância?*
*Mesmo para eu comprar os bilhetes amanhã,*
*Que depois de amanhã é que está bem o espectáculo...*
*Antes, não...*
*Depois de amanhã terei a pose pública que amanhã estudarei.*
*Depois de amanhã serei finalmente o que hoje não posso nunca ser.*
*Só depois de amanhã...*

*Tenho sono como o frio de um cão vadio.*
*Tenho muito sono.*
*Amanhã te direi as palavras, ou depois de amanhã...*
*Sim, talvez só depois de amanhã...*

*O porvir...*
*Sim, o porvir...*

**Álvaro de Campos**

O poema se desenvolve em 4 tempos: o ontem, o hoje, o amanhã e o depois de amanhã. Tantas são as coisas belas e nobres por fazer e nós, seres limitados, adiamos, indefinidamente, a nobreza e a beleza do gesto. Tantos são os encontros adiados, os livros esquecidos, os beijos que poderiam ter sido e que não foram, as cartas, os textos, os agradecimentos, as confissões de amor engasgadas na garganta e adiadas para o depois de amanhã. E nós aqui, adiando todo o sentido da vida, mergulhados em uma consentida solidão.

Quatro momentos:

**O ontem:** a infância no circo aos domingos – prazer suficiente para alegrar a semana toda, embora hoje precise de todo circo da infância para alegrar um só momento da vida.

**O hoje:** o cansaso antecipado e infinito. Preparação para pensar o amanhã. Preferência a não traçar planos. Vontade de chorar. Vontade de dormir. Sono como o frio de um cão velho. Cansaço.

**O amanhã:** dia de traçar o plano. Dia de sentar-se à mesa e preparar a conquista do mundo. Publicação de um edital. Redação do edital. Compra de bilhetes para o espetáculo. Não pode nunca ser. Dirá algumas palavras.

**O depois de amanhã:** dia em que conquistará o mundo. Dia em que o segredo será revelado. A vida triunfará. Será outro. Dia do espetáculo. A pose pública. Será o que hoje nunca pode ser. O porvir.

**Ontem** – a infância. Único momento da felicidade.

**Hoje** – a frustação, a solidão – o cansaço

**Amanhã** – dia de imaginar o plano a ser aplicado para o futuro.

**Depois de amanhã** – a conquista do "eu" e do mundo.

Passamos a vida pensando no passado e idealizando o futuro que não chega nunca.
A vida é um espelho que foge.

# 17

# Todas as cartas de amor são ridículas

*Todas as cartas de amor são*
*Ridículas.*
*Não seriam cartas de amor se não fossem*
*Ridículas.*

*Também escrevi em meu tempo cartas de amor,*
*Como as outras,*
*Ridículas.*

*As cartas de amor, se há amor,*
*Têm de ser*
*Ridículas.*

*Mas, afinal,*
*Só as criaturas que nunca escreveram*
*Cartas de amor*
*É que são*
*Ridículas.*

*Quem me dera no tempo em que escrevia*
*Sem dar por isso*
*Cartas de amor*
*Ridículas.*

*A verdade é que hoje*
*As minhas memórias*
*Dessas cartas de amor*
*É que são*
*Ridículas.*

*(Todas as palavras esdrúxulas,*
*Como os sentimentos esdrúxulos,*
*São naturalmente*
*Ridículas.)*
**Álvaro de Campos**

"Todas as cartas de amor são ridículas". Vamos transcrever trechos de cartas de Fernando Pessoa, a sua única namorada Ofélia.

"Há um vago número de muitos meses que me vê olhá-la, olhá-la constantemente, sempre com o mesmo olhar incerto e solícito. Eu sei que tem reparado nisso. E como tem reparado, deve ter achado estranho que esse olhar, não sendo propriamente tímido, nunca esboçasse uma significação. Sempre atento, vago e o mesmo, como que contente de ter só a tristeza disso...

Mais nada... E dentro do seu pensar em nisso – seja o sentimento qual seja com que tem pensado em mim – deve ter perscrutado as minhas possíveis intenções. Deve ter explicado a si própria, sem se satisfazer, que eu sou ou um tímido especial e original, ou uma qualquer espécie de qualquer cousa aparentada com o ser louco.

Eu não sou, minha Senhora, perante o facto de olhá-la, nem estritamente um tímido, nem assentemente um louco. Sou outra cousa primeira e diversa, como, sem esperança de que me creia, lhe vou expor. Quantas vezes eu segredava ao seu ser sonhado: Faça o seu dever de ânfora inútil, cumpra o seu mister de mera taça.

Com que saudade da idéia que quis forjar-me de si eu percebi um dia que era casada! O dia em que percebi isso foi trágico na minha vida. Não tive ciúmes do seu marido. Nunca pensei se acaso o tinha. Tive simplesmente saudade da minha mulher num quadro – sim essa – era casada, a mesma seria a minha dor.

Possuí-la? Eu não sei como isso se faz. E mesmo que tivesse sobre mim a manobra humana de sabê-lo que infame eu não seria para mim próprio, que insultado agente de minha própria grandeza, ao pensar sequer em nivelar-me com o seu marido!

Possuí-la? Um dia que acaso fosse sozinha numa rua escura, um assaltante pode subjugá-la e possuí-la, pode fecundá-la até e deixar atrás de si esse rastro uterino. Se possuí-la é possuir-lhe o corpo que valor há nisso?

Que não lhe possui a alma?... Como é que se possui uma alma? E pode haver um hábil amoroso que consiga possuir-lhe essa "alma" (...) Que seja o seu marido esse... Queria que eu descesse ao nível dele?

Quantas horas tenho passado em convívio secreto com a idéia de si! Temo-nos amado tanto, dentro dos meus sonhos! Mas mesmo aí eu lhe juro, nunca me sonhei possuindo-a. Sou um delicado e um casto mesmo nos meus sonhos. Respeito até o sonho de uma mulher bela.

Eu não saberia nunca como ajeitar a minha alma a levar o meu corpo a possuir o seu. Dentro de mim, mesmo ao pensar nisso, tropeço com obstáculo que não vejo, enredo-me em teias que não sei o que são. Que muito mais me aconteceria seu eu quisesse possuí-la realmente?

Que eu – repito-lhe – era incapaz de o tentar fazer. Nem sequer me ajeito a sonhar-me fazendo-o.

São estas, minha Senhora, as palavras que tenho a escrever à margem da significação do seu olhar involuntariamente interrogativo".

Vê-se que "todas as cartas de amor são ridículas". Infere-se da carta de amor que escreve a Ofélia, que seu sentimento de amor era pura idealização não realizável, às vezes até confuso. Em outra oportunidade:

*"Pudesse-te eu amar sem que existisses*
*E possui-te sem que ali estivesses"*

Manifestação da namorada Ofélia:

*"O Fernando dizia-me que estava doido. Já não respondi às últimas cartas, porque achei que não eram para responder. Não valia a pena"*

*"(Todas as palavras esdrúxulas*
*Como os sentimentos esdrúxulos,*
*São naturalmente*
*Ridículas)".*

Nada mais esdrúxulos que a Carta de Amor de Fernando Pessoa escreve à Ofélia.

# 18
# Vem, noite, antiquíssima
# e idêntica

*Vem, Noite antiquíssima e idêntica,*
*Noite Rainha nascida destronada,*
*Noite igual por dentro ao silêncio, Noite*
*Com as estrelas lentejoulas rápidas*
*No teu vestido franjado de Infinito.*

*Vem, vagamente,*
*Vem, levemente,*
*Vem sozinha, solene, com as mãos caídas*
*Ao teu lado, vem*
*E traz os montes longínquos para o pé das árvores próximas,*
*Funde num campo teu todos os campos que vejo,*
*Faze da montanha um bloco só do teu corpo,*
*Apaga-lhe todas as diferenças que de longe vejo,*
*Todas as estradas que a sobem,*
*Todas as várias árvores que a fazem verde-escuro ao longe.*
*Todas as casas brancas e com fumo entre as árvores,*
*E deixa só uma luz e outra luz e mais outra,*
*Na distância imprecisa e vagamente perturbadora,*
*Na distância subitamente impossível de percorrer.*

*Nossa Senhora*
*Das coisas impossíveis que procuramos em vão,*
*(...)*
*Vem soleníssima,*
*Soleníssima e cheia*
*De uma oculta vontade de soluçar,*

*Talvez porque a alma é grande e a vida pequena,*
*E todos os gestos não saem do nosso corpo*
*E só alcançamos onde o nosso braço chega,*
*E só vemos até onde chega o nosso olhar.*


*Vem, dolorosa,*
*Mater-Dolorosa das Angústias dos Tímidos,*
*Turris-Eburnea das Tristezas dos Desprezados,*
*Mão fresca sobre a testa em febre dos humildes,*
*Sabor de água sobre os lábios secos dos Cansados.*
*Vem, lá do fundo*
*Do horizonte lívido,*
*Vem e arranca-me*
*Do solo de angústia e de inutilidade*
*Onde vicejo.*
*Apanha-me do meu solo, malmequer esquecido,*
*Folha a folha lê em mim não sei que sina*
*E desfolha-me para teu agrado,*
*Para teu agrado silencioso e fresco.*
*(...)*
*Vem sobre os mares,*
*Sobre os mares maiores,*
*Sobre os mares sem horizontes precisos,*
*Vem e passa a mão pelo dorso de fera,*
*E acalma-o misteriosamente,*
*Ó domadora hipnótica das coisas que se agitam muito!*
*Vem, cuidadosa,*
*Vem, maternal,*
*Pé ante pé enfermeira antiquíssima, que te sentaste*
*À cabeceira dos deuses das fés já perdidas,*
*E que viste nascer Jeová e Júpiter,*
*E sorriste porque tudo te é falso e inútil.*

*Vem, Noite silenciosa e extática,*
*Vem envolver na noite manto branco*
*O meu coração...*
*Serenamente como uma brisa na tarde leve,*
*Tranquilamente com um gesto materno afagando.*
*Com as estrelas luzindo nas tuas mãos*
*E a lua máscara misteriosa sobre a tua face.*
*Todos os sons soam de outra maneira*
*Quando tu vens.*
*Quando tu entras baixam todas as vozes,*
*Ninguém te vê entrar.*
*Ninguém sabe quando entraste,*
*Senão de repente, vendo que tudo se recolhe,*
*Que tudo perde as arestas e as cores,*
*E que no alto céu ainda claramente azul*
*Já crescente nítido, ou círculo branco, ou mera luz nova que vem.*

*A lua começa a ser real.*

**Álvaro de Campos**

Vem, noite. E a noite é a morte. Noite silenciosa e extática; soleníssima e dolorosa. O poeta faz lembrar, em canto, a Ladainha de Nossa Senhora, também um elenco de invocações à Santa dos Católicos.

*Vem, noite, antiqüíssima e idêntica,*
*Mãe da divina graça,*
*Mãe puríssima*
*Mãe castíssima*
*Vem, vagamente,*
*Vem levemente,*
*Mãe imaculada,*
*Mãe intemerata,*
*Mãe amável,*
*Vem sozinha, solene, com as mãos caídas,*

*Mãe admirável,*
*Vem*
*E traz os montes longínquos para os pés das árvores próximas*
*Virgem prudentíssima*
*Virgem venerável*
*Virgem louvável*
*Virgem poderosa*
*Virgem clemente*
*Virgem fiel*
*Nossa Senhora*
*Das coisas impossíveis que procuramos em vão*
*Espelho de justiça*
*Sede da sabedoria*
*Causa da nossa alegria*
*Vem soleníssima*
*Soleníssima,*
*Soleníssima e cheia*
*De uma oculta vontade de soluçar*
*Vaso espiritual*
*Vaso digno de honra*
*Vaso insigne de devoção*
*Vem, dolosa,*
*Manter – Dolorosa das angústias dos Tímidos*
*Turris – Ebúrnea das Tristezas dos Desesperados*
*Rosa mística*
*Torre de David*
*Torre de marfim*
*Mão fresca sobre a testa em febre dos humildes*
*Sabor de água sobre os lábios secos dos cansados*
*Casa de ouro*
*Arca de Aliança*
*Porta do céu*
*Vem lá do fundo*
*Do horizonte lívido*

*Vem e arranca-me*
*Do solo de angústia e de inutilidade*
*Estrela da manhã*
*Saúde dos enfermos*
*Apanha-me do meu solo, malmequer esquecido*
*Refúgio dos pecados*
*Vem sobre os mares*
*Consoladora dos aflitos*
*Vem, cuidadosa,*
*Vem maternal*
*Rainha dos anjos*
*Rainha dos Patriarcas*
*Rainha dos profetas*
*Vem, noite silenciosa e extática*
*Rainha dos apóstolos*
*Rainha dos mártires*
*Vem envolver na noite manto branco*
*O meu coração*
*Rainha dos confessores*
*Rainha das virgens*
*Rainha de todos os santos*
*Todos os sons soam de outra maneira*
*Quando tu vens*
*Rainha concebida sem pecado original*
*Rainha assunta ao céu*
*Rainha da paz*
*Ninguém sabe quando entraste*
*Senão de repente*
*E que no alto céu ainda claramente azul*
*Já crescente nítido ou círculo branco*
*A lua começa a ser real.*

# 19

# Na véspera de
# não partir nunca

Na véspera de não partir nunca
Ao menos não há que arrumar malas
Nem que fazer planos em papel,
Com acompanhamento involuntário de esquecimentos,
Para o partir ainda livre do dia seguinte.
Não há que fazer nada
Na véspera de não partir nunca.
Grande sossego de já não haver sequer de que ter sossego!
Grande tranqüilidade a que nem sabe encolher ombros
Por isto tudo, ter pensado o tudo
É o ter chegado deliberadamente a nada.
Grande alegria de não ter precisão de ser alegre,
Como uma oportunidade virada do avesso.
Há quantas vezes vivo
A vida vegetativa do pensamento!
Todos os dias sine linea
Sossego, sim, sossego...
Grande tranquilidade...
Que repouso, depois de tantas viagens, físicas e psíquicas!
Que prazer olhar para as malas fitando como para nada!
Dormita, alma, dormita!
Aproveita, dormita!
Dormita!
É pouco o tempo que tens! Dormita!
É a véspera de não partir nunca!

**Álvaro de Campos**

Na véspera de nada, nada. Aqui, Álvaro de Campos não faz a apologia da civilização mecânica, da indústria, da técnica. Não é o futurista sensacionista. Guarda, no poema, traços de anti-filosofia e anti-poesia. Cansaço existencial. Náusea. Solidão e isolamento. Álvaro de Campos posiciona-se contra os versos de Fernando Pessoa, extraídos de "Mensagem":

*"Triste de quem vive em casa,*
*Contente com o seu lar,*
*Sem que um sonho, no erguer de asa,*
*Faça até mais rubra a brasa*
*Da lareira a abandonar!"*

Pessoa qualifica "triste" aquele que vive em casa. Campos não deseja partir nunca. Para Pessoa "partir" é "sonhar". Para Campos, "ficar" é o grande sossego de já não haver sequer de que ter sossego. Para Pessoa, quem está contente com o seu lar é triste, precisamente porque não parte. Para Campos, quem parte não tem a tranquilidade e o sossego que só a vida vegetativa do pensamento pode oferecer. Partir é deixar vermelha a brasa da lareira. Ficar é o repouso de tantas viagens, físicas e psíquicas. É o prazer de não ter que arrumar as malas nunca.

# 20

# A minha alma partiu-se como um vaso vazio

A minha alma partiu-se como um vaso vazio.
Caiu pela escada excessivamente abaixo.
Caiu das mãos da criada descuidada.
Caiu, fez-se em mais pedaços do que havia loiça no vaso.

Asneira? Impossível? Sei lá!
Tenho mais sensações do que tinha quando me sentia eu.
Sou um espalhamento de cacos sobre um capacho por sacudir.

Fiz barulho na queda como um vaso que se partia.
Os deuses que há debruçam-se do parapeito da escada.
E fitam os cacos que a criada deles fez de mim.

Não se zanguem com ela.
São tolerantes com ela.
O que era eu um vaso vazio?

Olham os cacos absurdamente conscientes,
Mas conscientes de si mesmos, não conscientes deles.

Olham e sorriem.
Sorriem tolerantes à criada involuntária.

Alastra a grande escadaria atapetada de estrelas.
Um caco brilha, virado do exterior lustroso, entre os astros.
A minha obra? A minha alma principal? A minha vida?
Um caco.
E os deuses olham-o especialmente, pois não sabem por que ficou ali. **Álvaro de Campos**

A alma do poeta se partiu como um vaso que se faz em pedaços. O poeta se partiu em Álvaro de Campos, autor do poema, Ricardo Reis, Alberto Caeiros, Fernando Pessoa (ele mesmo) e outros. O poeta, despedaçado em vários, tem mais sensações do que quando inteiro. Alguns trechos extraídos do "Livro do Desassossego" de Fernando Pessoa podem constituir a interpretação deste poema. Vamos colher algumas manifestações de Pessoa, fazendo alusão à sua alma que se parte como um vaso vazio que cai escada abaixo das mãos da criada.

"Caminhávamos, juntos e separados, entre os desvios bruscos da floresta. Nossos passos, que era o alheio de nós, iam unidos, porque uníssonos... Mas iam também disjuntos porque éramos dois pensamentos, nem havia entre nós de comum senão que o que não éramos pisava uníssono o mesmo solo ouvido. (...) Nenhum de nós queria saber do outro, porém nenhum de nós sem ele prosseguiria (...) Quem éramos? Seríamos dois ou duas de um?"

*"Tudo se me evapora. A minha vida inteira, as minhas recordações, a minha imaginação e o que contém, a minha personalidade, tudo se me evapora. Continuamente sinto que fui outro, que pensei outro. Aquilo a que assisto é um espetáculo com outro cenário. E aquilo a que assisto sou eu".*

*"Criei em mim várias personalidades. Crio personalidades constantemente... Para criar, destruí-me; tanto me exteriorizei dentro de mim, que dentro de mim não existo senão exteriormente. Sou a cena viva onde passam vários actores representando várias peças".*

*"Numa grande dispersão unificada, ubiquito-me neles e eu creio e sou a cada momento da conversa, uma multidão de seres, conscientes e inconscientes, analisados e analíticos, que se reúnem em leque aberto".*

Nas Odes de Ricardo Reis em Apontamentos Íntimos, escreve:

*"Não sei quem sou, que alma tenho.*

*Quando falo com sinceridade não sei com que sinceridade falo. Sou variamente outro do que um eu que não sei se existe (se é esses outros).*

*Sinto crenças que não tenho. Enlevam-me ânsias que repudio. A minha perpétua atenção sobre mim perpetuamente me aponta traições de alma a um caráter que talvez eu não tenha, nem ela julga que eu tenho.*

*Sinto-me múltiplo. Sou como um quadro com inúmeros espelhos fantásticos que torcem para reflexões falsas. Uma única anterior realidade que não está nenhum e está em todos".*

Os heterônimos pessoanos é um fenômeno puramente literário ou é um fenômeno essencialmente de natureza médica? Seria Fernando Pessoa um esquizofrênico ou um fingidor como alude em seu verso. O poeta é um fingidor.

# Fernando Pessoa
# Heterônimo – Alberto Caeiro

Características de suas poesias.

## I

Negação do misticismo, da filosofia, do sobrenatural.

*"Pensar em Deus é desobedecer a Deus,*
*Porque Deus quis que o não conhecêssemos,*
*Por isso se nos não mostrou."*

## II

Sensacionismo. Exaltam-se as sensações visuais e auditivas.

*"O que nós vemos das coisas são as coisas*
......................................................................
*O essencial é saber ver."*

## III

Negação do pensamento.

*"Acho tão natural que não se pense*
*Que me ponha a rir às vezes sozinho"*

## IV

Comunhão com a natureza.

*"Minha alma é como um pastor,*
*Conhece o vento e o sol*
*E anda pela mão das Estações."*

## V

Atitude antimetafísica.
*"Pensar incomoda como andar à chuva"*

## VI

Poesia do real e do espontâneo.
*"Não acredito em Deus porque nunca o vi."*

## VII

Paganismo.
*"O mistério das coisas? Sei lá o que é mistério!*
*O único mistério é haver quem pense no mistério."*

# 1
# E há poetas que são artistas.

*E há poetas que são artistas*
*E trabalham nos seus versos*
*Como um carpinteiro nas tábuas!...*

*Que triste não saber florir!*
*Ter que pôr verso sobre verso, como quem constrói um muro*
*E ver se está bem, e tirar se não está!...*
*Quando a única casa artística é a Terra toda*
*Que varia e está sempre bem e é sempre a mesma.*

*Penso nisto, não como quem pensa, mas como quem respira,*
*E olho para as flores e sorrio...*
*Não sei se elas me compreendem*
*Nem sei eu as compreendo a elas,*
*Mas sei que a verdade está nelas e em mim*
*E na nossa comum divindade*
*De nos deixarmos ir e viver pela Terra*
*E levar ao solo pelas Estações contentes*
*E deixar que o vento cante para adormecermos*
*E não termos sonhos no nosso sono.*

**Alberto Caeiro**

Alberto Caeiro invoca, neste poema, duas concepções de poeta. O primeiro, o artista que trabalha nos seus versos. É assim a arte poética um arranjo arquitetônico, uma obra de engenharia, em que o poeta trabalha nos versos como trabalha "um carpinteiro nas tábuas". Que faz a habilidade do Engenheiro? Põe tijolo sobre tijolo para edificar um muro, de maneira coerente e harmoniosa. Que faz a habilidade de alguns poetas? Põe verso sobre verso, tal qual o engenheiro, para edificar seu poema, resultado de sua ação técnica e mecânica. O segundo, o artista que entra em sintonia com a natureza, olha as flores e sorri, pouco importa se elas o compreendem a ele ou se ele as compreende a elas. O artista não pensa; respira, já que a verdade reside nele e nas flores. "A única casa artística é a Terra toda". Caeiro é o poeta da natureza. Por isso, vê, com ressalvas, os primeiros artistas, rejeitando-os e acolhe, no espirito, aqueles poetas que levam ao colo a comunhão com a natureza e deixam o vento cantar para adormecerem em um sono tão espontâneo, que nele não apareçam sonhos. O que não se quer? Não se quer o poeta artista, trabalhador de versos, poeta carpinteiro, aquele que põe versos sobre versos como quem estivesse pondo pedra sobre pedra. O que se quer? Quer-se o poeta que olhe a Terra toda, que olhe, em especial, flores, que tenham comum divindade com o universo, que usufrua das Estaçoes contentes e dos cânticos do vento, que não precise de sonhos para embalarem seu sono. A figura do polissíndeto aparece fartamente no texto. A repetição exaustiva da conjunção coordenada "e" faz lembrar a linguagem bíblica do novo testamento.

"**E** *há poetas que são artistas*
**E** *trabalham nos seus versos*"

"**E** *ver se está bem*, **e** *tirar se não está!...*"

"*Que varia* **e** *está sempre bem* **e** *é sempre mesma*".

"**E** *olho para as flores* **e** *sorrio...*"
"*... a verdade está nelas* **e** *em mim*
**E** *na nossa comum divindade*
   *De nos deixaram ir* **e** *viver pela Terra*
**E** *levar ao colo pelas Estações contentes*

**E** *deixar que o vento cante para adormecermos*
**E** *não termos sonhos no nosso sono*";

A personificação está presente no texto. Nem poderia ser diferente, já que o poeta deva entrar em comunhão com o universo. A personificação humaniza o inanimado.

*"E olho para as flores e sorrio"*
*"E deixar que o vento cante para adormecermos".*

A mensagem do poeta também se apresenta através da comparação. Esta se faz, buscando as verdades que a realidade nos ensina.

*"E trabalham nos seus versos*
*Como um carpinteiro nas tábuas"*

*"Ter que pôr verso sobre verso como quem constrói um muro"*

*"Penso nisto, não como quem pensa, mas como quem repira"*

O "pleonasmo" se faz em verso significativo para o tema do poema:

*"Nem sei eu as compreendo a elas"*

Os versos são livres. A rima não aparece, mesmo eventualmente. É coerente. Caeiro não é um poeta que trabalha nos seus versos como um carpinteiro nas tábuas. Nada, pois, de artificialismo. No poema não aparece a rima nem a métrica regular.
No Brasil, temos dois poetas que escrevem sobre o mesmo tema: Olavo Bilac e Manuel Bandeira. Bilac é o poeta que Caeiro não aceita. É aquele que trabalha nos seus versos como um carpinteiro nas tábuas ou como um engenheiro na edificação de um muro. Bandeira é o poeta que Caeiro acolhe. É aquele que olha para as flores e sorri.
Bilac faz do texto sua profissão de fé da poesia parnasiana. Bandeira faz do texto sua profissão de fé da poesia moderna. Bilac é anti-Caeiro. Bandeira é o poeta de Caeiro.

**Texto I**

## A um Poeta

*Longe do estéril turbilhão da rua,*
*Beneditino, escreve! No aconchego*
*Do claustro, na paciência e no sossego,*
*Trabalha, e teima, e lima, e sofre, e sua!*

*Mas que na forma se disfarce o emprego*
*Do esforço; e a trama viva se construa*
*De tal modo, que a imagem fique nua,*
*Rica mas sóbria, como um templo grego.*

*Não se mostre na fábrica o suplício*
*Do mestre. E, natural, o efeito agrade,*
*Sem lembrar os andaimes do edifício:*

*Porque a Beleza, gêmea da Verdade,*
*Arte pura, inimiga do artifício,*
*E a força e a graça na simplicidade.*
**Olavo Bilac**

**Texto II**

## Poética

*Estou farto do lirismo comedido*
*Do lirismo bem comportado*
*Do lirismo funcionário público com livro de ponto*
    *[expediente protocolo e manifestações de*
    *[apreço ao senhor diretor*
*Estou farto do lirismo que para e vai averiguar no*
    *[dicionário o cunho vernáculo de um vocábulo .*
*Abaixo os puristas*

*Todas as palavras sobretudo os barbarismos universais*
*Todas as construções sobretudo as sintaxes de exceção*
*Todos os ritmos sobretudo os inumeráveis*

*Estou farto do lirismo namorador*
*Político*
*Raquítico*
*Sifilítico*
*De todo lirismo que capitula ao que quer que seja*
*   [fora de si mesmo.*
*De resto não é lirismo*
*Será contabilidade tabela de co-senos secretário do*
*   [amante exemplar com cem modelos de cartas*
*   [e as diferentes maneiras de agradar às mulheres, etc.*

*Quero antes o lirismo dos loucos*
*O lirismo dos bêbados*
*O lirismo difícil e pungente dos bêbedos*
*O lirismo dos clowns de Shakespeare*

*- Não quero mais saber do lirismo que não é libertação.*

**Manuel Bandeira**

**O Texto I** – "A um Poeta" – de Olavo Bilac, é um exemplo típico de poesia parnasiana. Formalmente a técnica é perfeita: soneto, versos decassílabos, com algumas rimas ricas – rua / sua; emprego / grego; construa / rua; agrade / Verdade. A proposição da rima é simétrica; ABBA no primeiro quarteto; BAAB no segundo quarteto; CDC no primeiro terceto; DCD no último terceto. O título já sugere tratar-se de uma profissão de fé parnasiana: receita para se escrever um poema parnasiano. O poema mesmo já é uma demonstração de perfeição formal. O poema, em si, já quer funcionar como modelo formal. O autor cognomina o poeta um frade beneditino, pretendendo associar à tarefa criadora a paciência e o exercício penoso. Ser poeta é buscar o silêncio e a resignação de um frade em sua cela. Mas esse esforço não deve aparecer na obra. A beleza de um templo grego não deve lembrar os andaimes. Deve surgir natural, espontânea, com graça e simplicidade. A pintura busca, nas cores, a realização de sua arte; a escultura, na forma; a dança, no movimento; a poesia, para Bilac, busca na perfeição formal a realização de seu ideal. No último terceto, o autor se contradiz: "a Beleza é inimiga do artifício". Pouco importa! Pecado mortal seria a negligência formal.

**O Texto II** – "Poética" – de Manuel Bandeira, encerra uma poesia moderna. Formalmente, há liberdade de expressão. O ritmo é livre, não há rima, salvo eventualmente; e os versos não obedecem a nenhuma medida. Pode-se considerar este poema como a profissão de fé do Modernismo. Seu vocabulário é simples, não há pontuação, prefere-se a ordem direta à inversa, e nele Bandeira sintetiza os preceitos básicos do novo ideário. Primeiramente, o que não se quer: O lirismo comedido e bem comportado, tal qual o de Bilac, que não foge às regras formais. Não se quer a poesia "fita métrica", o "verso bem martelado", as rimas com "consoantes de apoio". Muito menos o lirismo funcionário público, todo formal, com normas e regras a serem cumpridas, com horário, livro de ponto, expediente e protocolo. O funcionário público tem apreço ao senhor diretor, aquele que dita normas que são seguidas. No Parnasianismo, o "diretor" exige forma, rima, ritmo, metro e palavras escolhidas a dedo. São ordens do diretor. Diz Bandeira: Abaixo as ordens do diretor. Abaixo os que vão ao dicionário buscar o cunho vernáculo de um vocábulo. Não se quer ainda o lirismo hipócrita--namorador: o lirismo que propões idéias políticas, sociais e econômicas; o lirismo frágil dos raquíticos; o lirismo contagioso dos sifilíticos; o lirismo tão preso às regras que não expresse o verdadeiro sentimento do poeta, posto que capitula ao que quer que seja fora de si mesmo. Todo esse lirismo formal não passa de tabela de co-senos. Quer algo mais frio e preciso que uma tabela de co-senos? Existe autenticidade em quem se serve de manual de modelos de cartas para copiar uma e enviar à amante? Há lirismo em tabela de co-senos e manual de cartas? Pois bem! A poesia parnasiana, dado o rigor formal, mais se aproxima da tabela de co-senos e do manual de cartas do que à verdadeira e autêntica poesia. Manuel Bandeira, após estabelecer o que não se quer, passa a manifestar o que se pretende, onde sintetiza os preceitos fundamentais da nova escola. O que se pretende? Todas as palavras são válidas. Não existem palavras por si só poéticas. Todas devem servir ao lirismo, ainda que estrangeiras (veja "clowns", que aparece no texto). O uso da sintaxe de exceção é permitido, em nome da beleza e da musicalidade. Veja um exemplo em outro poema de Bandeira.

## Irene no Céu.

*Irene preta*
*Irene boa*
*Irene sempre de bom humor.*
*Imagino Irene entrando no céu:*
*— Licença, meu branco!*
*E São Pedro bonachão:*
*— Entra, Irene. Você não precisa pedir licença.*

Todos os ritmos são válidos, sobretudo aqueles que a pesquisa for descobrindo. Perdem importância os ritmos de palavras (binários, terciários) para cederem ao ritmo psicológico, feito pela sucessão de idéia.

## Poema Tirado de uma Notícia de Jornal.

*João Gostoso era carregador de feira-livre e morava*
     *[no morro da Babilônia num barracão sem número*
*Um dia ele chegou no bar Vinte de Novembro*
*Bebeu*
*Cantou*
*Dançou*
*Depois se atirou na Lagoa Rodrigo de Freitas e morreu afogado*
**Manuel Bandeira**

Prefere-se o lirismo dos loucos – irracionais, irregular, assimétrico. Antes o lirismo difícil e pungente dos bêbados – autêntico, legítimo, sincero, verdadeiro. Muito melhor o lirismo dos humoristas, os "clowns" de Shakespeare:

## Pneumotórax

*Febre, hemoptise, dispnéia e suores noturnos.*
*A vida inteira que podia ter sido e que não foi.*
*Tosse, tosse, tosse.*
*Mandou chamar o médico:*
*– Diga trinta e três.*
*– Trinta e três... trinta e três... trinta e três...*
*– Respire.*

.............................................................

*– O senhor tem uma escavação no pulmão esquerdo e o pulmão direito infil-*
*trado.*
*– Então, doutor, não é possível tentar o pneumotórax?*
*– Não. A única coisa a fazer é tocar um tango argentino.*
**Manuel Bandeira**


"Não quero mais saber do lirismo que não é libertação". Libertação, sinônimo de ruptura. Ruptura à esclerose dos vigentes até o final do século passado. Ruptura à estagnação criadora imposta pelas convenções estabelecidas.
O modernismo foi um movimento contra, de ruptura, de libertação.

# 2
# É noite. A noite é muito escura. Numa casa a uma grande distância

*É noite. A noite é muito escura. Numa casa a uma grande distância*
*Brilha a luz duma janela.*
*Vejo-a, e sinto-me humano dos pés à cabeça.*
*É curioso que toda a vida do indivíduo que ali mora, e que não sei quem é,*
*Atrai-me só por essa luz vista de longe.*
*Sem dúvida que a vida dele é real e ele tem cara, gestos, família e profissão.*
*Mas agora só me importa a luz da janela dele.*
*Apesar de a luz estar ali por ele a ter acendido,*
*A luz é a realidade imediata para mim.*
*Eu nunca passo para além da realidade imediata.*
*Para além da realidade imediata não há nada.*
*Se eu, de onde estou, só vejo aquela luz,*
*Em relação à distância onde estou há só aquela luz.*
*O homem e a família dele são reais do lado de lá da janela.*
*Eu estou do lado de cá, a uma grande distância.*
*A luz apagou-se.*
*Que me importa que o homem continue a existir?*

**Alberto Caeiro**

O tema deste poema pode ser resumido assim: o mundo real, exterior ao poeta, só existe, desde que se conheça. Não há realidade fora do conhecimento. Só interessa ao poeta a realidade imediata. "Para além da realidade imediata não há nada". O que não se vê, nunca existiu. Os dois últimos versos expressam bem um resumo do tema:

*"A luz apagou-se.*
*Que me importa que o homem continue a existir?"*

Logo no início, a escuridão. Depois brilha a luz duma janela. E aí surge a vontade de entrar em comunhão, com quem mora do lado de lá daquela janela.

"... sinto-me humano dos pés à cabeça"

A conjunção 'mas" no 7º verso é expressiva. Apesar da curiosidade de entrar em comunhão com um ser humano, o poeta nega parcialmente o que diz e demonstra dar importância à unica realidade: a luz da janela dele. Por último, apaga-se a luz e o sujeito lírico perde o contato com o outro. Sem luz, sem imagem, sem realidade. Uma árvore que ninguém tenha visto, nunca existiu. Houve um tempo em que a terra não girava em torno do sol: tempo em que não se sabia que a terra girava em torno do sol.

*"É noite*
*Brilhava a luz duma janela*
*... a vida do indivíduo... atrai-me*
*O homem e a família dele são reais do lado de lá da janela.*
*A luz apagou-se*
*Que me importa que o homem continue a existir?"*

# 3
# Da minha aldeia vejo quanto da terra se pode ver no Universo...

*Da minha aldeia vejo quanto da terra se pode ver no Universo...*
*Por isso a minha aldeia é tão grande como outra terra qualquer,*
*Porque eu sou do tamanho do que vejo*
*E não do tamanho da minha altura...*

*Nas cidades a vida é mais pequena*
*Que aqui na minha casa no cimo deste outeiro.*
*Na cidade as grandes casas fecham a vista à chave,*
*Escondem o horizonte, empurram o nosso olhar para longe de todo o céu,*
*Tornam-nos pequenos porque nos tiram o que os nossos olhos nos podem dar,*
*E tornam-nos pobres porque a nossa única riqueza é ver.*
**Alberto Caeiro**

Aldeia e cidade. É senso comum que na cidade moram a riqueza, a vida agitada, o prazer de viver. Também é senso comum que na aldeia residem a simplicidade, a limitação e a própria ignorância. Caeiro inverte este conceito. Da aldeia pode-se ver mais de tudo que há no Universo. Da aldeia a visão é mais aguçada. (Da minha aldeia vejo quanto da terra se pode ver o Universo). Se da aldeia se vê mais, então ela é tão grande quanto a visão que permite (Por isso a minha aldeia é tão grande como outra terra qualquer). É a capacidade de olhar que determina a configuração do espaço em que se vive e da própria consciência do eu (Porque eu sou do tamanho do que vejo / E não do tamanho da minha altura).

Da aldeia, a visão é ampla,
Da cidade, a visão é limitada. (nas cidades a vida é mais pequena / que aqui na minha casa no cimo deste outeiro)

"Olhar" é ter consciência do espaço e do "eu". Ora, na cidade, a consciência do espaço e do "eu" é limitada pelas grandes casas. Estas cerceiam o olhar e ofuscam a cor do céu (Na cidade as grandes casas fecham a vista à chave / Escondem o horizonte, empurram o nosso olhar para longe de todo o céu). A única riqueza é ver. Quem vê menos é menor (Tornam-nos pequenos porque nos tiram o que os nossos olhos nos podem dar). Quem vê menos é mais pobre (E tornam-nos pobres porque a nossa única riqueza é ver). Em outro poema, Caeiro desenvolve tema semelhante:

*O Tejo é mais belo que o rio que corre pela minha aldeia,*
O Tejo é mais belo que o rio que corre pela minha aldeia,
Mas o Tejo não é mais belo que o rio que corre pela minha aldeia
Porque o Tejo não é o rio que corre pela minha aldeia.

*O Tejo tem grandes navios*
*E navega nele ainda,*
*Para aqueles que veem em tudo o que lá não está,*
*A memória das naus.*

*O Tejo desce de Espanha*
*E o Tejo entra no mar em Portugal.*
*Toda a gente sabe isso.*

*Mas poucos sabem qual é o rio da minha aldeia*
*E para onde ele vai*
*E donde ele vem.*
*E por isso porque pertence a menos gente,*
*É mais livre e maior o rio da minha aldeia.*

*Pelo Tejo vai-se para o Mundo.*
*Para além do Tejo há a América*
*E a fortuna daqueles que a encontram.*
*Ninguém nunca pensou no que há para além*
*Do rio da minha aldeia.*
*O rio da minha aldeia não faz pensar em nada.*
*Quem está ao pé dele está só ao pé dele.*

# 4

## Da mais alta janela
## da minha casa

Da mais alta janela da minha casa
Com um lenço branco digo adeus
Aos meus versos que partem para a Humanidade

E não estou alegre nem triste.
Esse é o destino dos versos.
Escrevi-os e devo mostrá-los a todos
Porque não posso fazer o contrário
Como a flor não pode esconder a cor,
Nem o rio esconder que corre,
Nem a árvore esconder que dá fruto.

Ei-los que vão já longe como que na diligência
E eu sem querer sinto pena
Como uma dor no corpo.

Quem sabe quem os lerá?
Quem sabe a que mãos irão?

Flor, colheu-me o meu destino para os olhos.
Árvore, arrancaram-me os frutos para as bocas.
Rio, o destino da minha água era não ficar em mim.
Submeto-me e sinto-me quase alegre,
Quase alegre como quem se cansa de estar triste.

**Alberto Caeiro**

O poema é formado por 5 estrofes: um terceto, uma sétima, um terceto, um dístico e uma quintilha. A métrica não é regular. Os verbos são brancos – não rimados. A expressão que resume o tema está na primeira estrofe:

*"... meus versos que partem para a humanidade"*

O poeta anuncia a relação: Poeta / poesia / humanidade

O poeta é o criador; a poesia, o objeto de sua criação; a humanidade, o receptor do objeto. Há um emissor: o poeta; um receptor, a humanidade; o objeto que vai do emissor ao receptor: a poesia. Para o poeta, é este o destino da poesia. Depois de criada deve ser conhecida por quem quer e possa ter acesso a ela. Assim como é impossível à flor não mostrar a cor; ao rio ocultar que corre; à arvore negar que dá fruto, assim também ao poeta é impossível esconder o poema, evitar que ele parta e negar que dê frutos. Os frutos de uma árvore... quem os comerá? Os versos do poeta... quem os lerá? Flor, árvore e rio... sou como vós sois. Meu destino colheu-me para os olhos... sou como tu, ó flor, não posso ocultar a cor por isso meus versos são lidos. Os frutos foram arrancados para as bocas... sou como tu, ó árvore, meus versos são falados. O destino da minha água era não ficar em mim... sou como tu, ó rio, meus versos partem para a humanidade. Se é este o destino da flor, do rio da árvore e do poeta, aceita-se o inevitável, abandonando, por cansaço a tristeza e gozando um pouco de alegria e felicidade.

# 5

# Olá, guardador de rebanhos

*"Olá, guardador de rebanhos,*
*Aí à beira da estrada,*
*Que te diz o vento que passa?"*

*"Que é vento, e que passa,*
*E que já passou antes,*
*E que passará depois.*
*E a ti o que te diz?"*

*"Muita cousa mais do que isso.*
*Fala-me de muitas outras cousas.*
*De memórias e de saudades*
*E de cousas que nunca foram."*

*"Nunca ouviste passar o vento.*
*O vento só fala do vento.*
*O que lhe ouviste foi mentira,*
*E a mentira está em ti."*

**Alberto Caeiro**

O conflito do mundo objetivo e subjetivo. Ouve-se o diálogo entre o personagem e um guardador de rebanhos. Em resumo assim:

**Sujeito lírico:** - Que te diz o vento que passa

**Guardador de rebanho:** - Que é vento, e que passa e que já passou e que passará. E a ti o que te diz?

**Sujeito lírico:** - Fala-me de memória e de saudades e coisas que nunca foram

**Guardador de rebanhos:** - O vento só fala do vento. O que lhe ouviste foi mentira e a mentira está em ti.

Duas atitudes antitéticas perante a vida. O guardador de rebanhos é racional, pragmático, simples, sem conflito. O sujeito lírico envolve a natureza em mistério, em conflito; faz da natureza o âmbito de memória e de saudades. O guardador de rebanho, prático e simples que é, sabe que a memória... e a saudade... e outras coisas vivem no espírito, não na natureza. A natureza é indiferente aos conflitos humanos. A alma de Caeiro está presente no texto: a natureza, sensações auditivas, afastamento da filosofia e metafísica, verso livre, simplicidade lexical.
É importante destacar

**- a personificação**
*"(O vento) Fala-me de muitas outras coisas"*

**- o pleonasmo**
*"E a ti o que te diz?"*

**- Predomínio de orações coordenadas, com preferência pelo polissíndeto:**
*Que é vento, e que passa*
*E que já passou antes,*
*E que passará depois*
*E a ti o que te diz?*

**- Preferência pelo modo indicativo, já que prevalecem as orações coordenadas**
diz – é – passa – passou – passará
fala – foram – ouviste passar – está

# 6
# O mistério das coisas, onde está ele?

*O mistério das coisas, onde está ele?*
*Onde está ele que não aparece*
*Pelo menos a mostrar-nos que é mistério?*
*Que sabe o rio e que sabe a árvore*
*E eu, que não sou mais do que eles, que sei disso?*
*Sempre que olho para as coisas e penso no que os homens pensam delas,*
*Rio como um regato que soa fresco numa pedra.*

*Porque o único sentido oculto das coisas*
*É elas não terem sentido oculto nenhum,*
*É mais estranho do que todas as estranhezas*
*E do que os sonhos de todos os poetas*
*E os pensamentos de todos os filósofos,*
*Que as coisas sejam realmente o que parecem ser*
*E não haja nada que compreender.*

*Sim, eis o que os meus sentidos aprenderam sozinhos: -*
*As coisas não têm significação: têm existência.*
*As coisas são o único sentido oculto das coisas.*

**Alberto Caeiro**

Três estrofes. Três momentos. Os versos iniciais de cada estrofe já resumem cada um dos momentos. Primeiro uma interrogação; depois a resposta a esta interrogação; por último a conclusão:

*"O mistério das coisas, onde está ele?*
*Porque o único sentido oculto das cousas*
*É elas não terem sentido oculto nenhum*
*As coisas são o único sentido oculto das coisas"*

A interrogação inicial, aquele mistério, vem explicado na segunda estrofe. A última estrofe conclui o conceito que a segunda estrofe houvera desenvolvido. As interrogações da primeira estrofe provocam a curiosidade de querer chegar à conclusão. O mistério das cousas não aparece nem para dizer que existe um mistério. Que sabem o rio e a árvore desse mistério? Um regato não pergunta nada, apenas corre pela pedra e canta por entre elas. Nada pergunta, porque as coisas não têm nenhum sentido oculto. Os sonhos dos poetas nunca chegarão ao sentido oculto das coisas. Os pensamentos dos filósofos nunca desvendarão o mistério das coisas. A razão é simples:

*"Que as cousas sejam realmente o que parecem ser*
*E não haja nada que compreender"*

Os sentidos aprenderam sozinhos. Para chegar a esta conclusão, o sujeito não usou da razão ou de qualquer exercício intelectual. "Ser e parecer ser". Não há mistério: o que parece ser, é. Nada existe além da aparência. O texto é povoado de expressões que revelam o desconhecido, o inatingível: mistério das coisas, sentido oculto das cousas, estranhezas, sonhos dos poetas, pensamentos dos filósofos. A conjunção subordinada causal, no início da segunda estrofe, liga uma oração que satisfaz a curiosidade anunciada no primeiro verso. Uma simples inversão da ordem dos versos faz um resumo de tudo que já se disse

*"O mistério das cousas, onde está ele?*
*As cousas são o único sentido oculto das cousas*
*Porque o único sentido oculto das cousas*
*É elas não terem sentido oculto nenhum".*

# 7

# Pensar em Deus é desobedecer a Deus

*Pensar em Deus é desobedecer a Deus,*
*Porque Deus quis que o não conhecêssemos,*
*Por isso se nos não mostrou...*

*Sejamos simples e calmos,*
*Como os regatos e as árvores,*
*E Deus amar-nos-á fazendo de nós*
*Belos como as árvores e os regatos,*
*E dar-nos-á verdor na sua primavera,*
*E um rio aonde ir ter quando acabemos!...*

**Alberto Caeiro**

O silogismo manifesto pelos três primeiros versos pode ser construído mais ou menos assim:

Todo aquele que se esconde não quer ser conhecido;
Ora, Deus não se mostra aos homens,
Logo, Deus não quer que os homens o conheçam.

Se Deus não quer que os homens o conheçam "pensar em Deus é desobedecer a Deus". Por acaso, os regatos e as árvores pensam em Deus? Sejamos como os regatos e árvores. Como as árvores, verdor na primavera. Como os regatos, um rio, onde possamos nos integrar ao todo, voltando de onde viemos.

*"Pensar em Deus é desobedecer a Deus,*
*Porque Deus não quis que o conhecêssemos,*
*Por isso se nos não mostrou"*

Os versos revelam o panteísmo de Caeiro. Deus se esconde precisamente porque não existe um Deus como querem os teístas. Um ser eterno, espiritual e transcedente que criou voluntariamente o universo; infinitamente bom e justo. Se existisse certamente se mostraria para ser visto ou sentido. A resposta dos crentes a este mistério formula-se mais ou menos assim: Deus esconde-se para respeitar nossa liberdade. Se se mostrasse, não teríamos a liberdade de crer ou não crer nele. Desapareceria a fé. Só restaria a certeza. Sem o livre arbítrio para crer ou não crer, o homem estaria mais próximo de um robô. Que restaria da nossa liberdade? Nada, explica Kant na "crítica da razão prática", citado por André Comte – Sponville, no livro "O Espírito do Ateísmo". Se Deus estivesse sem cessar diante dos nossas olhos, esta certeza nos levaria à submissão interessada. Seríamos bons por interesse. Conclui Kant: o valor moral das ações não existiria mais. Não seríamos livres para crer ou não crer. Marionetes. Caeiro não pensa assim. Falar de Deus ou crer nele é desobedecer a ele. Sejamos como os regatos e árvores que vivem explendidamente e não pensam em nada. Panteísmo.

# 8

# Ao entardecer, debruçado pela janela

*Ao entardecer, debruçado pela janela,*
*E sabendo de soslaio que há campos em frente.*
*Leio até me arderem os olhos*
*O livro de Cesário Verde.*

*Que pena que tenho dele! Ele era um camponês*
*Que andava preso em liberdade pela cidade.*
*Mas o modo como olhava para as casas,*
*E o modo como reparava nas ruas,*
*E a maneira como dava pelas coisas,*
*É o de quem olha para árvores,*
*E de quem desce os olhos pela estrada por onde vai andando*
*E anda a reparar nas flores que há pelos campos...*

*Por isso ele tinha aquela grande tristeza*
*Que ele nunca disse bem que tinha,*
*Mas andava na cidade como quem anda no campo*
*E triste como esmagar flores em livros*
*E pôr plantas em jarros...*

**Alberto Caeiro**

Debruçado pela janela, e sabendo, obliquamente, de esguelha, de través, que há campo em frente, o sujeito lírico prefere ver o campo através do livro de Cesário Verde. A cena é inusitada. O campo está à disposição do poeta, à sua frente; nada impede contemplá-lo. Porém o sujeito lírico prefere ver o campo nos livros de Cesário a contemplá-lo pela janela. Sabe que há campo porque viu-o de soslaio. Frente a frente, prefere ver o campo nos poemas de Cesário Verde. O sujeito lírico tem pena do poeta. Seguem as razões do sentimento que anuncia:

*"Ele era um camponês*
*Que andava preso em liberdade pela cidade".*

*"Por isso ele tinha aquela tristeza*
*Que nunca disse bem que tinha".*

*"Mas andava na cidade como quem anda no campo*
*E triste como esmagar flores em livro"*

O sujeito lírico fica impressionado com o modo de Cesário olhar para as casas, reparar nas ruas, olhar para as árvores, reparar nas flores. Porém a síntese de toda essa impressão é – "Ele era um camponês / Que andava preso em liberdade pela cidade". A antítese é expressiva: "preso em liberda-de". Andar na cidade como quem anda no campo é o mesmo que esmagar flores em livros e pôr plantas em jarro. Cesário é as flores, esmagadas pelo livro. Cesário é as plantas, cerceadas pelo jarro. Livros e jarros é a cidade. Flores e plantas é o poeta. Podemos imaginar Caeiro, ao entardecer, debru-çado pela janela, sabendo de soslaio que há um pic-nic em frente. Prefere ler este poema de Cesário Verde.

## Naquele "pic-nic" de burguesas

*Naquele "pic-nic" de burguesas,*
*Houve uma coisa simplesmente bela,*
*E que, sem ter história nem grandezas,*
*Em todo o caso dava uma aguarela.*

*Foi quando tu, descendo do burrico,*
*Foste colher, sem imposturas tolas,*
*A um granzoal azul de grão-de-bico*
*Um ramalhete rubro de papoulas.*

*Pouco depois, em cima duns penhascos,*
*Nós acampámos, inda o sol se via;*
*E houve talhadas de melão, damascos,*
*E pão-de-ló molhado em malvasia.*

*Mas, todo púrpuro, a sair da renda*
*Dos teus dois seios como duas rolas*
*Era o supremo encanto da merenda*
*O ramalhete rubro das papoulas!*

Aguarela ou aquarela é uma pintura com tintas aguadas e sem sobreposição de umas a outras, sempre leve e delicada. O poema é uma aguarela. O colorido toma conta do poema: um ramalhete muito vermelho, afogueado, rubro, de papoulas; os penhascos, o sol, talhadas de melão, damasco e pão-de-ló molhado no vinho; a renda, os seios... Dois versos expressivos: o oitavo e o décimo sexto. No oitavo "um ramalhete rubro de papoulas"; no décimo sexto, a presença do artigo definido antes de ambos os substantivos. "O ramalhete rubro das papoulas". O primeiro ramalhete que a amada colhe, é um qualquer do granzoal azul. O segundo, é o ramalhete que a amada coloca ao peito. E o cenário é deslumbrante: o ramalhete vermelho das papoulas, brota da renda que guarda dois seios como se fossem duas rolas. Caeiro sabe, porque olha de esguelha, que há um pic-nic burguês à sua frente. Prefere ler até arderem seus olhos o poema de Cesário Verde.

# 9
# O que nós vemos das coisas são as coisas

O que nós vemos das coisas são as coisas.
Porque veríamos nós uma coisa se houvesse outra?
Porque é que ver e ouvir seria iludirmo-nos
Se ver e ouvir são ver e ouvir?

O essencial é saber ver,
Saber ver sem estar a pensar,
Saber ver quando se vê,
E nem pensar quando se vê,
Nem ver quando se pensa.

Mas isso (triste de nós que trazemos a alma vestida!),
Isso exige um estudo profundo,
Uma aprendizagem de desaprender
E uma sequestração na liberdade daquele convento
De que os poetas dizem que as estrelas são as freiras eternas
E as flores as penitentes convictas de um só dia,
Mas onde afinal as estrelas não são senão estrelas
Nem as flores senão flores,
Sendo por isso que lhes chamamos estrelas e flores.

**Alberto Caeiro**

Sensacionismo é o assunto deste poema. O mundo são sensações: "o que nós vemos das coisas". Sensação é a impressão produzida num órgão dos sentidos pelos objetos exteriores, transmitida ao cérebro pelos nervos e determinante de um juízo ou conceito. Sensibilidade. No poema, as sensações são captadas pelos sentidos de ver e ouvir. Visão e audição. Toda a realidade que nos cerca vem do "ver" e "ouvir". "Por que é que ver e ouvir seria iludirmo-nos/ Se ver e ouvir são ver e ouvir?" nem todos sabem ver, ou porque todos pensam quando veem ou porque veem quando pensam. Ser simples é entrar em comunhão com o Universo. Por que ver no arco--íris outra coisa que não seja apenas a decomposição do branco em sete cores?

Sua visão basta. Nada há nele de metafísico ou místico. Ver e pensar não se coadunam mas... (e esse "mas" é expressivo), é preciso aprender e desaprender. Aprender com o sujeito lírico quando nos ensina ver sem pensar. E desaprender com os conceitos que já trazemos prontos na alma e ficam sem explicação. É preciso desvestir a alma ("triste de nós que trazemos a alma vestida"). Chamar as estrelas de "freiras eternas" ou as flores de "penitentes convictas de um só dia" é trazermos a alma vestida. As estrelas não são outra coisa senão "estrelas"; as flores não são outra coisa senão "flores". "Sendo por isso que lhes chamamos estrelas e flores". O sol está pouco elevado, acima do horizonte e tem à sua frente uma nuvem de chuva. Estamos postos entre a nuvem e o sol, de costas para o sol. Contemplemos o arco-íris. Não pensemos, saibamos ver sem pensar, saibamos ver quando se vê. O mundo são sensações.

# 10
# Como quem num dia de Verão abre a porta de casa

*Como quem num dia de Verão abre a porta de casa*
*E espreita para o calor dos campos com a cara toda,*
*Às vezes, de repente, bate-me a Natureza de chapa*
*Na cara dos meus sentidos,*
*E eu fico confuso, perturbado, querendo perceber*
*Não sei bem como nem o quê...*

*Mas quem me mandou a mim querer perceber?*
*Quem me disse que havia que perceber?*

*Quando o Verão me passa pela cara*
*A mão leve e quente da sua brisa,*
*Só tenho que sentir agrado porque é brisa*
*Ou que sentir desagrado porque é quente,*
*E de qualquer maneira que eu o sinta,*
*Assim, porque assim o sinto, é que é meu dever senti-lo...*

**Alberto Caeiro**

Na primeira estrofe, contato direto entre o sujeito poético e a natureza. "... bate-me a Natureza de chapa / na cara dos meus sentidos". Primeiro, o sujeito "espreita"; depois recebe, na cara e nos sentidos, todo o impacto da natureza; por fim "confuso e pertubado" por querer perceber aquilo que também não sabe como nem o quê... As reticências no final da primeira estrofe já simbolizam a confusão e a pertubação que a tentativa de entender a natureza lhe provoca. Na segunda estrofe, a confusão e a pertubação ainda se manifestam em duas interrogações "mas quem me mandou a mim querer perceber?". "Quem me disse que havia que perceber?". Se na primeira estrofe, o sujeito manifesta vontade de querer perceber, na segunda estrofe invoca duas razões para fugir ao que questiona na primeira. Quem mandou? e quem disse? Assim, o poeta vê-se confuso e pertubado e a causa da confusão e pertubação é questionar por que deve ele querer perceber o impacto da natureza em sua cara e sentido. O pleonasmo é expressivo, além de elegante

*"mas quem me mandou a mim querer perceber?"*

Me- objeto direto
A mim – objeto direto pleonástico e preposicionado.

Na última estrofe, uma personificação. O verão tem a mão leve e quente e esta mão leve e quente entra em comunhão com o sujeito lirico. A personificação se manifesta de duas maneiras. Primeiro, a mão leve e quente da brisa do verão. Depois, o contato do verão com o sujeito. O verão comunica-se com ele. A mão do verão agrada-lhe porque é brisa e desagrada-lhe porque é quente. Prevalece no final a sensação e não o elemento racional. Sentem-se o verão e a natureza. Basta. Explicar o porquê é coisa que o sentimento desconhece. A sensação... sente-se. Tentar explicar por que se sente, dificulta "sentir-se" em toda sua intensidade. Predomina na primeira estrofe o racional: "bate-me a Natureza de chapa / Na cara dos meus sentidos". Predomina na segunda estrofe as interrogações, ainda racionais: "mas quem me mandou a mim querer perceber?". Predomina, na última estrofe, a sensação:

*"Quando o verão nos passa pela cara*
*A mão leve e quente da sua brisa,*
*Só tenho que sentir agrado porque é brisa*
*Ou que sentir desagrado porque é quente".*

# 11
# Acho tão natural
# que não se pense

*Acho tão natural que não se pense*
*Que me ponho a rir às vezes, sozinho,*
*Não sei bem de quê, mas é de qualquer cousa*
*Que tem que ver com haver gente que pensa...*

*Que pensará o meu muro da minha sombra?*
*Pergunto-me às vezes isto até dar por mim*
*A perguntar-me cousas...*
*E então desagrado-me, e incomodo-me*
*Como se desse por mim com um pé dormente...*

*Que pensará isto de aquilo?*
*Nada pensa nada.*
*Terá a terra consciência das pedras e plantas que tem?*
*Se ela a tiver, que a tenha...*
*Que me importa isso a mim?*
*Se eu pensasse nessas cousas,*
*Deixaria de ver as árvores e as plantas*
*E deixava de ver a Terra,*
*Para ver só os meus pensamentos...*
*Entristecia e ficava às escuras.*
*E assim, sem pensar tenho a Terra e o Céu.*

**Alberto Caeiro**

O sujeito lírico, de pronto, já declara ser alguém que não pensa. "Não pensa" integra seu caráter e personalidade. Mais. Para ele, "o não pensar" é natural e deve fazer parte da essência humana. Por isso, ri quando percebe que há gente que pensa. Ri, porque considera anti-natural existir gente que pense. É evidente que o muro nada pensa da sombra humana que se lhe projeta. Mas ao fazer estas considerações, o poeta está a pensar... e pensando, fica incomodado. "Terá a terra consciência das pedras e plantas que tem?" O sujeito lírico volta a cair no erro de pensar. "Que me importa isso a mim?" Quem pensa esquece de ver, em toda sua plenitude, as árvores, as plantas, a terra. Pensar é estar muito tempo doente. Quem pensa vive às escuras. Sem pensar, ganha-se a Terra e o céu. Caeiro elabora um texto simples, colonial e espontâneo. A linguagem aproxima-se da comunicação oral. Daí desafetada e acessível a qualquer leitor. O vocabulário é simples. Às interrogações seguem as respostas. Apesar da simplicidade, um pleonasmo erudito:

*"Que me importa isso a mim?"*
"me" – objeto indireto
"a mim" – objeto indireto pleonástico e preposicionado

Verso-chave:
*"E assim, sem pensar, tenho a Terra e o Céu"*
Observe "Terra e Céu" com letras maiúsculas. Terra, o planeta habitado pelo homem, o solo, o chão, o útero. Céu, espaço ilimitado em que se movem os astros. A Terra e o Céu; o finito e o infinito; o concreto e o abstrato; a riqueza dos bens e do espírito. "Acho tão natural que não se pense". Caeiro ri de quem use a razão. Não é a proposta de Antero de Quental. Leia com atenção seu soneto:

## Hino à Razão

*Razão, irmã do Amor e da Justiça,*
*Mais uma vez escuta a minha prece.*
*É a voz dum coração que te apetece,*
*Duma alma livre, só a ti submissa.*

*Por ti é que a poeira movediça*
*De astros e sóis e mundos permanece;*
*E é por ti que a virtude prevalece,*
*E a flor do heroísmo medra e viça.*

*Por ti, na arena trágica, as nações*
*Buscam a liberdade, entre os clarões;*
*E os que olham o futuro e cismam, mudos,*

*Por ti, podem sofrer e não se abatem,*
*Mãe de filhos robustos, que combatem*
*Tendo o teu nome escrito em seus escudos!*

Caeiro desagrada-se e incomoda-se quando se recorre à razão. Antero chama a razão de irmã do Amor e da justiça. Caeiro, por não pensar, tem a Terra e o Céu. Antero declara que as nações, pela razão, buscam a liberdade entre clarões. Para Antero, razão é a faculdade com que o homem conhece e julga; inteligência ou faculdade intelectual considerada como regra das nossas ações. Para Caeiro, pensar incomoda-o como quando sente um pé dormente; sem pensar tem aos pés o mundo.

# 12
# Às vezes, em dias
# de luz perfeita e exata

*Às vezes, em dias de luz perfeita e exata,*
*Em que as cousas têm toda a realidade que podem ter,*
*Pergunto a mim próprio devagar*
*Por que sequer atribuo eu*
*Beleza às cousas.*

*Uma flor acaso tem beleza?*
*Tem beleza acaso um fruto?*
*Não: têm cor e forma*
*E existência apenas.*
*A beleza é o nome de qualquer cousa que não existe*
*Que eu dou às cousas em troca do agrado que me dão.*
*Não significa nada.*
*Então por que digo eu das cousas: são belas?*

*Sim, mesmo a mim, que vivo só de viver,*
*Invisíveis, vêm ter comigo as mentiras dos homens*
*Perante as cousas,*
*Perante as cousas que simplesmente existem.*

*Que difícil ser próprio e não ver senão o visível!*
**Alberto Caeiro**

Que é beleza? Será que a definição de Ibsen, anunciada em "A noite de São
João" satisfaz? Segundo ele, a beleza é o acordo entre o conteúdo e a forma.
É a fala de Paulson no primeiro ato. Para Caeiro, "a beleza é o nome de
qualquer coisa que não existe". As coisas só têm cor, forma e existência. A
luz perfeita e exata dá às coisas toda a realidade que podem ter. E a única

realidade que as coisas podem ter é: cor, forma e existência. Para que atribuir beleza às coisas, se a beleza não é a essência delas? Belo é tudo aquilo que apraz ao coração é à inteligência. ("Que eu dou às coisas em troca do agrado que me dão"). Mas isso é mentira. As mentiras dos homens surgem como ideias invisíveis. As cores e as formas existem. Tudo que não tenha cores ou formas, não existe. A beleza não tem cor ou forma, portanto a beleza é nome de uma coisa que não existe. Antero de Quental, embora mergulhado num tremendo pessimismo à moda de Schopenhauer, conhece a beleza que não morre e fica triste. Não morre porque a beleza vive na serra, na terra, no mar, na nau ou torre. Fica triste, porque a vê minguar, fundir-se ao pôr do sol. É a imperfeição de tudo quanto existe. Leia:

## Tormento do ideal
*Conheci a Beleza que não morre*
*E fiquei triste. Como quem da serra*
*Mais alta que haja, olhando aos pés a terra*
*E o mar, vê tudo, a maior nau ou torre,*

*Minguar, fundir-se, sob a luz que jorre;*
*Assim eu vi o mundo e o que ele encerra*
*Perder a cor, bem como a nuvem que erra*
*Ao pôr do sol e sobre o mar discorre.*

*Pedindo à forma, em vão, a idéia pura,*
*Tropeço, em sombras, na matéria dura,*
*E encontro a imperfeição de quanto existe.*

*Recebi o batismo dos poetas,*
*E assentado entre as formas incompletas,*
*Para sempre fiquei pálido e triste.*

Para Caeiro, a beleza é nome de qualquer coisa que não existe. Só existem a cor e a forma. Para Antero, a beleza existe, embora vê, decepcionado, o mundo perder a cor e a forma. Simbolicamente, a cor e a forma do mundo podem ser o ideal. Daí o Tormento do ideal. Voltaire tem relativo o conceito de Beleza ou Belo. Leia o trecho extraído de seu "Dicionário Filosófico".

## Belo, Beleza

*Perguntai a um sapo que é a beleza, o supremo belo, o to kalon. Responder-vos-á ser a sapa com os dois olhos exagerados e redondos encaixados na cabeça minúscula, a boca larga e chata, o ventre amarelo, o dorso pardo. Interrogai um negro da Guiné. O belo para ele é – uma pele negra e oleosa, olhos cravados, nariz esborrachado. Indagai ao diabo. Dir-vos-á que o belo é um par de cornos, quatro garras e cauda. Inquiri os filósofos. Responder-vos-ão com aranzéis. Falta-lhes algo de conforme ao arquétipo do belo em essência, o to kalon.*

*Assistia eu certa vez à representação de uma tragédia em companhia de um filósofo.*

*— Como é belo! – dizia ele.*

*— Que viu o sr. de belo?*

*— O autor atingiu seu fim.*

*No dia seguinte ele tomou um purgante que lhe fez efeito.*

*— O purgante atingiu seu fim – disse-lhe eu. – Eis um belo purgante.*

*Ele compreendeu não se poder dizer que um purgante seja belo, e que para chamar belo a alguma coisa é preciso que nos cause admiração e prazer. Conveio em que a tragédia lhe inspirara estas duas emoções, e que nisso estava o to kalon, o belo.*

*Realizamos uma viagem à Inglaterra. Lá se representava a mesma peça, impecavelmente traduzida. Fez bocejarem todos os espectadores.*

*— Oh! – exclamou o filósofo – o to kalon não é o mesmo para os ingleses e os franceses.*

*Após muita reflexão concluiu ser o belo extremamente relativo, como o que é decente no Japão é indecente em Roma, o que é moda em Paris não o é em Pequim.*

# 13
# O meu olhar é nítido como um girassol

O meu olhar é nítido como um girassol,
Tenho o costume de andar pelas estradas
Olhando para a direita e a esquerda
E de vez em quando olhando para trás...
E o que vejo a cada momento
É aquilo que nunca antes eu tinha visto,
E eu sei dar por isso muito bem...
Sei Ter o pasmo essencial que tem uma criança
Se ao nascer, reparasse que nascera deveras...
Sinto-me nascido a cada momento
Para a eterna novidade do Mundo...

Creio no mundo como um malmequer
Porque o vejo, mas não penso nele
Porque pensar é não compreender
O mundo não se fez para pensarmos nele
(Pensar é estar doente dos olhos)
Mas para olharmos para ele e estarmos de acordo...

Eu não tenho filosofia, tenho sentidos...
Se falo na natureza não é porque a amo, amo-a por isso,
Porque quem ama nunca sabe o que ama.
Nem sabe porque ama, nem o que é amar...

Amar é a eterna inocência,
E a única inocência é não pensar...

**Alberto Caeiro**

Com os olhos olha-se e vê-se. Mas "olhar" não é sinônimo de "ver". "Olhar" é fitar os olhos em uma direção. O mesmo que "mirar". "Ver" é perceber por meio dos olhos. O mesmo que "distinguir". Pode-se olhar uma rosa sem ver a rosa. Mas nunca se pode ver a rosa sem que a tenhamos olhado. Fácil, então, percebermos o sentido que o poeta deu aos versos:

*"Olhando para a direita e para a esquerda*
*E de vez em quando olhando para trás...*
*E o que vejo a cada momento*
*É aquilo que nunca antes eu tinha visto"*

Antes o sujeito lírico apenas fitava a natureza. Agora vendo, percebe o que nunca tinha percebido quando apenas olhava. A cada momento que vê, o sujeito lírico sente-se renascido. Imagine-se a admiração profunda da criança, seu assombro e espanto, se soubesse que estava nascendo. Assim é o poeta quando percebe, vendo, a eterna novidade do mundo. Contudo, "ver" não é "pensar". O pensamento encobre a visão. O mundo foi feito para ser visto, não pensado. O olhar é nítido como um girassol. O pensamento empobrece a visão. Crê-se no mundo como se crê num malmequer. Basta. Ele existe e isto percebe-se com o órgão da visão. "Eu não tenho filosofia: tenho sentidos". Por não ter filosofia e por ter apenas sentido, o sujeito poético ama a natureza sem saber ou querer saber o que a natureza é. Amar a natureza é o objeto dos sentidos. Conhecer a natureza é o objeto da filosofia. Quem ama não conhece, na essência, o objeto de seu amor. Nem, sabe por que ama ou mesmo o que é amar. Observe o silogismo:

Se amar é a eterna inocência
E a única inocência é não pensar
Então, amar é não pensar.

# 14
# Eu nunca guardei rebanhos

Eu nunca guardei rebanhos,
Mas é como se os guardasse.
Minha alma é como um pastor,
Conhece o vento e o sol
E anda pela mão das Estações
A seguir e a olhar.
Toda a paz da Natureza sem gente
Vem sentar-se a meu lado.
Mas eu fico triste como um pôr de sol
Para a nossa imaginação,
Quando esfria no fundo da planície
E se sente a noite entrada
Como uma borboleta pela janela.

Mas a minha tristeza é sossego
Porque é natural e justa
E é o que deve estar na alma
Quando já pensa que existe
E as mãos colhem flores sem ela dar por isso.

Como um ruído de chocalhos
Para além da curva da estrada,
Os meus pensamentos são contentes.
Só tenho pena de saber que eles são contentes,
Porque, se o não soubesse,
Em vez de serem contentes e tristes,
Seriam alegres e contentes.

Pensar incomoda como andar à chuva
Quando o vento cresce e parece que chove mais.

*Não tenho ambições nem desejos*
*Ser poeta não é uma ambição minha*
*É a minha maneira de estar sozinho.*

*E se desejo às vezes*
*Por imaginar, ser cordeirinho*
*(Ou ser o rebanho todo*
*Para andar espalhado por toda a encosta*
*A ser muita cousa feliz ao mesmo tempo),*
*É só porque sinto o que escrevo ao pôr do sol,*
*Ou quando uma nuvem passa a mão por cima da luz*
*E corre um silêncio pela erva fora.*

*Quando me sento a escrever versos*
*Ou, passeando pelos caminhos ou pelos atalhos,*
*Escrevo versos num papel que está no meu pensamento,*
*Sinto um cajado nas mãos*
*E vejo um recorte de mim*
*No cimo dum outeiro,*
*Olhando para o meu rebanho e vendo as minhas idéias,*
*Ou olhando para as minhas idéias e vendo o meu rebanho,*
*E sorrindo vagamente como quem não compreende o que*
*se diz*
*E quer fingir que compreende.*

*Saúdo todos os que me lerem,*
*Tirando-lhes o chapéu largo*
*Quando me vêem à minha porta*
*Mal a diligência levanta no cimo do outeiro.*
*Saúdo-os e desejo-lhes sol,*
*E chuva, quando a chuva é precisa,*
*E que as suas casas tenham*
*Ao pé duma janela aberta*

*Uma cadeira predileta*
*Onde se sentem, lendo os meus versos.*
*E ao lerem os meus versos pensem*
*Que sou qualquer cousa natural —*
*Por exemplo, a árvore antiga*
*À sombra da qual quando crianças*
*Se sentavam com um baque, cansados de brincar,*
*E limpavam o suor da testa quente*
*Com a manga do bibe riscado.*

**Alberto Caeiro**

O poeta ama a natureza. Panteísmo. Sistema daqueles que identificam Deus e o mundo. Pagão. Poeta do olhar. Vê os objetos e isto lhe basta. Pensar não é compreender. "Penso com os olhos e com os ouvidos / E com as mãos e os pés / E com o nariz e boca". A realidade vale por si mesma. "Eu nunca guardei rebanhos" mas é como se ele os guardasse. Pastor é o homem que apascenta os rebanhos, zagal, pegureiro, daí conhece o vento e o sol como o pastor os conhece. Solitário como o pastor, já que toda a natureza, sem gente, vem sentar-se ao seu lado. A noite entra-lhe na alma como a borboleta pela janela. Solidão. O mundo é a natureza. A tristeza é natural como flores nas mãos... e a alma nem dá conta desse sossego. Se o sujeito lírico não soubesse que seus pensamentos são contentes, estes seriam alegres e contentes. Paradoxo. Em outros termos. Se o sujeito lírico soubesse que seus pensamentos são contentes, estes seriam contentes e tristes. A tristeza adveio da consciência de pensar e saber. "Pensar incomoda como andar à chuva, / Quando o vento cresce e parece que chove mais". Ser poeta é ser solitário. Sente o que escreve ao pôr do sol. Solidão. Quem olha para seu rebanho vê suas idéias. Quem olha suas idéias vê seu rebanho. Sua poesia é o mundo natural que o cerca. Saúda o poeta todos que o leem. Ele não é mais que uma árvore à sombra da qual se busque descanso depois de longa e temerosa jornada. Vale a pena lembramos o panteísmo de Olavo Bilac, uma das características do parnasianismo brasileiro.

## Rio Abaixo

Treme o rio, a rolar, de vaga em vaga...
Quase noite. Ao sabor do curso lento
Da água, que as margens em redor alaga,
Seguimos. Curva os bambuais o vento.

Vivo há pouco, de púrpura, sangrento,
Desmaia agora o Ocaso. A noite apaga
A derradeira luz do firmamento...
Rola o rio, a tremer, de vaga em vaga.

Um silêncio tristíssimo por tudo
Se espalha. Mas a lua lentamente
Surge na fímbria do horizonte mudo;

E o seu reflexo pálido, embebido
Como um gládio de prata na corrente,
Rasga o seio do rio adormecido.

# 15
# Sou um guardador de rebanhos

Sou um guardador de rebanhos.
O rebanho é os meus pensamentos
E os meus pensamentos são todos sensações.
Penso com os olhos e com os ouvidos
E com as mãos e os pés
E com o nariz e a boca.

Pensar uma flor é vê-la e cheirá-la
E comer um fruto é saber-lhe o sentido.

Por isso quando num dia de calor
Me sinto triste de gozá-lo tanto,
E me deito ao comprido na erva,
E fecho os olhos quentes,
Sinto todo o meu corpo deitado na realidade,
Sei a verdade e sou feliz.

**Alberto Caeiro**

O mundo são sensações. Poeta do olhar. O mundo é tal qual se está vendo. Fora a metafísica.

"Pensar é estar doente dos olhos"
"Pensar é não compreender"
"O meu olhar é nítido como um girassol"
"Pensar incomoda como andar à chuva / quando o vento crece e parece que chove mais"
"As coisas não têm significado: têm existência"
"Cada coisa é o que é"

O poema é o resumo de todo sensacionismo de Caeiro. Primeiro, define-se "um guardador de rebanhos". Simples, primitivo; aprende com o nascer e o pôr do sol; sem filosofia ou metafísica. Quem guarda rebanho, entra em contato com o universo através dos sentidos. Assim, o rebanho é-lhe o pensamento e o pensamento são sensações. Quais as sensações? São elas: visual, auditiva, olfativa, tátil e gustativa.

**Visual:** "Pensar uma flor é vê-la"
     "E fecho os olhos quentes"
     "Penso com os olhos"
**Auditiva:** "Penso... com os ouvidos"

**Olfativa:** "Penso... com o nariz"

**Tátil:**   "Penso... com as mãos e os pés"
     "Sinto todo o meu corpo deitado na realidade"

**Gustativo:** "Penso... com a boca"
     "E comer um fruto é saber-lhe o sentido"

Enfim, pensar uma fruta é perceber a cor, a forma e a existência. Ver o fruto, cheirar seu perfume, tocar-lhe com as mãos, provar seu sabor e até ouvir o som de seus movimentos. Sensacionismo.

# 16
# Se, depois de eu morrer, quiserem escrever a minha biografia

*Se, depois de eu morrer, quiserem escrever a minha biografia,*
*Não há nada mais simples.*
*Tem só duas datas - a da minha nascença e a da minha morte.*
*Entre uma e outra coisa todos os dias são meus.*

*Sou fácil de definir.*
*Vi como um danado.*
*Amei as coisas sem sentimentalidade nenhuma.*
*Nunca tive um desejo que não pudesse realizar, porque nunca ceguei.*
*Mesmo ouvir nunca foi para mim senão um acompanhamento de ver.*
*Compreendi que as coisas são reais e todas diferentes umas das outras;*
*Compreendi isto com os olhos, nunca com o pensamento.*
*Compreender isto com o pensamento seria achá-las todas iguais.*

*Um dia deu-me o sono como a qualquer criança.*
*Fechei os olhos e dormi.*
*Além disso, fui o único poeta da Natureza.*

**Alberto Caeiro**

Fernando Pessoa, na carta que escreve a Adolfo Casais, narra a biografia de Alberto Caeiro: "nasceu em 1889 e morreu em 1915; nasceu em Lisboa, mas viveu quase toda a sua vida no campo". Segundo Caeiro, "não há nada mais simples". Simplicidade na vida e na morte. Dele são os dias que se sucedem de 1889 a 1915. Fácil de definir. Nada além disso. "Vi como um danado". Teve a vida concentrada na visão. Importavam-lhe a flor, o fruto, o rio, o sol, o rebanho... "Amei as coisas sem sentimentalidade nenhuma". Amar sem sentimentalidade é não se importar com a mente ou com o coração. Importam a visão, a audição, o paladar, o olfato e tato. "Nunca tive um desejo que não pudesse realizar, porque nunca ceguei". Sempre foi feliz, porque sempre viu. Saber ver é o segredo da felicidade. "Mesmo ouvir nunca foi para mim senão um acompanhamento de ver". A audição apenas completa a sensação de ver. No escuro, é possível pedir luz para ouvir-se melhor. Um professor, surpreendido com a falta de luz em sala de aula, no meio de sua exposição, interrompe a explicação, porque, no escuro, ninguém entende integralmente o que diz. "Compreendi que as coisas são reais e todas diferentes uma das outras". Neste mundo, a eterna novidade. Não há nada igual. Uma flor, um fruto, a impressão digital de cada homem. Nem os homens são iguais. Cada homem é o mundo abreviado. "Compreendi isto com os olhos, nunca com o pensamento". O pensamento uniformiza o mundo. "Um dia deu-me o sono como a uma criança". Sentiu a felicidade das crianças: a simplicidade e a pureza. "Fechei os olhos e dormi". Apesar de ter visto como um danado, fecha os olhos só para dormir. "Alem disso, fui o único poeta da natureza". Consciente de que a visão o fez o poeta da natureza.

# 17
# Deste modo
# ou daquele modo

Deste modo ou daquele modo.
Conforme calha ou não calha.
Podendo às vezes dizer o que penso,
E outras vezes dizendo-o mal e com misturas,
Vou escrevendo os meus versos sem querer,
Como se escrever não fosse uma cousa feita de gestos,
Como se escrever fosse uma cousa que me acontecesse
Como dar-me o sol de fora.

Procuro dizer o que sinto
Sem pensar em que o sinto.
Procuro encostar as palavras à idéia
E não precisar dum corredor
Do pensamento para as palavras

Nem sempre consigo sentir o que sei que devo sentir.
O meu pensamento só muito devagar atravessa o rio a nado
Porque lhe pesa o fato que os homens o fizeram usar.

Procuro despir-me do que aprendi,
Procuro esquecer-me do modo de lembrar que me ensinaram,
E raspar a tinta com que me pintaram os sentidos,
Desencaixotar as minhas emoções verdadeiras,
Desembrulhar-me e ser eu, não Alberto Caeiro,
Mas um animal humano que a Natureza produziu.

*E assim escrevo, querendo sentir a Natureza, nem sequer como um homem,*
*Mas como quem sente a Natureza, e mais nada.*
*E assim escrevo, ora bem ora mal,*
*Ora acertando com o que quero dizer ora errando,*
*Caindo aqui, levantando-me acolá,*
*Mas indo sempre no meu caminho como um cego teimoso.*

*Ainda assim, sou alguém.*
*Sou o Descobridor da Natureza.*
*Sou o Argonauta das sensações verdadeiras.*
*Trago ao Universo um novo Universo*
*Porque trago ao Universo ele-próprio.*
*Isto sinto e isto escrevo*
*Perfeitamente sabedor e sem que não veja*
*Que são cinco horas do amanhecer*
*E que o sol, que ainda não mostrou a cabeça*
*Por cima do muro do horizonte,*
*Ainda assim já se lhe veem as pontas dos dedos*
*Agarrando o cimo do muro*
*Do horizonte cheio de montes baixos.*

**Alberto Caeiro**

Uma proposta de arte poética. Para o sujeito lírico a criatividade poética é fruto da espontaneidade e da naturalidade... "Vou escrevendo os meus versos sem querer"... "como dar-me o sol de fora". Caeiro afasta-se de Bilac – "Trabalha e teima e lima e sofre e sua" – e aproxima-se de Manuel Bandeira – "Estou farto do lirismo comedido". Tudo que é convencional é repelido pelo poeta – "O meu pensamento só muito devagar atravessa o rio a nado / Porque lhe pesa o fato (a roupa) que os homens o fizeram usar". A roupa que os homens o fizeram usar á a linguagem e esta dificulta a manifestação espontânea do sentimento. Quer coisa mais espontânea que "dar-me o sol de fora"? Nem é preciso pensar. "Procuro dizer o que sinto / Sem pensar em que o sinto". A natureza não carece de interpretação. Apenas, dá-se conhecimento dela por meio da sensação. "... como quem sente a natureza, e mais nada". Para esta tarefa, é mister desaprender, mudar de roupa (fato), ficar longe da intelectualidade e abraçar a sensação. "Procuro despir-me do que aprendi, / Procuro esquecer-me do modo de lembrar que me ensinaram, / E raspar a tinta com que me pintaram os sentidos". É certo que não é tão fácil despojar-se da intelectualidade e captar a natureza por meio da sensação. Pouco importa. Vai sempre no mesmo caminho como um cego teimoso. O tempo dos verbos é o presente do indicativo. São cinco horas da manhã. E o sol mostra sinal de que vai aparecer já, porque, lá no horizonte, vê-se a madrugada policromática, anunciando o astro-rei ainda escondido.

# 18

# Há metafísica bastante em não pensar em nada

Há metafísica bastante em não pensar em nada.

O que penso eu do mundo?
Sei lá o que penso do mundo!
Se eu adoecesse pensaria nisso.

Que idéia tenho eu das cousas?
Que opinião tenho sobre as causas e os efeitos?
Que tenho eu meditado sobre Deus e a alma
E sobre a criação do Mundo?

Não sei. Para mim pensar nisso é fechar os olhos
E não pensar. É correr as cortinas
Da minha janela (mas ela não tem cortinas).

O mistério das cousas? Sei lá o que é mistério!
O único mistério é haver quem pense no mistério.
Quem está ao sol e fecha os olhos,
Começa a não saber o que é o sol
E a pensar muitas cousas cheias de calor.
Mas abre os olhos e vê o sol,
E já não pode pensar em nada,
Porque a luz do sol vale mais que os pensamentos
De todos os filósofos e de todos os poetas.
A luz do sol não sabe o que faz
E por isso não erra e é comum e boa.

Metafísica? Que metafísica têm aquelas árvores?
A de serem verdes e copadas e de terem ramos
E a de dar fruto na sua hora, o que não nos faz pensar,
A nós, que não sabemos dar por elas.
Mas que melhor metafísica que a delas,
Que é a de não saber para que vivem
Nem saber que o não sabem?

"Constituição íntima das cousas"...
"Sentido íntimo do Universo"...
Tudo isto é falso, tudo isto não quer dizer nada.
É incrível que se possa pensar em cousas dessas.
É como pensar em razões e fins
Quando o começo da manhã está raiando, e pelos lados das árvores
Um vago ouro lustroso vai perdendo a escuridão.

Pensar no sentido íntimo das cousas
É acrescentado, como pensar na saúde
Ou levar um copo à água das fontes.

O único sentido íntimo das cousas
É elas não terem sentido íntimo nenhum.

Não acredito em Deus porque nunca o vi.
Se ele quisesse que eu acreditasse nele,
Sem dúvida que viria falar comigo
E entraria pela minha porta dentro
Dizendo-me, Aqui estou!

(Isto é talvez ridículo aos ouvidos
De quem, por não saber o que é olhar para as cousas,
Não compreende quem fala delas
Com o modo de falar que reparar para elas ensina).

*Mas se Deus é as flores e as árvores*
*E os montes e sol e o luar,*
*Então acredito nele,*
*Então acredito nele a toda a hora,*
*E a minha vida é toda uma oração e uma missa,*
*E uma comunhão com os olhos e pelos ouvidos.*

*Mas se Deus é as árvores e as flores*
*E os montes e o luar e o sol,*
*Para que lhe chamo eu Deus?*
*Chamo-lhe flores e árvores e montes e sol e luar;*
*Porque, se ele se fez, para eu o ver,*
*Sol e luar e flores e árvores e montes,*
*Se ele me aparece como sendo árvores e montes*
*E luar e sol e flores,*
*É que ele quer que eu o conheça*
*Como árvores e montes e flores e luar e sol.*

*E por isso eu obedeço-lhe,*
*(Que mais sei eu de Deus que Deus de si próprio?).*
*Obedeço-lhe a viver, espontaneamente,*
*Como quem abre os olhos e vê,*
*E chamo-lhe luar e sol e flores e árvores e montes,*
*E amo-o sem pensar nele,*
*E penso-o vendo e ouvindo,*
*E ando com ele a toda a hora.*

**Alberto Caeiro**

"Há metafísica bastante em não pensar em nada". A metafísica caracteriza-se pela investigação das realidades que transcendem a experiência sensível, capaz de fornecer um fundamento a todas as ciências particulares, por meio da reflexão a respeito da natureza principal do ser. Já que a metafísica é a doutrina da essência das coisas ou conhecimento das causas primárias, o primeiro verso expressa um paradoxo. Metafísica é pensar em tudo e ir além do "tudo". No entanto, diz o sujeito lírico, que há metafísica suficiente em não pensar em nada. Metafísico seria o poeta se pensasse no mundo, pensasse nas coisas, pensasse sobre as causas e os efeitos das coisas; meditasse sobre Deus e a alma e sobre a criação do mundo. Não é metafísico. Contudo, embora paradoxal, há metafísica demais em não pensar em nada disso. "Pensar" é fechar os olhos e não pensar. Outro paradoxo. "Pensar" é simbolicamente correr as cortinas da janela. Mas a janela não tem cortina. Mais um paradoxo. Há um mistério. Mistério é existir gente que pense no mistério. Por que iríamos filosofar sobre a luz do sol, quando basta senti-la e vê-la para perceber toda sua essência: Ela sozinha vale por toda filosofia. E as árvores... sua metafísica é serem verdes e copadas e de terem ramos e a de dar frutos... mas não sabem para que vivem e não sabem que não sabem por que vivem. Isso já é metafísica bastante. "Constituição íntima das coisas". "Sentido íntimo do universo". Aristóteles parte da realidade do movimento. Distingue o filósofo o Ato e a Potência. Uma semente é uma árvore em potência. Entre o ser e o não-ser há, portanto, um intermediário: - a potência. Para o poeta, tudo isso é falso. "O único sentido íntimo das coisas / É elas não terem sentido íntimo nenhum". "Não acredito em Deus..." sobre a crença na existência de Deus, podemos lembrar: teísmo, deísmo, panteísmo e ateísmo. Um teísta acredita numa inteligência sobrenatural que, além de ter criado o universo, intervém no destino da humanidade: perdoa, castiga e altera as leis do universo para proteger ou punir seus filhos. Um deísta também acredita numa inteligência sobrenatural que criou o universo mas não acredita que esse Deus intervenha no destino da humanidade. Se a lei de Deus é perfeita não pode ser revogada. Nem por ele? Nem por ele, dizem os deistas, porque Deus não pode reconhecer que sua lei é imperfeita. Para um panteísta, Deus é o universo e a ordem que governa seu funcionamento. O ateu está convicto de que Deus não existe. Teísmo, deísmo, panteísmo, ateísmo. Qual a filosofia religiosa que o sujeito lírico declara nesse poema? Ele se professa panteísta.

*"mas se Deus é as flores e as árvores*
*E os montes e o sol e a luar*
*Então acredito nele..."*

Para Spinosa, Deus é a causa imanente e não transitiva. A causa transitiva modifica o objeto. A causa imanente permanece inteira no sujeito. O mundo contém em si próprio a razão de tudo. Deus não é transcendente ao mundo. Ele é o mundo. Caeiro na poesia é Spinosa na filosofia. Deus é o universo e o universo é Deus. Assim, é possível amar Deus, sem pensar nele e imaginar Deus sem pensar nele e imaginar Deus apenas porque o vê e o ouve e andar com ele a toda hora, já que nós somos deuses.

# 19
# O guardador de rebanhos

*Num meio dia de fim de primavera*
*Tive um sonho como uma fotografia*
*Vi Jesus Cristo descer à terra,*
*Veio pela encosta de um monte*
*Tornado outra vez menino,*
*A correr e a rolar-se pela erva*
*E a arrancar flores para as deitar fora*
*E a rir de modo a ouvir-se de longe.*

*Tinha fugido do céu,*
*Era nosso demais para fingir*
*De segunda pessoa da Trindade.*
*No céu era tudo falso, tudo em desacordo*
*Com flores e árvores e pedras,*
*No céu tinha que estar sempre sério*
*E de vez em quando de se tornar outra vez homem*
*E subir para a cruz, e estar sempre a morrer*
*Com uma coroa toda à roda de espinhos*
*E os pés espetados por um prego com cabeça,*
*E até com um trapo à roda da cintura*
*Como os pretos nas ilustrações.*
*Nem sequer o deixavam ter pai e mãe*
*Como as outras crianças.*
*O seu pai era duas pessoas -*
*Um velho chamado José, que era carpinteiro,*
*E que não era pai dele;*
*E o outro pai era uma pomba estúpida,*
*A única pomba feia do mundo*
*Porque não era do mundo nem era pomba.*
*E a sua mãe não tinha amado antes de o ter.*

*Não era mulher: era uma mala*
*Em que ele tinha vindo do céu.*
*E queriam que ele, que só nascera da mãe,*
*E nunca tivera pai para amar com respeito,*
*Pregasse a bondade e a justiça!*

*Um dia que Deus estava a dormir*
*E o Espírito Santo andava a voar,*
*Ele foi à caixa dos milagres e roubou três,*
*Com o primeiro fez que ninguém soubesse que ele tinha fugido.*
*Com o segundo criou-se eternamente humano e menino.*

*Com o terceiro criou um Cristo eternamente na cruz*
*E deixou-o pregado na cruz que há no céu*
*E serve de modelo às outras.*
*Depois fugiu para o sol*
*E desceu pelo primeiro raio que apanhou.*

*Hoje vive na minha aldeia comigo.*
*É uma criança bonita de riso e natural.*
*Limpa o nariz no braço direito,*
*Chapinha nas poças de água,*
*Colhe as flores e gosta delas e esquece-as.*
*Atira pedras nos burros,*
*Rouba as frutas dos pomares*
*E foge a chorar e a gritar dos cães.*
*E, porque sabe que elas não gostam*
*E que toda a gente acha graça,*
*Corre atrás das raparigas*
*Que vão em ranchos pelas estradas*
*Com as bilhas às cabeças*
*E levanta-lhes as saias.*

*A mim ensinou-me tudo.*
*Ensinou-me a olhar para as cousas,*
*Aponta-me todas as cousas que há nas flores.*
*Mostra-me como as pedras são engraçadas*
*Quando a gente as tem na mão*
*E olha devagar para elas.*

*Diz-me muito mal de Deus,*
*Diz que ele é um velho estúpido e doente,*
*Sempre a escarrar no chão*
*E a dizer indecências.*
*A Virgem Maria leva as tardes da eternidade a fazer meia,*
*E o Espírito Santo coça-se com o bico*
*E empoleira-se nas cadeiras e suja-as.*
*Tudo no céu é estúpido como a Igreja Católica.*
*Diz-me que Deus não percebe nada*
*Das coisas que criou -*
*"Se é que as criou, do que duvido" -*
*"Ele diz, por exemplo, que os seres cantam a sua glória,*
*mas os seres não cantam nada,*
*se cantassem seriam cantores.*
*Os seres existem e mais nada,*
*E por isso se chamam seres".*
*E depois, cansado de dizer mal de Deus,*
*O Menino Jesus adormece nos meus braços*
*E eu levo-o ao colo para casa.*

*Ele mora comigo na minha casa a meio do outeiro.*
*Ele é a Eterna Criança, o deus que faltava.*
*Ele é o humano que é natural,*
*Ele é o divino que sorri e que brinca.*
*E por isso é que eu sei com toda a certeza*
*Que ele é o Menino Jesus verdadeiro.*

E a criança tão humana que é divina
É esta minha quotidiana vida de poeta,
E é porque ele anda sempre comigo que eu sou poeta sempre,
E que o meu mínimo olhar
Me enche de sensação,
E o mais pequeno som, seja do que for,
Parece falar comigo.

A Criança Nova que habita onde vivo
Dá-me uma mão a mim
E a outra a tudo que existe
E assim vamos os três pelo caminho que houver,
Saltando e cantando e rindo
E gozando o nosso segredo comum
Que é o de saber por toda a parte
Que não há mistério no mundo
E que tudo vale a pena.

A Criança Eterna acompanha-me sempre.
A direção do meu olhar é o seu dedo apontando.
O meu ouvido atento alegremente a todos os sons
São as cócegas que ele me faz, brincando, nas orelhas.

Damo-nos tão bem um com o outro
Na companhia de tudo
Que nunca pensamos um no outro,
Mas vivemos juntos a dois
Com um acordo íntimo
Como a mão direita e a esquerda.

Ao anoitecer brincamos as cinco pedrinhas
No degrau da porta de casa,
Graves como convém a um deus e a um poeta,
E como se cada pedra

*Fosse todo o universo*
*E fosse por isso um grande perigo para ela*
*Deixá-la cair no chão.*

*Depois eu conto-lhe histórias das cousas só dos homens*
*E ele sorri, porque tudo é incrível.*
*Ri dos reis e dos que não são reis,*
*E tem pena de ouvir falar das guerras,*
*E dos comércios, e dos navios*
*Que ficam fumo no ar dos altos-mares.*
*Porque ele sabe que tudo isso falta àquela verdade*

*Que uma flor tem ao florescer*
*E que anda com a luz do sol*
*A variar os montes e os vales,*
*E a fazer doer aos olhos os muros caiados.*

*Depois ele adormece e eu deito-o*
*Levo-o ao colo para dentro de casa*
*E deito-o, despindo-o lentamente*
*E como seguindo um ritual muito limpo*
*E todo materno até ele estar nu.*

*Ele dorme dentro da minha alma*
*E às vezes acorda de noite*
*E brinca com os meus sonhos,*
*Vira uns de pernas para o ar,*
*Põe uns em cima dos outros*
*E bate as palmas sozinho*
*Sorrindo para o meu sono.*

*Quando eu morrer, filhinho,*
*Seja eu a criança, o mais pequeno.*
*Pega-me tu no colo*

*E leva-me para dentro da tua casa.*
*Despe o meu ser cansado e humano*
*E deita-me na tua cama.*
*E conta-me histórias, caso eu acorde,*
*Para eu tornar a adormecer.*
*E dá-me sonhos teus para eu brincar*
*Até que nasça qualquer dia*
*Que tu sabes qual é.*

*Esta é a história do meu Menino Jesus,*
*Por que razão que se perceba*
*Não há de ser ela mais verdadeira*
*Que tudo quanto os filósofos pensam*
*E tudo quanto as religiões ensinam?*

**Alberto Caeiro**

História do menino Jesus, mais verdadeira que tudo quanto os filósofos pensam e as religiões ensinam. Que pensam Santo Agostinho e Santo Thomás de Aquino? Que ensina a religião Católica, citada no poema? O "credo" e o "ato de fé" extraídos de um manual católico resumem tudo quanto os filósofos pensam e as religiões ensinam.

## Credo

Creio em Deus Pai, todo-poderoso, criador do céu e da terra; e em Jesus Cristo, seu único Filho, nosso Senhor; que foi concebido pelo poder do Espírito Santo; nasceu da virgem Maria, padeceu sob Pôncio Pilatos, foi crucificado morto e sepultado; desceu à mansão dos mortos; ressuscitou ao terceiro dia; subiu aos céus, está sentado à direita de Deus Pai, todo-poderoso, donde há de vir a julgar os vivos e os mortos; creio no Espírito Santo, na Santa Igreja Católica, na comunhão dos santos, na remissão dos pecados, na ressurreição da carne, na vida eterna. Amém.

## Ato de Fé

Eu creio firmemente que há um só Deus, em três pessoas realmente distintas, Pai, Filho e Espírito Santo; que dá o céu aos bons e o inferno aos maus, para sempre.

Creio que o Filho de Deus se fez homem, padeceu e morreu na cruz para nos salvar, e que ao terceiro dia ressuscitou.

Creio tudo mais que crê e ensina a Santa Igreja Católica, Apostólica, Romana, porque Deus, verdade infalível lho revelou. E nesta crença quero viver e morrer.

Alberto Caeiro, sarcástico, dá uma versão variante aos ensinamentos daqueles filósofos e da Igreja, expressos no "credo" e no "ato de fé". Confrontemos a versão de Caeiro e a versão oficial da Igreja. A oficial está anunciada no "credo" e no "ato de fé". A de Caeiro está anunciada nas seguintes passagens:

- Jesus Cristo torna-se outra vez menino e desce do céu à terra.

- No céu tudo está em desacordo com o universo

- O simbolismo de Jesus crucificado é permanente no céu e na terra.

- Jesus não tem os pais terrenos.

- Maria era virgem antes do parto porque não conheceu José para que Jesus nascesse.

É como se dissesse: "esta versão é tão verossímel como a que se apresenta ao longo destes dois mil anos. Sua história pode ser estúpida. "Tudo no céu é estúpido como a Igreja Católica". Caeiro revela seu sonho que lhe ocorreu no final de primavera: Jesus Cristo tinha fugido do céu. Fugiu porque no céu tudo é falso, tudo em desacordo com as verdades mais simples do universo: flores, árvores e pedras. E a necessidade de sempre estar crucificado, lembrando a humanidade que houve coroa de espinhos e pregos. Seus pais eram dois. José que não era pai e a pomba que não era pomba. Sua mãe que não amou para o ter, serviu de mala para trazê-lo do céu à terra.

*"Ele mora comigo na minha casa a meio do outeiro"*

Neste verso, Caeiro inicia a concepção do verdadeiro Jesus Cristo. É a criança que habita seu interior e insiste ver o mundo com a alma infantil. Caeiro tem a criança no âmago do espírito porque é poeta. E esta criança dá-lhe a mão e vão pelo caminho que houver, saltando, cantando e rindo. A direção de seu olhar é a direção do dedo dele. Vivem e convivem tão bem como vivem e convivem as mãos esquerda e direita. Brincam à noite. E ainda à noite, o poeta lhe conta histórias de reis, de guerras, do comércio e de navios. Ele dorme dentro da alma do poeta e brinca com seus sonhos. O poema termina com uma prece muito sensível. Ao morrer, seja ele a criança a ser levado para dentro da casa deste Jesus criança. Há alguma razão para não ser verdadeira esta história? Não há qualquer razão. É mais verdadeira que tudo quanto os filósofos e a religião pensam. Quem tem uma criança dentro de si fica em harmonia com o universo. Feliz é o homem que não despojou de sua alma a criança que um dia nela habitou.

# 20
# Ontem à tarde um homem das cidades

Ontem à tarde um homem das cidades
Falava à porta da estalagem.
Falava comigo também.
Falava da justiça e da luta para haver justiça
E dos operários que sofrem,
E do trabalho constante, e dos que têm fome,
E dos ricos, que só têm costas para isso.

E, olhando para mim, viu-me lágrimas nos olhos
E sorriu com agrado, julgando que eu sentia
O ódio que ele sentia, e a compaixão
Que ele dizia que sentia.

(Mas eu mal o estava ouvindo.
Que me importam a mim os homens
E o que sofrem ou supõem que sofrem?
Sejam como eu — não sofrerão.
Todo o mal do mundo vem de nos importarmos uns com os outros,
Quer para fazer bem, quer para fazer mal.
A nossa alma e o céu e a terra bastam-nos.
Querer mais é perder isto, e ser infeliz.)

Eu no que estava pensando
Quando o amigo de gente falava
(E isso me comoveu até às lágrimas),
Era em como o murmúrio longínquo dos chocalhos
A esse entardecer
Não parecia os sinos duma capela pequenina

*A que fossem à missa as flores e os regatos*
*E as almas simples como a minha.*

*(Louvado seja Deus que não sou bom,*
*E tenho o egoísmo natural das flores*
*E dos rios que seguem o seu caminho*
*Preocupados sem o saber*
*Só com florir e ir correndo.*
*É essa a única missão no Mundo,*
*Essa — existir claramente,*
*E saber fazê-lo sem pensar nisso.*
*E o homem calara-se, olhando o poente.*
*Mas que tem com o poente quem odeia e ama?*

**Alberto Caeiro**

Podemos dividir este poema em partes, quantas são as estrofes. Seis estrofes, seis partes:

### 1. O discurso de um homem das cidades.

À porta da estalagem, falava da justiça e da luta para haver justiça e dos operários, e do trabalho, e da fome, e dos rios. Certamente, um discurso marxista: "operários de todo mundo, uni-vos"

### 2.O engano de um homem das cidades.

Seu discurso não comunica como pensa. Lágrimas nos olhos do sujeito lírico provocam o sorriso nos lábios de um homem da cidade. Pensou, erradamente, que as lágrimas fossem o resultado de seu discurso. Não sabe que Caeiro nega a utilidade do pensamento. É antimetafísico.

### 3. A confissão do sujeito lírico: não era receptor daquele discurso.

Os homens e sua justiça e sua miséria pouco lhe importam. O sofrimento humano está precisamente em querer preocupar-se com toda humanidade.

### 4. Revelação do pensamento do sujeito lírico.

Quer o sujeito lírico o bucolismo duma capela pequenina que agasalhasse as flores, os regatos e as almas simples como a dele. Caeiro é o poeta da natureza e da simplicidade. Interpreta o mundo através dos sentidos e não da razão, como quer o homem das cidades.

### 5. O sensacionismo do sujeito lírico.

Única missão do mundo. Existir claramente tal qual os rios que seguem o seu caminho sem pensar e as flores que, também sem pensar, colorem. Interessa-lhe a realidade imediata.

### 6. Desfecho: o paradoxo expresso no gesto do homem das cidades.

*"E o homem calara-se olhando o poente. Mas que tem com o poente quem odeia e ama?"*

Olhar para o poente comove o sujeito lírico até às lagrimas, mas não comove o sujeito das cidades. Este se comove com a injustiça do mundo, com a fome e miséria. Quem odeia e ama pouco tem a ver com as flores, rios e poente.

# Fernando Pessoa
# Heterônimo – Ricardo Reis

Características de suas poesias.

## I

Epicurismo; o prazer do momento em que se vive; o momento "carpe diem" horaciano.

*"Quando, Lídia, vier o nosso outono*
*Com o inverno, que há nele, reservemos*
*Um pensamento,*
*Não para a futura*
*Primavera, que é de outrem,*
*Nem para o Estio de quem somos mortos,*
*Senão para o que fica do que passa -*
*O amarelo atual que as folhas vivem*
*E as torna diferentes"*

## II

Estoicismo; aceitação das leis inexoráveis do destino; indiferença ao sofrimento e à desgraça.

*"Segue o teu destino,*
*Rega tuas plantas*
*Ama as tuas rosas"*

## III

Ataraxia, tranquilidade, serenidade, indiferença, aceitação

*"Aos que a felicidade*
*É sol, virá a noite.*
*Mas ao que nada espera*
*Tudo que vem é grato"*

## IV

Paganismo.

*"Esse momento em que sossegadamente não cremos em nada,*
*Pagãos inocentes da decadência"*

## V

O elogio da vida rústica; "a aurea mediocritas" de Horácio.

*"Colhamos flores*
*Molhemos leves*
*As nossas mãos*
*Nos rios calmos*
*Para aprendermos*
*Calma também"*

## VI

A aceitação de que o tempo é efêmero.

*"O tempo passa,*
*Não nos diz nada.*
*Envelhecemos.*
*Saibamos, quase*
*Maliciosos,*
*Sentir-nos ir."*

## VII

A aceitação calma da ordem das coisas; moderação dos desejos.

*"Não queiramos mais vida*
*Que a das árvores verdes"*

# 1
# Mestre, são plácidas

*Mestre, são plácidas*
*Todas as horas*
*Que nós perdemos,*
*Se no perdê-las,*
*Qual numa jarra,*
*Nós pomos flores.*

*Não há tristezas*
*Nem alegrias*
*Na nossa vida.*
*Assim saibamos,*
*Sábios incautos,*
*Não a viver,*

*Mas decorrê-la,*
*Tranqüilos, plácidos,*
*Tendo as crianças*
*Por nossas mestras,*
*E os olhos cheios*
*De Natureza ...*

*À beira-rio,*
*À beira-estrada,*
*Conforme calha,*
*Sempre no mesmo*
*Leve descanso*
*De estar vivendo.*

*O tempo passa,*
*Não nos diz nada.*
*Envelhecemos.*
*Saibamos, quase*
*Maliciosos,*
*Sentir-nos ir.*

*Não vale a pena*
*Fazer um gesto.*
*Não se resiste*
*Ao deus atroz*
*Que os próprios filhos*
*Devora sempre.*

*Colhamos flores.*
*Molhemos leves*
*As nossas mãos*
*Nos rios calmos,*
*Para aprendermos*
*Calma também.*

*Girassóis sempre*
*Fitando o sol,*
*Da vida iremos*
*Tranqüilos,tendo*
*Nem o remorso*
*De ter vivido.*

**Ricardo Reis**

Cronos – tempo – é o Deus grego que devora os próprios filhos. O tempo consome tudo; gera os filhos e os devora. ("Não se resiste / Ao Deus atroz / Que os próprios filhos / Devora sempre"). Então, para que envolver-se com a vida? Não se preocupar com o presente e muito menos com o futuro é o segredo da arte de viver. Do envolvimento resulta sofrimento, então saibamos, sábios preocupados, "não a viver". Cheguemos à morte calmos, sem preocupações. "Saibamos, quase / maliciosos / sentir-nos ir". Aceitamos nosso destino. Não enfrentamos as adversidades da vida ("Girassóis sempre / Fitando o sol"). O girassol muda de posição, acompanhando o movimento sol.

As flores são a beleza perecível. Colhamos. Os rios marcam o tempo, de maneira calma. Molhemos as mãos em suas águas para aprendermos ser calmos como eles. Alguns verbos no imperativo dizem da vontade do sujeito lírico de que o imitemos também: saibamos, envelheçamos, saibamos, colhamos, molhemos... Algumas palavras exercem expressivo significado simbólico: jarra (o ambiente em que vivemos), flores (a beleza perecível), crianças (inocência), rios (o tempo que passa), girassóis (a sabedoria de saber mudar de posição para receber sempre a luz do sol), sol (a vida). Já que o tema é o sossego, a tranquilidade como ideal a ser atingido, a maioria dos adjetivos remetem ao significado de sossego e tranquilidade: **plácidas** as horas, sábios **incautos**, nós **tranquilos** e **plácidos**, **leve** descanso, rios **calmos**. Algumas conjunções são expressivas. Na primeira estrofe, a condicional **se**. São plácidas todas as horas que nós perdemos, se, desde que, pomos flores. Ou seja, as horas que perdemos na vida são plácidas, desde que coloquemos flores na vida tal qual colocamos flores na jarra. A conjunção "mas", ligando a terceira estrofe à segunda, é muito significativa. Nega o sentido de "viver", preferindo o verbo "decorrer". Não viver a vida mas decorrer a vida. Viver é ter vida, estar com vida, existir. Decorrer é passar, escoar-se, fazer correr lentamente. Tal qual fazem os rios.

## 2

# Uns, com os olhos postos no passado

*Uns, com os olhos postos no passado,*
*Veem o que não veem: outros, fitos*
*Os mesmos olhos no futuro, veem*
*O que não pode ver-se.*

*Por que tão longe ir pôr o que está perto —*
*A segurança nossa? Este é o dia,*
*Esta é a hora, este o momento, isto*
*É quem somos, e é tudo.*

*Perene flui a interminável hora*
*Que nos confessa nulos. No mesmo hausto*
*Em que vivemos, morreremos. Colhe*
*o dia, porque és ele.*

**Ricardo Reis**

"Carpe Diem" (colhe o dia, aproveite o momento presente) é o tema deste poema. Escrito por Ricardo Reis não poderia ser diferente. Recebe forte influência do poeta latino Horácio, célebre em cantar, em seus versos, a beleza do momento presente. É a filosofia de Epicuro, segundo a qual se deve buscar o máximo prazer da vida e isto só é possível no momento presente, já que o passado e o futuro estão distantes do agora e já. "Uns, com os olhos postos no passado, / Veem o que não veem..." o aparente paradoxo se desfaz quando nos certificamos de que a ninguém é dado o privilégio de ver o passado. O passado é apenas produto de um exercício mental. Só a memória pode testemunhar que o passado existiu. "... outros, fitos / os mesmos olhos no futuro, veem / O que não pode ver-se". Com efeito, a ninguém é dado o poder de ver o futuro. Pode ser imaginado, idealizado, querido, mas visto, nunca. Ao futuro não se pode ver, embora possa ser ouvido. Passado e futuro são percepções ilusórias. Só o momento atual é real, concreto, visto, vivido e gozado. "Por que tão longe ir pôr o que está perto - / A segurança nossa?" Ou na ordem direta: "Por que ir pôr a segurança nossa – o que está perto – tão longe?" O homem só se realiza no momento presente. Só o momento presente está ao alcance de qualquer ser humano. "Esta é a hora, este o momento, isto / É quem somos, e é tudo". O poeta insiste no demonstrativo este – esta – isto, e não esse – essa – isso; muito menos aquele – aquela – aquilo. Nada mais coerente. Este – esta – isto – revelam o próximo, o imediato, o instante presente. Esse, essa, isso / aquele, aquela, aquilo, revelam o distante, o mediato, o instante passado ou futuro. "Perene flui a interminável hora / Que nos confessa nulos". Ou seja, sempre somos lembrados de que não somos nada (estoicismo). Estamos sempre ameaçados pela noite. "No mesmo hausto / Em que vivemos, morremos". A vida é efêmera. A mesma aspiração, o mesmo sorvo que nos alimenta, mata-nos. Então, "colhe / o dia, porque és ele". Este é o dia, esta é a hora, este é o momento. Não se pode perder uma parcela da vida, pensando no futuro. Nem se pode perder outra parcela da vida, pensando no passado. Hoje és. Colhe o dia. Carpe Diem. É oportuno, após esta análise, citarmos Santo Agostinho em "confissões", livro XI "O homem e o Tempo": "o que agora claramente transparece é que nem há tempos futuros nem pretéritos. É impróprio afirmar que os tempos são três: pretérito, presente e futuro. Mas talvez fosse próprio dizer que os tempos são três: presente das coisas passadas, presente das presentes, presentes das futuras. Existem, pois, estes três tempos na minha mente que não vejo em outra parte: lembrança presente das coisas passadas, visão presente das coisas presentes e esperança presente das coisas futuras." Caeiro pensa igual. O passado é só lembrança, por isso uns veem o que não veem. O futuro é esperança, por isso uns veem o que não pode ver-se. Só o presente é a visão presente das coisas presentes. Colhe o dia. Tu és.

# 3

# A palidez do dia é levemente dourada

A palidez do dia é levemente dourada.
O sol de inverno faz luzir como orvalho as curvas
Dos troncos de ramos secos.
O frio leve treme.

Desterrado da pátria antiquíssima da minha
Crença, consolado só por pensar nos deuses,
aqueço-me trémulo
A outro sol do que este -

O sol que havia sobre o Parténon e a Acrópole
O que alumiava os passos lentos e graves
De Aristóteles falando.
Mas Epicuro melhor

Me fala, com a sua cariciosa voz terrestre
Tendo para os deuses uma atitude também de deus,
Sereno e vendo a vida
À distância a que está.

**Ricardo Reis**

O tema deste poema pode ser encontrado no seguinte verso: "Desterrado da Pátria antiqüíssima da minha crença",... O sujeito poético renuncia sua ideologia. Fora do tempo e do espaço, vai em busca de um novo ideal que lhe dê conforto e tranquilidade. Este novo ideal é um novo sol e o novo sol é a Grécia pagã; a Grécia de Parténon e Acrópole; a Grécia de Aristóteles e Epicuro. Sua crença agora é a cultura da Grécia antiga. É um epicurista, já que valoriza a calma e a tranquilidade. É inverno, no momento que escreve. A luz do sol é a clara. A árvore apresenta os ramos secos. A natureza despe-se das folhas como o sujeito lírico se despe da pátria de sua crença. Destacam-se a personificação.

*A palidez do dia...*
*O frio leve treme*

## A comparação

O sol de inverno faz luzir como orvalho as curvas
Dos troncos de ramos secos

Raul de Leôni, poeta do simbolismo brasileiro também escreve:

*"Em mim a luz olímpica cintila,*
*Gritam em nós todas as nobres taras*
*Daquela Grécia esplêndida e tranqüila"*

Ambos então amantes da cultura clássica. Ricardo Reis quer o sol que alumia os passos de Aristóteles e Epicuro, mais de Epicuro que de Aristóteles porque o poema aproxima-se do epicurismo:

*"A busca do prazer é a finalidade da existência mas o prazer verdadeiro não é*
*o prazer em movimento, o prazer tumultuoso dos ambiciosos, dos debochados;*
*o verdadeiro prazer é o prazer em repouso, é a ausência de dor"*
   *...consolado só por pensar nos deuses*
      *Aqueço-me trêmulo*
      *A outro sol do que este.*

*"Sereno e vendo a vida,*
*- À distância a que está".*

# 4

# Prefiro rosas, meu amor, à pátria

Prefiro rosas, meu amor, à pátria,
E antes magnólias amo
Que a glória e a virtude.

Logo que a vida me não canse, deixo
Que a vida por mim passe
Logo que eu fique o mesmo.

Que importa àquele a quem já nada importa
Que um perca e outro vença,
Se a aurora raia sempre,

Se cada ano com a primavera
As folhas aparecem
E com o outono cessam?

E o resto, as outras coisas que os humanos
Acrescentam à vida,
Que me aumentam na alma?

Nada, salvo o desejo de indiferença
E a confiança mole
Na hora fugitiva.

**Ricardo Reis**

"Prefiro rosas, meu amor, à pátria" ou seja, o campo, as magnólias ao poder, à glória, à virtude, ao Estado. A Pátria é o símbolo de ambição de poder. As rosas e magnólias são o símbolo da naturalidade. Que importa perder ou vencer, se a aurora raia sempre? Perder ou vencer é ambição de poder, e pertencem a poucos. A aurora, pelo contrário, raia a todos... e sempre. Nunca perde, na vida, quem fica com rosas e magnólias. Cessam as folhas com o outono mas elas voltam na primavera, já que a aurora raia sempre. Tudo é passageiro. Aproveitamos a vida entre rosas e magnólias. Qualquer compromisso com o poder é inútil. Procure a calma e recuse o esforço de buscar o poder. A vida é efêmera como o relâmpago: "deixo / Que a vida por mim passe". "... com a Primavera / Aparecem as folhas / E com o outono cessam". "E a confiança mole / na hora fugitiva".

Pergunta o sujeito lírico nas duas estrofes:

- Além das rosas e magnólias, que coisas os homens acrescentaram à vida que me aumentam na alma?

Ele mesmo responde:

- Nada. Salvo a indiferença a tudo que foi acrescentado e a certeza de que a vida passa.

Tem pois, o sujeito lírico, na alma, rosas e magnólias, indiferença a tudo que os homens inventaram e a convicção de que a vida foge como os raios no céu.

Olavo Bilac tem sensações diversas das sensações de Ricardo Reis, ouçamos Bilac:

## Pátria

*Pátria, latejo em ti, no teu lenho, por onde*
*Circulo! e sou perfume, e sombra, e sol, e orvalho!*
*E, em seiva, ao teu clamor a minha voz responde,*
*E subo do teu cerne ao céu de galho em galho!*

*Dos teus líquens, dos teus cipós, da tua fronde,*
*Do ninho que gorjeia em teu doce agasalho,*
*Do fruto a amadurar que em teu seio se esconde,*
*De ti, - rebento em luz e em cânticos me espalho!*

*Vivo, choro em teu pranto; e, em teus dias felizes,*
*No alto, como uma flor, em ti, pompeio e exulto!*

*E eu, morto, - sendo tu cheia de cicatrizes,*

*Tu golpeada e insultada, - eu tremerei sepulto:*
*E os meus ossos no chão, como as tuas raízes,*
*Se estorcerão de dor, sofrendo o golpe e o insulto!*

# 5
# Anjos ou deuses, sempre nós tivemos

*Anjos ou deuses, sempre nós tivemos,*
*A visão perturbada de que acima*
*De nós e compelindo-nos*
*Agem outras presenças.*

*Como acima dos gados que há nos campos*
*O nosso esforço, que eles não compreendem,*
*Os coage e obriga*
*E eles não nos percebem,*

*Nossa vontade e o nosso pensamento*
*São as mãos pelas quais outros nos guiam*
*Para onde eles querem*
*E nós não desejamos.*

**Ricardo Reis**

Outras pesenças – anjos ou deuses – agem sobre o destino dos homens. Isto peturba o sujeito lirico. Perturba porque a ação destas outras presenças está acima da humanidade, compelindo-a. Compelir é obrigar, forçar, coagir, constranger. E nossa liberdade ou livre arbítrio por onde andam? Daí a visão perturbadora. Anjos ou deuses (com letra minúscula) seriam os autores de nossas ações. Somos comandados por eles. Freud diz que somos conduzidos pelo inconsciente. Pouco há de consciente em nossas ações. Seria o inconsciente os anjos ou deuses de que nos fala Ricardo Reis? Karl Marx, na tese do materialismo histórico, professa que a humanidade é conduzida por razões econômicas. "O capitalismo contém, dentro de si, o gérmen de sua própria destruição". Seriam deuses de que nos fala Ricardo Reis? A tese do poema mora na primeira estrofe. O que vem depois (segunda e terceira estrofes) é apenas uma metáfora para explicar a convicção de que existem forças ocultas, comandando as ações humanas. Os homens estão para anjos ou deuses, assim como os animais estão para os homens. Homens e animais são compelidos. Estes, pelos homens; aqueles, por anjos ou deuses. Contudo, os homens são superiores aos animais porque sabem que são compelidos por outras presenças (visão perturbada) e os animais não sabem nada. (O nosso esforço que eles não compreendem). Blaise Pascal, no livro " De Deus e dos Homens" tem a mesma impressão. Ouçamos o grande filósofo:

"O homem é apenas uma cana, a mais débil da natureza, mas é uma cana pensante. Não é preciso que o universo inteiro se arme para o esmagar: um vapor, uma gota de água, bastam para o esmagar. Mesmo, porém, que o universo o esmagasse, o homem seria ainda mais nobre daquele que o mata, porque sabe que morre e sabe a vantagem que o universo tem sobre ele; e o universo nada sabe. Toda a nossa dignidade consiste pois no pensamento. É dele que nos devemos elevar, e não do espaço e do tempo, que não poderíamos encher. Esforcemo-nos, pois, em bem pensar: eis o princípio da moral".

# 6
# As rosas amo dos jardins de Adônis

*As Rosas amo dos jardins de Adônis,*
*Essas volucres amo, Lídia, rosas,*
*Que em o dia em que nascem,*
*Em esse dia morrem.*

*A luz para elas é eterna, porque*
*Nascem nascido já o sol, e acabam*
*Antes que Apolo deixe*
*O seu curso visível.*

*Assim façamos nossa vida um dia,*
*Inscientes, Lídia, voluntariamente*
*Que há noite antes e após*
*O pouco que duramos.*

**Ricardo Reis**

Adônis, caçador exímio, gentil e formoso. Vênus que o amava intensamente, viu um javali matá-lo. As rosas nasceram de uma gota de seu sangue. Apolo, filho de Júpiter e de Latona, conduzia o carro do Sol à volta do universo. É o deus da poesia, da música e das artes. Então, "jardins de Adônis"... jardins das plantas e rosas. "Antes que Apolo deixe o seu curso visível"... antes que o sol se ponha no horizonte, antes do ocaso, antes que a noite apareça. O poema pode ser interpretado como profissão de fé do epicurismo, filosofia, segundo a qual a felicidade é a última razão da vida. É preciso procurar os prazeres simples e naturais da existência. A morte não significa nada. Ela é a ausência da sensação. Enquanto houver sensação não há morte. As rosas nascem e vivem um só dia. A luz para as rosas é eterna porque a recebem ao nascer e acabam para ela quando o sol se põe. Em toda a vida, as rosas recebem a luz do sol. Imitemos as rosas, não cientes (inscientes) de que houve noite antes de nós e haverá noite depois de nós. Então, aproveitemos a vida. As rosas têm a vida curta, efêmera (volucres). Somos iguais a elas. Enquanto vivermos, ilumina-nos a luz do sol. Antes ou depois – tudo é noite... e nós desconhecemos a noite, já que ela só vem quando não mais estivermos aqui ou só veio quando ainda não estávamos aqui.

# 7
# Segue o teu destino

*Segue o teu destino,*
*Rega as tuas plantas,*
*Ama as tuas rosas.*
*O resto é a sombra*
*De árvores alheias.*

*A realidade*
*Sempre é mais ou menos*
*Do que nós queremos.*
*Só nós somos sempre*
*Iguais a nós próprios.*

*Suave é viver só.*
*Grande e nobre é sempre*
*Viver simplesmente.*
*Deixa a dor nas aras*
*Como ex-voto aos deuses.*

*Vê de longe a vida.*
*Nunca a interrogues.*
*Ela nada pode*
*Dizer-te. A resposta*
*Está além dos deuses.*

*Mas serenamente*
*Imita o Olimpo*
*No teu coração.*
*Os deuses são deuses*
*Porque não se pensam.*

**Ricardo Reis**

*"Segue o teu destino,*
*Rega as tuas plantas,*
*Ama as tuas rosas".*

O verbo no imperativo determina o comportamento que se deve buscar para enfrentar a vida. É o "carpe diem" ou a filosofia epicurista segundo a qual se deve aproveitar intensamente a vida. São três conselhos: aceita calmamente teu destino (segue o teu destino); cuida prazerosamente daquilo que a vida te pode oferecer (rega as tuas plantas); aprecia serenamente a beleza do mundo ainda que efêmera como as rosas (Ama as tuas rosas). O resto não te pertence; é sombra de árvores alheias. Nós construímos a realidade. Sempre somos iguais. A realidade é nossa criada. Basta seguir o destino, regar as plantas e amar as rosas. A dor quando eventualmente aparece, deixa-a no altar como se fosse ex-voto aos deuses. É assim a dor, quadro ou imagem que se oferece e expõe no altar em comemoração de voto ou de desejo realizado. Estoicismo. Suportar heroicamente as desavenças da vida. "Vê de longe a vida". Não te envolvas afetivamente. Sê indiferente. Esta apatia permite fazer gozar a vida sem dor ou sofrimento. Por isso, a vida deve ser vista de longe. Estoicismo. A resposta às tuas interrogações está nos deuses, nos fados, no destino... os deuses não pensam. Deixam que aconteça. Imita-os. Por acaso, os rios pensam quando seguem seu destino? Goza o prazer momentâneo – epicurismo. Aceita o poder inexorável do destino – estoicismo. Os deuses são os fados.

# 8
# Antes de nós nos mesmos arvoredos

Antes de nós nos mesmos arvoredos
Passou o vento, quando havia vento,
E as folhas não falavam
De outro modo do que hoje.

Passamos e agitamo-nos debalde.
Não fazemos mais ruído no que existe
Do que as folhas das árvores
Ou os passos do vento.

Tentemos pois com abandono assíduo
Entregar nosso esforço à Natureza
E não querer mais vida
Que a das árvores verdes.

Inutilmente parecemos grandes.
Salvo nós nada pelo mundo fora
Nos saúda a grandeza
Nem sem querer nos serve.

Se aqui, à beira-mar, o meu indício
Na areia o mar com ondas três o apaga,
Que fará na alta praia
Em que o mar é o Tempo?

**Ricardo Reis**

Vamos buscar a intertextualidade da poesia de Ricardo Reis "Antes de nós nos mesmos arvoredos" com o "Livro do Eclesiastes" de Salomão, versículo de 4 a 11:

"Antes de nós nos mesmos arvoredos, passou o vento, quando havia vento, e as folhas não falavam de outro modo do que hoje. Geração vai e geração vem; mas a terra permanece para sempre. levanta-se o sol, e põe-se o sol, e volta no seu lugar, onde nasce de novo. Passamos e agitam-nos debalde. Não fazemos mais ruído no que existe do que as folhas das árvores ou os passos do vento. O vento vai para o sul e faz o seu giro para o norte; volve--se, e revolve-se, na sua carreira, e retorna aos seus circuitos. Todas as coisas são canseiras, tais que ninguém as pode exprimir; os olhos não se fartam de ver nem se enchem os ouvidos de ouvir. Tentemos pois com abandono assíduo entregar nosso esforço à natureza e não querer mais vida que a das árvores verdes. O que foi é o que há de ser; e o que se fez, isto se tornará a fazer; nada há, pois, novo debaixo do sol. Inutilmente parecemos grandes. Salvo nós nada pelo mundo fora nos saúda a grandeza nem sequer nos serve. Há alguma coisa de que se possa dizer: vê, isto é novo? Não! Já foi nos séculos que foram antes de nós. Se aqui, à beira-mar, o meu indício na areia o mar com ondas três o apaga, que fará na alta praia em que o mar é o tempo? Todos os rios correm para o mar, e o mar não se enche; ao lugar para onde correm os rios, para lá tornam eles a correr".

# 9
# Quero ignorado, e calmo

*Quero ignorado, e calmo*
*Por ignorado, e próprio*
*Por calmo, encher meus dias*
*De não querer mais deles.*

*Aos que a riqueza toca*
*O ouro irrita a pele.*
*Aos que a fama bafeja*
*Embacia-se a vida.*

*Aos que a felicidade*
*É sol, virá a noite.*
*Mas ao que nada 'spera*
*Tudo que vem é grato.*

**Ricardo Reis**

*"Quero encher meus dias de não querer mais deles, ignorado e calmo por ignorado, e próprio por calmo. O ouro irrita a pele aos que a riqueza toca. Embacia-se a vida aos que a fama bafeja. A noite virá aos que a felicidade é sol. Mas tudo que vê, é grato aos que nada espera".*

*"Quero ignorado, e calmo*
*Por ignorado, e próprio*
*Por calmo, encher meus dias*
*De não querer mais deles."*

Os versos estão em concerto com a filosofia de Schopenhauer. Para ele, o egoísmo, que faz o homem inimigo do homem, advém da ilusão da vontade de querer. A mais completa forma de salvação para o homem só pode ser encontrada na renúncia ao mundo e a todas as suas solicitações, na mortificação dos instintos, na auto-anulação da vontade e na fuga para o nada. Sem vontade. Paraíso búdico.

"Encher meus dias de não querer mais deles".

Antero de Quental, no soneto "Palácio da Ventura" tem o mesmo conceito existencial de Shopenhauer e Ricardo Reis. O cavaleiro busca em êxtase a felicidade. Depois de exausto e vacilante avista o Palácio da felicidade e, cheio de dor, certifica-se que a felicidade total é o nada. O vazio, o não querer.

Abrem-se as portas de ouro, com fragor...
Mas dentro encontro só, cheio de dor,
Silêncio e escuridão – e nada mais...

*"Aos que a riqueza toca*
*O ouro irrita a pele*
*Embacia-se a vida"*

O ouro, irritando a pele, não é sinônimo de tranquilidade ou de felicidade. Também aos que fazem nascer um sentimento de fama, a vida deles embaça e denigre. Também não é outro o pensamento de Luís Vaz de Camões, em Os Lusíadas, Canto IX, estrofe 93:

*E ponde na cobiça um freio duro,*
*E na ambição também, que indignamente*
*Tomais mil vezes, e no torpe e escuro*
*Vício da tirania infame e urgente;*
*Porque essas honras vãs, esse ouro puro*
*Verdadeiro valor não dão à gente:*
*Melhor é, merecê-los sem os ter,*
*Que possuí-los sem os merecer.*

E ponde um freio duro na cobiça e também um freio duro na ambição que indignamente tomais mil vezes no torpe (impudico, desonesto, vergonhoso, ignóbil, sórdido, nojento) e escuro vicio da tirania infame e urgente (que urge... que oprime – latinismo), porque essa honras vãs (vazias, ocas, ilusórias, sem fundamento real, fúteis, frívolas), esse ouro puro não dão verdadeiro valor à gente. Melhor é merecê-los sem os ter que possuí-los sem os merecer. Como atingir a imortalidade? Evitando honras vãs e ouro puro, o ócio, a cobiça, a ambição e a tirania. Deduz-se destas estrofes algum desalento e uma crítica a todos aqueles que, na época e hoje, levam uma vida de ócio, procurando a riqueza fácil, manchada de traições e manobras covardes.

*"Aos que a felicidade*
*É sol, virá a noite"*

Com o propósito de intertextualidade, leia o soneto barroco de Francisco de Vasconcelos:

*Esse baxel, nas praias derrotado,*
*Foi nas ondas Narciso presumido;*
*Esse farol, nos céus, escurecido,*
*Foi do monte libré, gala do prado.*

*Esse nácar em cinzas desatado,*
*Foi vistoso pavão de Abril florido;*
*Esse estio em Vesúvios encendido,*
*Foi Zéfiro suave, em doce agrado.*

*Se a nau, o Sol, a rosa, a Primavera,*
*Estrago, eclipse, cinza ardor cruel*
*Sentem nos auges de um alento vago,*

*Olha, cego mortal, e considera*
*Que é rosa, Primavera, Sol, baxel,*
*Para ser cinza, eclipse, incêndio, estrago.*

É fácil perceber o tema do poema barroco: a fugacidade da existência, o apogeu e o declínio ou, como quer Ricardo Reis, sol e noite.

*"Mas ao que nada 'spera*
*Tudo que vem é grato"*

Eis a receita de vida de Ricardo Reis: nada espere. Tudo que vier é felicidade imensurável a quem nada esperou.

# 10
# Para ser grande, sê inteiro: nada

*Para ser grande, sê inteiro: nada*
*Teu exagera ou exclui.*
*Sê todo em cada coisa. Põe quanto és*
*No mínimo que fazes.*
*Assim em cada lago a lua toda*
*Brilha, porque alta vive.*

**Ricardo Reis**

O poema procura ensinar os homens a afastar de si a mediocridade. "Medíocre" tem a mesma origem de médio. É, então, a qualidade de quem é mediano, sem relevo, comum, ordinário, vulgar. Sigamos o exemplo da lua: "em cada lago a lua toda brilha, porque alta vive". "Toda" posposto ao substantivo "lua" tem o sentido de "inteira". A lua toda no lago é inteira. Como ela, sejamos inteiros. Para ser grande é preciso imitar a lua. Ser inteiro e pôr tudo de que é capaz, ainda que nas pequenas coisas. Quem não é medíocre é sublime, elevado, esplêndido.

# 11
# Não tenhas nada nas mãos

*Não tenhas nada nas mãos*
*Nem uma memória na alma,*

*Que quando te puserem*
*Nas mãos o óbolo último,*

*Ao abrirem-te as mãos*
*Nada te cairá.*

*Que trono te querem dar*
*Que Átropos to não tire?*

*Que louros que não fanem*
*Nos arbítrios de Minos?*

*Que horas que te não tornem*
*Da estatura da sombra*

*Que serás quando fores*
*Na noite e ao fim da estrada.*

*Colhe as flores mas larga-as,*
*Das mãos mal as olhaste.*

*Senta-te ao sol. Abdica*
*E sê rei de ti próprio.*

**Ricardo Reis**

Nas mãos (sentido material), não tenhamos nada. Na alma (sentido espiritual), não tenhamos sequer uma memória, porque nada cairá das mãos ou

da alma quando chegarmos à hora da morte (quando te puserem nas mãos o óbolo último). Despojamento. Domínio absoluto do "eu". Que bens materiais ou espirituais (trono) este mundo pode nos dar que a morte (Átropos) não nos tire? Que conquistas ou vaidades (loucos) que não nos furtem nos arbítrios de um juiz implacável (Minos)? Que horas de nossa vida que sobre elas não caia a imensidão de uma sombra? Que seremos quando estivermos na noite e ao fim da estrada (na morte e no fim da vida)? Aproveitemos a vida (colhamos as flores) mas não nos apeguemos a ela (larga-as das mãos mal as olhaste)
Sentemos ao sol. Abdiquemos de tudo que é transitório e então seremos rei de nós mesmos e nunca escravos de alguém.

"Que", no 3º verso, tem valor de causa (porque)
"To" – cruzamento de te + o = to
"Te" é o interlocutor; "o" é o pronome no lugar de trono.
Que trono te querem dar
Que Átropos não tire o trono de ti

*"Que Átropos to não tire"*

"Átropos" era uma das moiras, chamadas de Parcas pelos romanos. Para Homero, representava o destino individual do qual nenhum mortal escapa. As Parcas eram em numero de três e filhas da noite. Era Átropos quem media o fio da vida.

*"Que louros que não fanem*
*Nos arbítrios de Minos?"*

**"Minos"** – juiz implacável dos mortos. Rei de Creta.

**"Fanem"** – verbo fanar. Furtar ou "meter a unha" no sentido de roubar. Origem:

Havia na Índia (séc XVI) uma minúscula moeda de ouro, menor que a unha do dedo mínimo. Chamava-se fanão.

D. Afonso de Albuquerque recebia os tributos em fanões e o comércio usava-a em abundância. Para a sua contagem eram utilizadas tábuas com 50, 100 e 200 alvéolos. O contador punha um punhado de fanões sobre elas e, com um ágil movimento circular dos dedos retirava o excesso de moedas de modo que ficasse uma em cada alvéolo. Estava feita a contagem. Se porém usasse unhas grandes podia alguma moeda ficar aí entalada. Daí o meter a unha e o fanar.

Vem também daqui o gesto genuinamente português em que se apoia o polegar num ponto imaginário do ar e se fazem rodar os dedos, imitanto o gesto feito sobre a tal tábua de contar fanões. Este gesto mímico significa "fanar".

# 12
# Ponho na altiva mente o fixo esforço

*"Ponho na altiva mente o fixo esforço*
*Da altura, e à sorte deixo,*
*E as suas leis, o verso;*
*Que, quando é alto e régio o pensamento,*
*Súbita a frase o busca*
*E o 'scravo ritmo o serve."*
**Ricardo Reis**

Deixemos o próprio Ricardo Reis comentar seu poema em uma paráfrase ao seu poema; extraída de "Páginas Intimas e de Auto-Interpretação", citada por José Augusto Seabra em Fernando Pessoa ou o Poetodrama:

"Na palavra – a inteligência dá a frase, a emoção, o ritmo. Quando o pensamento do poeta é alto, isto é, formado de uma idéia que produz uma emoção, esse pensamento, já de si harmônico pela junção equilibrada de idéia e emoção, e pela nobreza de ambas, transmite esse equilíbrio de emoção e de sentimento à frase e ao ritmo, e assim, como disse, a frase, súdita do pensamento que a define, busca-o, e o ritmo, escravo da emoção que esse pensamento agregou a si, o serve".

# 13
# Pois que nada que dure, ou que, durando

Pois que nada que dure, ou que, durando,
Valha, neste confuso mundo obramos,
E o mesmo útil para nós perdemos
Conosco, cedo, cedo,

O prazer do momento anteponhamos
À absurda cura do futuro, cuja
Certeza única é o mal presente
Com que o seu bem compramos.

Amanhã não existe. Meu somente
É o momento, eu só quem existe
Neste instante, que pode o derradeiro
Ser de quem finjo ser?

**Ricardo Reis**

No livro "Introdução à Leitura de Fernando Pessoa e Heterônimos", Edição Sebenta, Avelino Soares Cabral faz uma precisa paráfrase do poema de Ricardo Reis.

"Porque nada fazemos neste mundo que seja, duradouro ou que, sendo-o, tenha algum valor até as coisas que nos são úteis depressa as perdemos, prefiramos o prazer do momento presente à busca insensata do futuro, porque ele nos exige o mal do presente em troca do seu bem. E mesmo este momento será só meu? Serei eu apenas quem existe neste instante que pode ser o último daquele que eu finjo ser?"

Vamos retirar do poema a expressão que pode resumir o tema do poema: "Amanha não existe". Vamos definir o poema em três partes lógicas. A primeira compreende a 2ª estrofe somada à primeira frase da 3ª (Amanhã não existe). Nesta parte primeira, o poeta nos diz da superioridade do momento presente. O futuro não existe. Sofrer, no presente para poder gozar no futuro, é loucura. A segunda parte compreende a primeira estrofe. Nessa passagem, o poeta vai justificar aquilo que disse na segunda estrofe. "Nada obramos neste confuso mundo, que dure". A terceira parte está na 3ª estrofe final, em uma longa interrogação final. A pergunta é: mesmo esse momento presente seria seu?

Os versos são decassílabos com exceção do último que é hexassílabo.

O poema todo é construído com apenas 3 orações. A primeira, muito longa, expressa pela 1ª e 2ª estrofes. A segunda, muito breve, inicia a 3ª estrofe. A terceira, uma interrogação, é o desfecho do poema.

# 14

# Não queiras, Lídia, edificar no espaço

*Não queiras, Lídia, edificar no espaço*
*Que figuras futuro, ou prometer-te*
*Amanhã. Cumpre-te hoje, não esperando.*
*Tu mesma és tua vida.*
*Não te destines, que não és futura.*
*Quem sabe se, entre a taça que esvazias,*
*E ela de novo enchida, não te a sorte*
*Interpõe o abismo?*

**Ricardo Reis**

O tempo é o presente. Aproveitemos o hoje e o agora. Não edifiquemos o amanhã nem prometamos o amanhã a nós mesmos. É preciso cumprir-se o agora, sem esperar para que seja cumprido amanhã. Não somos futuro. É provável que, no intervalo entre encher a taça e esvaziar a taça, o destino faz um abismo desabar sobre nós. O ato de "beber o vinho" (símbolo da felicidade) comporta três momentos. O presente: o ato de beber. O passado: o ato de ter enchido a taça. O futuro: a taça vazia. Aproveitemos o ato presente. Santo Agostinho nos ensina em Confissões, livro XI, que não há tempos futuros nem pretéritos. "é impróprio afirmar, diz o Santo, que os tempos são três pretérito, presente e futuro. Mas talvez fosse próprio dizer que os tempos são três: presente das coisas passadas, presente das presentes, presente das futuras. Existem, pois, estes três tempos na minha mente que não vejo em outra parte: lembrança presente das coisas passadas, visão presente das coisas presentes e esperança das coisas futuras". ("Não te destines, que não és futura"). Lembrança, visão e esperança. A única realidade é o momento da visão presente das coisas presentes. A lembrança e a esperança são projeções desta visão. Tomemos o vinho. O resto não existe. "O resto é silêncio".

# 15
# No breve número
# de doze meses

*No breve número de doze meses*
*O ano passa, e breves são os anos,*
*Poucos a vida dura.*
*Que são doze ou sessenta na floresta*
*Dos números, e quanto pouco falta*
*Para o fim do futuro!*
*Dois terços já, tão rápido, do curso*
*Que me é imposto correr descendo, passo.*
*Apresso, e breve acabo.*
*Dado em declive deixo, e invito apresso*
*O moribundo passo.*

Ricardo Reis

Breves são os anos... Ricardo Reis, neste poema, faz lembrança os ensinamentos da poesia barroca, principalmente, entre nós, Gregório de Matos:

*"Goza, goza da flor da mocidade,*
*Que o tempo troca, e a toda a ligeireza*
*E imprime a cada flor uma pisada .*
*Oh! Não aguardes que a madura idade*
*Te converta essa flor, essa beleza,*
*Em terra, em cinza, em pó, em sombra, em nada".*
*"Que são doze ou sessenta na floresta dos números...". "Carpe Diem". Vivamos*
*o hoje e o agora. A vida é efêmera como o relâmpago. Invito (constrangido,*
*forçado, violentado, contra sua vontade), o poeta apressa o morimbundo*
*passo. Que fazer? É inevitável. Pouco a vida dura.*

# 16

# Tão cedo passa
# tudo quanto passa!

*Tão cedo passa tudo quanto passa!*
*Morre tão jovem  ante os deuses quanto*
*Morre! Tudo é tão pouco!*
*Nada se sabe, tudo se imagina.*
*Circunda-te de rosas, ama, bebe*
*E cala. O mais é nada.*
**Ricardo Reis**

A relação do homem com o tempo que flui. "Tão cedo passa tudo quanto passa". O poema se desenvolve em concerto com a filosofia de Heráclito (século V antes de Cristo). Pensador pré-socrático, foi o filósofo, não do ser, tal qual Parmênides, mas do vir-a-ser. Para ele, tudo está em contínuo movimento; tudo flui. Ninguém se banha duas vezes no mesmo rio, porque tanto o homem como a água mudam constantemente. Ouça o poeta brasileiro Murilo Mendes:

*"Ninguém sonha duas vezes o mesmo sonho*
*Ninguém se banha duas vezes no mesmo rio*
*Nem ama duas vezes a mesma mulher.*
*Deus de onde tudo deriva é a circulação e o movimento infinito.*
*Ainda não estamos habituados com o mundo*
*Nascer é muito comprido".*

O mal, segundo Heráclito, está em que muitos querem viver como se fossem seu próprio "logos", isto é, o centro dos acontecimentos. Reis pensa como Heráclito. "Nada se sabe, tudo se imagina". "Circunda-te de rosas, ama, bebe / E cala". "O mais é nada". De rosas, porque é passageira e transitória. As rosas serão nada. Então, "Carpe Diem" – ama e bebe, já que morre tão jovem ante os deuses.

# 17
# Cada coisa a seu tempo tem seu tempo

Cada coisa a seu tempo tem seu tempo.
Não florescem no inverno os arvoredos,
Nem pela primavera
Têm branco frio os campos.

À noite, que entra, não pertence, Lídia,
O mesmo ardor que o dia nos pedia.
Com mais sossego amemos
A nossa incerta vida.

À lareira, cansados não da obra
Mas porque a hora é a hora dos cansaços,
Não puxemos a voz
Acima de um segredo,

E casuais, interrompidas, sejam
Nossas palavras de reminiscência
(Não para mais nos serve
A negra ida do Sol).

Pouco a pouco o passado recordemos
E as histórias contadas no passado
Agora duas vezes
Histórias, que nos falem

Das flores que na nossa infância ida
Com outra consciência nós colhíamos
E sob uma outra espécie
De olhar lançado ao mundo.

*E assim, Lídia, à lareira, como estando,*
*Deuses lares, ali na eternidade,*
*Como quem compõe roupas*
*O outrora compúnhamos*

*Nesse desassossego que o descanso*
*Nos traz às vidas quando só pensamos*
*Naquilo que já fomos,*
*E há só noite lá fora.*

**Ricardo Reis**

**Estoicismo –** Doutrina filosófica de Zenão, segundo a qual o homem deve viver em harmonia com a natureza. O que significa viver em harmonia com a natureza? Significa que o homem deve compreender a ordem universal, interpretar, ainda que empiricamente, as leis da natureza e conformar-se com elas. As paixões devem ser dominadas. Tudo que acontece faz parte de um plano elaborado pelos deuses. Rebelar-se contra aquela ordem e leis dá causa a todo o sofrimento.

*"Cada coisa a seu tempo tem seu tempo.*
*Não florescem no inverno os arvoredos,*
*Nem pela primavera*
*Têm branco frio os campos".*

Não conformar-se com a ordem e leis naturais, é o mesmo que desejar
cada coisa a seu tempo não tenha seu tempo
Floresçam no Inverno os arvoredos,
Pela Primavera tenham branco frio os campos.

A dor e a morte são inevitáveis. Devemos encará-las tal qual encaramos o Inverno, o branco frio dos campos, o frio da noite, o cansaço e a negra ida do sol.

# 18
# Vivem em nós inúmeros

*Vivem em nós inúmeros;*
*Se penso ou sinto, ignoro*
*Quem é que pensa ou sente.*
*Sou somente o lugar*
*Onde se sente ou pensa.*

*Tenho mais almas que uma.*
*Há mais eus do que eu mesmo.*
*Existo todavia*
*Indiferente a todos.*
*Faço-os calar: eu falo.*

*Os impulsos cruzados*
*Do que sinto ou não sinto*
*Disputam em quem sou.*
*Ignoro-os. Nada ditam*
*A quem me sei: eu 'screvo.*

**Ricardo Reis**

Vivem no poeta vários personagens. Sabe o poeta que sente ou pensa mas não sabe quem é personagem que sente ou pensa. Seu corpo, sua carcaça, é a matéria de onde partem os pensamentos. O poeta tem varias almas, tantas almas quantas são seus personagens. Em cada alma, um mundo abreviado. Cada alma guarda um "eu" diferente do dele. Contudo, o poeta os faz calar. Quem fala é o "eu" do poeta. É certo que todas almas que habitam o poeta, falam, disputando a primazia. O poeta os ignora. Não o convencem. Nada podem falar a quem sabe que é. Embora nada podem falar, o poeta escreve o que lhe ditam as personagens.
Em outra oportunidade escreve:

*"Não sei quantas almas tenho.*
*Cada momento mudei.*
*Continuamente me estranho*
*Nunca me vi nem achei".*

Em um soneto, o poeta procura-se entre a multidão sem contudo encontrar-se.

*"Dia a dia mudamos para quem*
*Amanhã não veremos. Hora a hora*
*Nosso diverso e sucessivo alguém*
*Desce uma vasta escadaria agora.*

*E uma multidão que desce, sem*
*Que um saiba de outros. Vejo-os meus e fora.*
*Ah, que horrorosa semelhança têm!*
*São um múltiplo mesmo que se ignora.*

*Olho-os. Nenhum sou eu, a todos sendo.*
*E a multidão engrossa, alheia a ver-me,*
*Sem que eu perceba de onde vai crescendo.*

*Sinto-os a todos dentro em mim mover-me,*
*E, inúmero, prolixo, vou descendo*
*Até passar por todos e perder-me".*

# 19
# Bocas roxas de vinho

*Bocas roxas de vinho,*
*Testas brancas sob rosas,*
*Nus, brancos antebraços*
*Deixados sobre a mesa;*

*Tal seja, Lídia, o quadro*
*Em que fiquemos, mudos,*
*Eternamente inscritos*
*Na consciência dos deuses.*

*Antes isto que a vida*
*Como os homens a vivem*
*Cheia da negra poeira*
*Que erguem das estradas.*

*Só os deuses socorrem*
*Com seu exemplo aqueles*
*Que nada mais pretendem*
*Que ir no rio das coisas.*
**Ricardo Reis**

Quatro quadras com versos de seis sílabas. Os versos não rimam entre si. Os deuses (o destino) socorrem aqueles que vão no rio das coisas. Aqueles que não vivem: como os homens comuns vivem: vida cheia da negra poeira que erguem das estradas. O caminho do homem por este mundo é repleto de loucuras. Luta renhida. É a negra poeira que cobre toda atitude dos homens. Então, o quadro que se vê, retratado na primeira quadra é o ideal a ser inscrito na consciência dos deuses. E que quadro é esse? É o quadro final da caminhada, sem a negra poeira das estradas. Bocas roxas da cor do vinho, rosas sobre a cabeça, braços e antebraços nus.

**1ª estrofe** – O quadro que se descreve.

**2ª estrofe** – A invocação de Lídia a que contemple o quadro que se descreve.

**3ª estrofe** – A preferência dos homens pelo quadro em detrimento à própria vida.

**4ª estrofe** – A preferência dos deuses àqueles que vão no rio das coisas.

Os substantivos, acompanhados ou não de seus adjetivos, são expressivos e, mesmo isolados, dão o sentido que o poeta emprestou ao poema:
Bocas roxas de vinho, testas brancas, rosas, braços e antebraços nus, mesa, quadrado, consciência dos deuses, vida, homens, negra poeira, estradas, deuses, rio das coisas.

# 20
# Ao longe os montes têm neve ao sol

Ao longe os montes têm neve ao sol,
Mas é suave já o frio calmo
Que alisa e agudece
Os dardos do sol alto.

Hoje, Neera, não nos escondamos,
Nada nos falta, porque nada somos.
Não esperamos nada
E temos frio ao sol.

Mas tal como é, gozemos o momento,
Solenes na alegria levemente,
E aguardando a morte
Como quem a conhece.

Só o ter flores pela vista fora
Nas áleas largas dos jardins exatos
Basta para podermos
Achar a vida leve.

De todo o esforço seguremos quedas
As mãos, brincando, pra que nos não tome
Do pulso, e nos arraste.
E vivamos assim,

Buscando o mínimo de dor ou gozo,
Bebendo a goles os instantes frescos,
Translúcidos como água
Em taças detalhadas,

*Da vida pálida levando apenas*
*As rosas breves, os sorrisos vagos,*
*E as rápidas carícias*
*Dos instantes volúveis.*

*Pouco tão pouco pesará nos braços*
*Com que, exilados das supernas luzes,*
*'Scolhermos do que fomos*
*O melhor pra lembrar*

*Quando, acabados pelas Parcas, formos,*
*Vultos solenes de repente antigos,*
*E cada vez mais sombras,*
*Ao encontro fatal*

*Do barco escuro no soturno rio,*
*E os nove abraços do horror estígio,*
*E o regaço insaciável*
*Da pátria de Plutão.*

**Ricardo Reis**

Aceitação passiva do "nada". O "nada" caracteriza a existência. Serenidade epicurista que aceita com tranquilidade a fugacidade de todas as coisas. Defende o prazer do momento, o "carpe diem" como responsável pela felicidade. "Nada nos falta, porque nada somos". Não esperar por ser feliz já é sentir-se feliz. "Não esperamos nada e temos frio ao sol". É preciso viver a vida em concerto com a vida que o destino traçou, indiferente à dor e à desgraça. "E aguardando a morte como quem a conhece". Aproveitemos o momento presente. "Só o ter flores... basta para podermos achar a vida leve". Tranquila resignação ao destino. "De todo esforço seguremos quedas as mãos...". Vivamos intensamente os momentos agradáveis, buscando o mínimo de dor ou gozo. As rosas são efêmeras. Tal qual as rosas, busquemos as rápidas carícias. A morte e a pátria de Plutão (o inferno). Quando chegar a hora da morte (acabados pelas Parcas), haverá mais sombras. Por isso, a vida é o hoje e o agora. Estoicismo. Inação. Reis cultiva a mitologia greco-latina.

**Neera** – filha do sol.

**Plutão** – rei dos infernos e deus dos mortos; filho de Saturno e de Reia, irmão de Júpiter e de Netuno, esposo de Proserpina. Foi identificado com o Hades grego.

Ricardo Reis sempre afirmou sua crença nos deuses. Vale a pena ler o que escreve em outra oportunidade: - "Nasci acreditando nos deuses, criei-me nessa crença, e, querendo eles, nessa crença morrerei. Sei o que é o sentimento pagão. Só me pesa não poder explicar realmente o quão absolutamente e incompreensivelmente diverso ele é de todos os nossos sentimentos. Mesmo a nossa calma, e o vago estoicismo que entre nós alguns têm, não são coisas que se parecem com a calma antiga e o estoicismo grego".

*Só esta liberdade nos concedem*
*Os deuses: submetermo-nos*
*Ao seu domínio por vontade nossa.*
*Mais vale assim fazermos*
*Porque só na ilusão da liberdade*
*A liberdade existe.*

*Nem outro jeito os deuses, sobre quem*
*O eterno fado pesa,*
*Usam para seu calmo e possuído*
*Convencimento antigo*
*De que é divina e livre a sua vida.*

*Nós, imitando os deuses,*
*Tão pouco livres como eles no Olimpo,*
*Como quem pela areia*
*Ergue castelos para encher os olhos,*
*Ergamos nossa vida*
*E os deuses saberão agradecer-nos*
*O sermos tão como eles.*

# Interpretação Dirigida

Inicia aqui a proposta de "interpretação dirigida". Das questões de 1 a 200, uma e somente uma alternativa interpreta corretamente a questão. O "*caput*" das questões ou alternativa que responde corretamente a questão, podem ter sido colhidos dos livros cujo crédito se menciona na última página. A resposta de todas as questões pode ser consultada no final deste livro.

### Questões de 1 a 15

O Tejo é mais belo que o rio que corre pela minha aldeia
Mas o Tejo não é mais belo que o rio que corre pela minha aldeia
Porque o Tejo não é o rio que corre pela minha aldeia.

*O Tejo tem grandes navios*
*E navega nele ainda,*
*Para aqueles que veem em tudo o que lá não está,*
*A memória das naus.*

*O Tejo desce de Espanha*
*E o Tejo entra no mar em Portugal.*
*Toda a gente sabe isso.*
*Mas poucos sabem qual é o rio da minha aldeia*
*E para onde ele vai*
*E donde ele vem.*
*E por isso, porque pertence a menos gente,*
*É mais livre e maior o rio da minha aldeia.*

*Pelo Tejo vai-se para o Mundo.*
*Para além do Tejo há a América*
*E a fortuna daqueles que a encontram.*
*Ninguém nunca pensou no que há para além*
*Do rio da minha aldeia.*

*O rio da minha aldeia não faz pensar em nada.*
*Quem está ao pé dele está só ao pé dele.*

**1 - O autor escreveu usando, além do próprio nome, os heterônimos: Alberto Caeiro é rude, simples, humilde, expansivo, satisfeito com o mundo, dando muito valor às coisas concretas: árvores, campos, casas, vales. Nada tem de filósofo ou metafísico. Ricardo Reis retoma o período do greco-romano, é o poeta da temática clássica. Álvaro de Campos é o poeta da temática futura, "poeta sensacionalista e escandaloso". As poesias que aparecem com a assinatura de Fernando Pessoa têm uma temática de dor, ceticismo, idealismo, melancolia e tédio. Então este poema - Tejo - tem a assinatura de:**

a) Alberto Caeiro
b) Ricardo Reis
c) Álvaro de Campos
d) Fernando Pessoa (ele mesmo)
e) o poema não apresenta dados para conclusão

**2 - Fernando Pessoa, o maior poeta de seu tempo e um dos grandes da Literatura Portuguesa, está ligado ao :**

a) romantismo
b) realismo
c) parnasianismo
d) simbolismo
e) modernismo

**3 - Portanto, criou seus versos:**

a) no final do século XVIII
b) na primeira metade do século XIX
c) na segunda metade do século XIX
d) na primeira metade do século XX
e) na segunda metade do século XX

**4 - Eis por que nunca poderia ter contato com as obras de Fernando Pessoa:**

a) Antero de Quental

b) Murilo Mendes

c) Jorge de Lima

d) Cecília Meireles

e) Graciliano Ramos

**5 - Releia a primeira estrofe:**

*O Tejo é mais belo que o rio que corre pela minha aldeia*
*Mas o Tejo não é mais belo que o rio que corre pela minha aldeia*
*Porque o Tejo não é o rio que corre pela minha aldeia.*

**O paradoxo dos dois primeiros versos se desmancha, desde que se dê à palavra <u>belo</u> significados diversos, respectivamente:**

a) grandiosidade / tranqüilidade

b) imensidão / sabedoria

c) limite / marginalidade

d) beleza temporal / beleza espacial

e) intimidade / navegação

**6 - Fazendo da oração causal (3º verso) a oração principal, escreveríamos, sem deturpar o sentido, assim:**

a) O Tejo não é o rio que corre pela minha aldeia,

Portanto, o Tejo não é mais belo que o rio que corre pela minha aldeia.

b) O Tejo não é o rio que corre pela minha aldeia

Porque o Tejo não é mais belo que o rio que corre pela minha aldeia

c) O Tejo não é o rio que corre pela minha aldeia

A fim de que o Tejo não seja mais belo que o rio que corre pela minha aldeia

d) O Tejo não é o rio que corre pela minha aldeia

Enquanto o Tejo não for mais belo que o rio que corre pela minha aldeia

e) O Tejo não é o rio que corre pela minha aldeia

Desde que o Tejo não seja o rio que corre pela minha aldeia

**7 - "O Tejo é mais belo que o rio que corre pela minha aldeia".**

**Rigorosamente o sujeito do verbo correr:**

a) Tejo

b) rio

c) que (no lugar de rio)

d) aldeia

e) indeterminado

**8 - Releia a segunda estrofe:**

*O Tejo tem grandes navios*
*E navega nele ainda,*
*Para aqueles que vêem em tudo o que lá não está,*
*A memória das naus.*

**Esta passagem enfatiza:**

a) o comércio do Tejo

b) a imponência geográfica do rio

c) a extensão do Tejo

d) a tradição histórica do rio

e) a ignorância de quem não conhece o Tejo

**9 - Naus e navios podem simbolizar, respectivamente:**

a) a decadência e a glória

b) o turismo e a guerra

c) a comunicação e a saudade

d) a realidade e a fantasia

e) o passado e o presente

**10 - "Para aqueles que vêem em tudo o que lá não está". Crítica velada aos:**

a) poetas de inspiração fácil

b) ignorantes da geografia portuguesa

c) humildes de sentimentos

d) iconoclastas das tradições lusas

e) saudosistas das glórias pátrias

**11 - "Veem o que lá não está". Assinale a forma errada do imperativo afirmativo:**

a) Vê tu o que lá está

b) Veja você o que lá está

c) Vejamos nós o que lá está

d) Vejais vós o que lá está

e) Vejam vocês o que lá está

**12 - "Para além do Tejo há a América..." Nesse verso há dupla alusão, que podemos sintetizar nas palavras:**

a) pobreza / miséria

b) capital / interior

c) paternalismo / desespero

d) descobrimento / emigração

e) riqueza / opulência

**13 - Assinale a única série em que as palavras não possam ser sugeridas pelo termo naus empregado no texto de Pessoa:**

a) África - Vasco da Gama - Atlântico

b) América - caravelas - Lusíadas

c) Índias - Cabral - Adamastor

d) Ásia - Camões - especiarias

e) Brasília - Bandeirantes - esmeraldas

**14 - O tema deste poema pode ser o prêmio da tranqüilidade que este verso resume bem:**

a) O Tejo tem grandes navios

b) Pelo Tejo vai-se para o mundo

c) O rio da minha aldeia não faz pensar em nada

d) O Tejo é mais belo que o rio que corre pela minha aldeia

e) O Tejo desce de Espanha

**15 - Em outras obras de Fernando Pessoa tem versos que lembram este mesmo tema:**

a) Mas que tem com o poente quem odeia e ama?

b) Ó mar salgado quanto do teu sal são lágrimas de Portugal!

c) Nunca conheci quem tivesse levado porrada

d) O único sentido íntimo das coisas / É elas não terem sentido nenhum

e) Deus quere, o homem sonha, a obra nasce

## Questões de 16 a 25

*O deus Pã não morreu,*
*Cada campo que mostra*
*Aos sorrisos de Apolo*
*Os peitos nus de Ceres*
*Cedo ou tarde vereis*
*Por lá aparecer*
*O deus Pã, o imortal.*

*Não matou outros deuses*
*O triste deus cristão.*
*Cristo é um deus a mais,*
*Talvez um que faltava.*
*Pã continua a dar*
*Os sons da sua flauta*
*Aos ouvidos de Ceres*
*Recumbente nos campos.*

*Os deuses são os mesmos,*
*Sempre claros e calmos,*
*Cheios de eternidade*
*E desprezo por nós,*
*Trazendo o dia e a noite*
*E as colheitas douradas*
*Sem ser para nos dar*

*O dia e a noite e o trigo*
*Mas por outro e divino*
*Propósito casual.*

**Fernando Pessoa**

**16 - Do grego a palavra significa canto, poema caracterizado pela voz do cantor que se servia de um instrumento de corda (lira ou harpa) para o acompanhamento musical**

a) Soneto

b) Ode

c) Haicai

d) Panegírico

e) Epigrama

**17 - O autor, quando retoma o período greco-romano com a temática clássica, assina o nome**

a) Alberto Caieiro

b) Ricardo Reis

c) Álvaro de Campos

d) Fernando Pessoa

e) não há dados suficientes para a resposta

**18 - Para interpretar o poema é preciso conhecer o mito sobre as três divindades pagãs a que se refere o texto. Pã é o deus:**

a) da imaginação e da fertilidade

b) dos mares, lagos e rios

c) do amor e da saudade

d) da lua e das estrelas

e) dos pastores e dos rebanhos

**19 - Apolo, o deus:**

a) lua, satélite dos amantes

b) estrela, guia dos viajantes

c) sol, gerador da luz cósmica

d) floresta, protetor dos desabrigados

e) mar, inspirador dos artistas

**20 - Ceres, a deusa das:**

a) lamentações

b) pescarias

c) ousadias

d) colheitas

e) estrelas

**21 - "O deus Pã não morreu".**

**O primeiro verso contém o tema central do poema:**

a) a falência da cultura clássica

b) o renascimento do cristianismo

c) a impossibilidade da destruição dos mitos divinos

d) o valor extraordinário da música

e) a imortalidade da alma

**22 - <u>cada campo</u>, na primeira estrofe, seguido por oração adjetiva, fica sem o verbo esperado. A abrupta mudança da construção vem indicada pelo travessão. Fenômeno a que chamamos:**

a) anacoluto

b) metáfora

c) prosopopéia

d) silepse

e) pleonasmo

**23 - Na Segunda estrofe, o advento do cristianismo:**

a) matou o deus pagão e ressuscitou outros deuses

b) assimilou a flauta de Pã

c) converteu Ceres ao novo credo

d) fez a civilização abandonar o campo

e) não determinou o fim do politeísmo pagão

**24 - Observe as proposições que se inferem da última estrofe:**

I. não existe diferença entre os deuses pagãos e cristãos; todos são eternos e impertubáveis

II. os deuses todos pouco se importam com o destino da humanidade

III. se o sol ilumina o dia e a terra produz seus frutos, isto acontece, não pela vontade divina, mas por outro motivo não desvendado

**Responda assim:**

a) desde que apenas I e II estejam corretas

b) desde que apenas II e III estejam corretas

c) desde que apenas I e III estejam corretas

d) desde que todas estejam erradas

e) desde que todas estejam corretas

**25 - Escolha o intervalo do tempo em que foram criadas as obras de Fernando Pessoa:**

a) a publicação da obra "Camões" de Almeida Garrett (1825) até a publicação de "As Pupilas do Senhor Reitor" de Júlio Dinis (1867)

b) "A Questão Coimbrã" (1870) até a última fase da poesia de Antero de Quental (1884)

c) a publicação de "O Primo Basílio" de Eça de Queirós (1877) até o início do Simbolismo em Portugal com a publicação de "Oaristos" por Eugênio de Castro (1890)

d) a publicação da "Velhice do Padre Eterno" de Guerra Junqueiro (1885) até os folhetins de "Os Gatos" de Fialho de Almeida (1894)

e) O lançamento da revista "A Águia" (1910) – antecâmara da revista "Orpheu" (1915 – orfismo) até a morte no Brasil de Ronald de Carvalho (1935)

## Questões de 26 a 35

Para as questões de 26 a 35, leia o poema de Fernando Pessoa

## O Mostrengo

*O mostrengo que está no fim do mar*
*Na noite de breu ergueu-se a voar;*
*À roda da nau voou três vezes,*
*Voou três vezes a chiar,*
*E disse: "Quem é que ousou entrar*
*Nas minhas cavernas que não desvendo,*
*Meus tectos negros do fim do mundo?"*
*E o homem do leme disse, tremendo:*
*"El-Rei D. João Segundo!"*

*"De quem são as velas onde me roço?*
*De quem as quilhas que vejo e ouço?"*
*Disse o mostrengo, e rodou três vezes,*
*Três vezes rodou imundo e grosso,*
*"Quem vem poder o que eu só posso,*
*Que moro onde nunca ninguém me visse*
*E escorro os medos do mar sem fundo?"*
*E o homem do leme tremeu, e disse:*
*"El-Rei D. João Segundo!"*

*Três vezes do leme as mãos ergueu,*
*Três vezes ao leme as reprendeu,*
*E disse no fim de tremer três vezes:*
*"Aqui ao leme sou mais do que eu:*
*Sou um Povo que quer o mar que é teu;*
*E mais que o mostrengo que me a alma teme*
*E roda nas trevas do fim do mundo,*
*Manda a vontade, que me ata ao leme,*
*De El-Rei D. João Segundo!"*

**26 - O poema é constituído por três estrofes seguidas de refrão. Há uma grande irregularidade métrica e rimática, fato que não é de estranhar em Fernando Pessoa. Assim, ao lado de um grande número de decassílabos, há versos de metro mais curto, sendo o refrão hexassilábico. E a rima, que apresenta também algumas irregularidades, segue o esquema:**

a) AAABBBCCC

b) AABBCCDDD

c) AABAACDCD

d) ABCABCABC

e) ABBACDDCC

**27 - O texto relata a maneira como um marinheiro português, interpelado pelo agressivo monstro voador, começa por tremer, sem deixar o leme, para acabar, na última estrofe, por emprestar à sua réplica tímida no início toda a força da determinação de um rei e de um povo firmemente decididos na sua marcha incomparável para a descoberta do mundo. Este mostrengo tem muito a ver com o gigante Adamastor do Canto V de "Os Lusíadas". Então, identifique a estrofe extraída do famoso episódio:**

a) As armas e os barões assinalados
   Que, da Ocidental praia Lusitana,
   Por mares nunca de antes navegados
   Passaram ainda além da Taprobana,
   Em perigos e guerras esforçados,
   Mais do que prometia a força humana,
   E entre gente remota edificaram
   Novo Reino, que tanto sublimaram:

b) Não acabava, quando uma figura
   Se nos mostra no ar, robusta e válida,
   De disforme e grandíssima estatura;
   O rosto carregado, a barba esquálida,
   Os olhos encovados, e a postura

Medonha e má e a cor terrena e pálida;
Cheios de terra e crespos os cabelos,
A boca negra, os dentes amarelos.

c) No mar, tanta tormenta e tanto dano,
Tantas vezes a morte apercebida;
Na Terra, tanta guerra, tanto engano,
Tanta necessidade aborrecida!
Onde pode acolher-se um fraco humano,
Onde terá segura a curta vida,
Que não se arme e se indigne o Céu sereno
Contra um bicho da terra tão pequeno?

d) Ó glória de mandar, ó vã cobiça
Desta vaidade, a quem chamamos Fama!
Ó fraudulento gosto, que se atiça
Com uma aura popular, que honra se chama!
Que castigo tamanho e que justiça
Fazes no peito vão que muito te ama!
Que mortes, que perigos, que tormentas,
Que crueldades neles experimentas!

e) Não mais, Musa, não mais, que a Lira tenho
Destemperada e a voz enrouquecida,
E não do canto, mas de ver que venho
Cantar a gente surda e endurecida.
O favor com que mais se acende o engenho
Não no dá a pátria, não, que está metida
No gosto da cobiça e na rudeza
De uma austera, apagada e vil tristeza.

**28 - A leitura do poema deixa-nos uma sensação de gravidade e mau presságio que é conseguida pela utilização de sons nasais e fechados, e ainda pelos seguintes aspectos:**

I. a relação eu/tu, criadora de um clima de sem cerimônia e agressividade entre os interlocutores (o mostrengo e o marinheiro);

II. a abundância de formas verbais que sugerem movimento: <u>ergueu, voou, tremer, rodou, poder, repreendeu, ata,</u> etc.;

III. as sensações visuais que carregam o ambiente de tons tenebrosos: "noite de breu", "tectos negros", "trevas do fim do mundo", "as quilhas que vejo";

IV. as sensações auditivas que, inseridas num ambiente tenebroso, vêm acentuar o carácter horrível do quadro: "voou três vezes a chiar", "as quilhas que (..) ouço";

**Para responder, use o código:**

a) desde que apenas I, II e III estejam corretas

b) desde que apenas II, III e IV estejam corretas

c) desde que apenas I, III e IV estejam corretas

d) desde que apenas I e IV estejam corretas

e) desde que todas estejam corretas

**29 - Em relação ao aspecto morfo-sintático, são de salientar, exceto:**

a) a grande quantidade de verbos sugestivos de movimento, que emprestam ao poema todo o seu dinamismo. Os tempos verbais mais freqüentes são o pretérito perfeito, predominante na parte narrativa, e o presente do indicativo, que é quase exclusivamente utilizado no discurso direto do mostrengo e do marinheiro. Este último fato vem emprestar uma grande força e vivacidade ao poema, conferindo-lhe o tom épico, que tem o seu ponto máximo na última fala do marinheiro;

b) a fraca incidência da adjetivação ("negros", "imundo e grosso") e a grande quantidade de substantivos;

c) o texto apresenta-nos três tipos de frases: o declarativo, na parte narrativa; o interrogativo, no discurso do mostrengo; e o exclamativo, no discurso do marinheiro (refrão das 1ª e 2ª estrofes e seis últimos versos da terceira);

d) o poeta recorre, várias vezes, à inversão, que pode assumir a violência do hipérbato:

> três vezes do leme as mãos ergueu,
> três vezes ao leme as reprendeu,
> E mais que o mostrengo que me a alma teme
> E roda nas trevas do fim do mundo,
> Manda a vontade, que me ata ao leme,
> De El-Rei D. João Segundo!"

e) a ligação das frases faz-se exclusivamente por coordenação sindética ou assindética:

> "À roda da nau voou três vezes,
> Voou três vezes a chiar"

> "E o homem do leme tremeu, e disse:
> El-Rei D. João Segundo!"

> "Sou um Povo que quer o mar que é teu"

> "O mostrengo que está no fim do mar"
> "Quem vem poder o que só eu posso"
> "Moro onde nunca ninguém me visse"

**30 - Ao nível semântico, é o texto bastante rico, como poderá ver-se por alguns exemplos, exceto:**

a) a animação conferida a um ser desconhecido, o mostrengo voador, que chia, vê, ouve e fala ameaçadoramente e assume a dimensão simbólica do Adamastor, que corporiza todos os perigos da navegação em mares desconhecidos;

b) a exclamação no refrão das duas primeiras estrofes e no final do poema, culminando a última fala do marinheiro, e em que este mobiliza todas as suas forças para dar uma resposta cabal ao monstro;

c) a interrogação, utilizada quatro vezes pelo mostrengo, nas primeira e segunda estrofes, e que vem potenciar o seu tom agressivo, conseguindo--se assim que a intervenção final do marinheiro assuma um caráter mais determinante e imperativo;

d) a repetição insistente de certas palavras ou expressões: "Três vezes (7 vezes) e que, ao nosso ver, pretende explorar o significado cabalístico do número três que, mesmo na tradição popular, assume as conotações de um triângulo ou ciclo que se fecha;

e) o anacoluto, usado várias vezes, de que são exemplos

"Quem é que ousou entrar nas minhas cavernas?"

"Aqui ao leme sou mais do que eu:

"Sou um Povo que quer o mar que é teu"  .

**31 - "De quem as quilhas que vejo e ouço?"**

**O autor deu a <u>quilha</u> o significado de:**

a) torres quádruplas no navio e de grosso calibre

b) peça forte de madeira que vai da proa à popa na parte inferior do navio

c) pavilhão ancoradouro

d) roda e proa

e) ferro enferrujado e sem uso

**32 - Vamos dar a função sintática da palavra <u>que</u> nas três orações:**

**I.   ...... cavernas <u>que</u> não desvendo**

**II.  ...... quilhas <u>que</u> vejo e ouço**

**III. ...... vontade <u>que</u> me ata ao leme**

a) I objeto direto; II objeto direto; III sujeito

b) I sujeito; II sujeito; III objeto direto

c) I sujeito; II sujeito; III sujeito

d) I objeto direto; II objeto direto; III objeto direto

e) I objeto direto; II sujeito; III sujeito

**33 - Numa das orações, o pronome oblíquo tem valor de possessivo:**

a) o mostrengo... ergueu-<u>se</u> a voar

b) velas onde <u>me</u> roço

c) onde nunca ninguém <u>me</u> visse

d) mostrengo que <u>me</u> a alma teme

e) vontade que <u>me</u> ata ao leme

**34 - "Vontade que me ata ao leme"**

**Na voz passiva**

a) vontade que foi atada ao leme por mim

b) vontade pela qual eu fui atado ao leme

c) vontade pela qual eu sou atado ao leme

d) vontade que se ata ao leme

e) vontade que ao leme me ata

**35 - Neste poema, opõe-se dramaticamente**

a) o fim do mar, limite das conquistas portuguesas, à noite de breu, cenário onde habita o mostrengo

b) a decisão do marinheiro português, instrumento inflexível e heróico da vontade do rei, à indignação do mostrengo

c) a roda da nau que voou três vezes e voou três vezes a chiar, ao silêncio e à estagnação do mostrengo que se percebem na última estrofe

d) o lugar onde mora o mostrengo, sempre tocável e desvendado, à indiferença da nau portuguesa que não lhe quer tocar nem desvendar

e) o destemor do marinheiro português, bastante visível nas duas primeiras estrofes, ao pavor e ao desespero que demonstra na última estrofe

# Questões de 36 a 45

## Texto I

Eis aqui, quase cume da cabeça
De Europa toda, o Reino Lusitano,
Onde a terra se acaba e o mar começa
E onde Febo repousa no Oceano.
Este quis o Céu justo que floreça
Nas armas contra o torpe Mauritano,

..............

Esta é a ditosa pátria minha amada,
À qual se o Céu me dá que eu sem perigo
Torne com esta empresa já acabada,
Acabe-se esta luz ali comigo.

..............

**Luís de Camões, Os Lusíadas, III, 20-21**

## Texto II

A Europa jaz, posta nos cotovelos:
De Oriente a Ocidente jaz, fitando,
E toldam-lhe românticos cabelos
Olhos gregos, lembrando.

O cotovelo esquerdo é recuado;
O direito é em ângulo disposto.
Aquele diz Itália onde é pousado;
Este diz Inglaterra onde, afastado,
A mão sustenta, em que se apoia o rosto.

Fita, com olhar esfíngico e fatal,
O Ocidente, futuro do passado.

O rosto com que fita é Portugal.

**Fernando Pessoa – Mensagem**

No texto I, Camões põe na boca de Vasco da Gama a descrição de Portugal que este faz ao rei de Melinde. O poeta pressupõe que as palavras de Vasco dirigidas ao régulo africano haviam de ser ao seu alcance; descreve-lhe a terra como se fora uma planície cujos limites eram tão ignorados como os limites do mar.

**36 - "E onde Febo repousa no Oceano".**

**Em Portugal, a terra se acaba e o mar começa como também é o lugar em que Febo (o Sol) repousa. O Sol se põe no Ocidente da Europa, figurativamente nas águas portuguesas, porque:**

a) quem olha para o ocidente ao pôr do sol, parece-lhe que este mergulha no mar de Portugal;

b) o sol só pode se pôr onde a terra se acabe e onde comece o mar;

c) se o reino lusitano está no cume da cabeça de toda a Europa, o sol só pode se pôr nos mares de Portugal;

d) se o sol se movimenta no sentido do ocidente para o oriente, ele só pode "repousar" nas águas de Portugal;

e) se o reino lusitano ocupa a Europa toda, o sol só pode repousar em águas portuguesas.


**37 - "Quis o justo Céu que este reino florescesse nas armas contra o torpe Mauritano".**

**"Mauritano" (singular pelo plural); os muçulmanos da Mauritânia, antiga região africana que compreendia a Tunísia, Argélia e Marrocos. O adjetivo "torpe" antes de "Mauritano" significa:**

a) entorpecido, acanhado, com embaraço;

b) que causa terror, iracundo, pavoroso;

c) desonesto, ignóbil, sem probidade;

d) perturbado, agastado, torvado;

e) pérfido, traidor, perigoso.


**38 - "Esta terra portuguesa é a ditosa pátria, minha amada; se o Céu me permite que eu torne a ela, sem perigo, e com esta minha empresa já acabada, acabe esta vida ali comigo".**

**A "empresa" que quer ver acabada não é outra coisa, senão:**

a) o desejo de cantar a viagem em versos épicos, quer seja, a publicação de "Os Lusíadas";

b) a proeza de vencer o Cabo das Tormentas, enfrentando o Gigante Adamastor;

c) a façanha de descobrir novas terras, já previstas e delimitadas pelo Trata-
do de Tordesilhas;

d) a fé, inabalável de expulsar da Península Ibérica os muçulmanos;

e) o empreendimento de descobrir o caminho para a Índia, contornando o
Cabo da Boa Esperança.

**39 - Leiamos o texto II de Fernando Pessoa.**

I. O poema está construído com base numa personificação da Europa, como se se tratasse de um corpo humano. Essa personificação permite uma aproximação da realidade da geografia física com o mito que deu origem à designação Europa e possibilita o realce de algumas partes desse corpo.

II. A descrição vai-se desenvolvendo do geral para o particular. O sujeito poético refere, logo no início do poema, o tema gerador da descrição – "A Europa" – e apresenta os dois traços definidores: "jaz, posta nos cotovelos" e "fitando". Estes dois traços serão desenvolvidos na segunda, terceira e quarta estrofes. A segunda estrofe caracteriza os dois "cotovelos", nomeia-os, indica a sua forma e concretiza a visualização. A terceira e quarta estrofes organizam-se em volta do verbo "fitar", desvendando a simbologia do olhar no poema e justificando a importância do rosto e do olhar.

III. O poema assenta em duas imagens contraditórias: uma imagem de lassidão, de dormência transmitida pelo verbo jazer e uma outra de movimento, de captação e de compreensão traduzida pelo verbo fitar. Estas duas imagens simbolizam a conjugação do passado com o presente e com o futuro, denunciando a importância de Portugal na construção desse futuro.

IV. A importância de Portugal, rosto da Europa, e, portanto, a face visível de tudo o que ela representa, é posta em relevo pelo monóstico final do poema. A organização descritiva inicial do poema, de maior fôlego, vai-se condensando, para se apoiar, na parte final, no rosto e no olhar. A diminuição de versos nesta última parte indica a valorização crescente que se prenuncia e cuja tônica é colocada no último vocábulo do poema – Portugal.

**Responda assim:**

a) desde que corretas I, II, III e IV

b) desde que corretas apenas I, II e III

c) desde que corretas apenas II, III e IV

d) desde que corretas apenas I e III

e) desde que corretas apenas II e IV

**40 - No texto II, Fernando Pessoa intertextualiza seu poema com os versos de "Os Lusíadas". Visão escultórica de um olhar poético. O corpo humano aparece no texto todo: "posta nos cotovelos", "românticos cabelos", "olhos gregos", "cotovelo esquerdo", "a mão sustenta", "em que se apóia o rosto". Figura de linguagem a que chamamos:**

a) antítese

b) pleonasmo

c) anacoluto

d) metáfora

e) silepse

**41 - Observe a construção:**

**"... o cotovelo esquerdo é..."**

**"... o          direito é..."**

**"... Aquele diz Itália onde é pousado..."**

**"... Este diz Inglaterra onde..."**

**A essa construção a Língua dá o nome de:**

a) anfibologia

b) paralelismo

c) solecismo

d) idiomatismo

e) cacófato

**42 - O texto de Camões motivou o texto de Pessoa. Contudo, são diferentes:**

**I. Os versos de Camões são afirmativos, os de Pessoa, misteriosos. Camões é vertical: "cume da cabeça". Pessoa é horizontal: as linhas prolongadas dos braços, dos cabelos, a linha horizontal de Oriente a Ocidente.**

**II. Camões é surgimento ("eis aqui"), o emergir, movimentos verticais. Em Pessoa, toda postura é parada, lânguida. Em Camões, a linguagem poética avança através do jogo antitético: "acaba" / "começa", cheio de energia, de euforia; épica. Em Pessoa, tudo é contemplativo e a energia está concentrada no olhar.**

**III. Camões canta tempo de expansão, tempo de vitória. Pessoa está em tempo de espera, de nevoeiro. No oceano de Camões, há Febos; no oceano de Pessoa, há esfinges.**

**Responda assim:**

a) desde que apenas I correta;

b) desde que apenas II correta;

c) desde que apenas III correta;

d) desde que todas corretas;

e) desde que todas erradas.

**43 - Pessoa faz o desenho geográfico da Europa, criando visão interpretativa e simbólica. Assinale a alternativa falsa:**

a) cotovelo direito da Europa: Inglaterra;

b) cotovelo esquerdo da Europa: Itália;

c) cabelos da Europa: a cidade de Roma;

d) olhos da Europa: Grécia – raiz da memória;

e) rosto da Europa: Portugal, o cume da cabeça da Europa.

**44 - Eis aqui, quase cume da <u>cabeça</u>**
   **De Europa toda, o Reino Lusitano.**

**O substantivo <u>"cabeça"</u> tem no texto o mesmo significado deste outro.**

a) O corpo humano divide-se em três partes: cabeça, tronco e membros;

b) Aquilo que me dissestes ontem, não tem pé nem cabeça;

c) Cada cabeça, cada sentença;

d) É um poeta estranho. Só faz poesia quando lhe dá na cabeça;

e) Famoso advogado, criminalista tem seu escritório na cabeça da Avenida Paulista.

## 45 - Assinale a alternativa falsa:

a) A Europa jaz. – Verbo jazer, estar deitado, estendido no chão. É impessoal. Só se conjuga na 3ª pessoa do singular. Não existe, pois, jazo, jazes, jazemos, jazeis, jazem;

b) ...quase cume da cabeça / De Europa toda. – "Toda" após o substantivo equivale a inteira. Observe: "comeu a maçã toda", ou seja, uma só inteira;

c) ...Reino Lusitano / Onde a terra se acaba. – "Onde" – pronome relativo. une duas orações, referindo-se ao termo antecedente. Quer seja: a terra se acaba no Reino Lusitano;

d) Rica é a rima que se processa com palavras de diferentes classes gramaticais, como Lusitano (adjetivo) x oceano (substantivo); fatal (adjetivo) x Portugal (substantivo). Pobre é a rima que se processa com palavras de mesma classe gramatical, como cotovelos (substantivo) / cabelos (substantivo); fitando (verbo) x lembrando (verbo);

e) os versos de Camões são decassílabos heróicos (dez sílabas poéticas com pausa na sexta), como também são decassílabos heróicos a maioria dos versos de Pessoa – Observe:

| On | de a | ter | ra | se a | ca | ba e o | mar | co | me | ça |
|----|------|-----|----|------|----|--------|-----|----|----|----|
| 1 | 2 | 3 | 4 | 5 | 6 | 7 | 8 | 9 | 10 | x |
| | | | | | | | | | | |
| | | | | | | | | | | |
| O | ros | to | com | que | fi | ta é | Por | tu | gal | |
| 1 | 2 | 3 | 4 | 5 | 6 | 7 | 8 | 9 | 10 | |

## Questões de 46 a 55

Para responder às questões de 46 a 55, leia atentamente o seguinte texto:

## Abdicação

*Toma-me, ó noite eterna, nos teus braços*
*E chama-me teu filho.*
*Eu sou um rei*
*Que voluntariamente abandonei*
*O meu trono de sonhos e cansaços.*

*Minha espada, pesada a braços lassos,*
*Em mãos viris e calmas entreguei;*
*E meu ceptro e coroa, - eu os deixei*
*Na antecâmara, feitos em pedaços.*

*Minha cota de malha, tão inútil,*
*Minhas esporas, de um tinir tão fútil,*
*Deixei-as pela fria escadaria.*

*Despi a realeza, corpo e alma,*
*E regressei à noite antiga e calma*
*Como a paisagem ao morrer do dia.*

**Fernando Pessoa**

**46 - A "Abdicação" referida no título caracteriza-se, numa seqüência de ações simbólicas expressas ao longo do poema: o abandonar do "trono", o entregar da "espada", o despojar-se de "ceptro", "coroa", "cota de malha" e "esporas", o descer a "escadaria", o sair para o exterior. São atos que indicam:**

a) o abandono voluntário de uma situação de poder;

b) o desprezo por tudo que se relaciona à liberdade;

c) o medo e horror pelo que é inovador, original e eloqüente;

d) a repugnância à noite, à treva, ao escuro;

e) a rebeldia à escravidão espiritual e à dependência psicológica.

**47 - Podem ser apontados como elementos caracterizadores da figura do rei, com exceção de:**

a) todos os atributos de "realeza, corpo e alma" que constituem uma alegoria da vida humana, com os seus "sonhos e cansaços": "a espada", a "cota de malha" e as "esporas", símbolos da força e do combate, o "ceptro e coroa", símbolos do poder;

b) o reconhecimento da inutilidade e da futilidade das coisas terrenas, que têm a ver com os valores do poder e da guerra e com os "sonhos", símbolo dos ideais não realizados, como é sugerido pela palavra "cansaços";

c) a abdicação de ter poder sobre a terra, retirando-se para um espaço sem poder, para reintegrar um lugar materno simbolizado pela noite;

d) a privação voluntária da identidade pessoal, regressando a uma identificação original com o Cosmos;

e) o interesse apaixonado pela luta ("minha espada, pesada a braços lassos") é pela purificação da matéria e espírito ("Despi a realeza, corpo e alma").

**48 - O poema caracteriza-se por uma linguagem metafórica. Assim: "rei", "trono", "espada", "ceptro", "cota de malha", "esporas", são metáforas, que remetem para um código prévio:**

a) a civilização grega e romana;

b) a cavalaria medieval;

c) o renascimento;

d) o Barroco;

e) o Arcadismo.

**49 - "Toma-me, ó noite eterna, nos teus braços / E chama-me teu filho". O poeta representa a noite como uma figura feminina e maternal. então:**

a) anacoluto

b) silepse

c) personificação

d) polissíndeto

e) solecismo

**50 - "Braços lassos" / "Fria escadaria". A essa conformidade ou aproximação fonética entre vogais, a língua dá o nome de:**

a) anfibologia

b) idiomatismo

c) cacófato

d) assonância

e) pleonasmo

**51 - Simbolicamente, a noite só não é:**

a) "eterna" ("ó noite eterna") – o que remete para a idéia de uma noite cósmica, divina e materna a cujos braços acolhedores o "eu" faz apelo;

b) "antiga e calma" ("e regressei à noite antiga e calma" – o que tem a ver com a sua ancestralidade, com a tranqüilidade que transmite e a proteção que dispensa;

c) "morada acolhedora" ("e regressei à noite antiga e calma" – o que tem a ver com o fato de constituir um ambiente a que se regressa como a um lugar de paz. uma casa materna;

d) "a que nasce ao morrer do dia" como se lê no último verso. A noite acolhe a paisagem, assim também o "eu" quer que a noite eterna o acolha;

e) "Dependência" ("chama-me teu filho"). O regresso à noite é como libertação, por um lado, e como escravidão cósmica, por outro, remetendo para uma experiência de natureza materialista.

**52 - "Toma-me, ó noite eterna, nos teus braços / E chama-me teu filho". Na mesma pessoa gramatical e na forma negativa, o autor escreveria assim:**

a) Não me toma, ó noite eterna, nos teus braços / E não me chama teu filho;

b) Não me tome, ó noite eterna, nos teus braços / E não me chame teu filho;

c) Não me tomes, ó noite eterna, nos teus braços / E não me chames teu filho;

d) Não me tomas, ó noite eterna, nos teus braços / E não me chames teu filho;

e) Não me tomeis, ó noite eterna nos teus braços / E não me chameis teu filho.

**53 - "Eu sou um rei / Que voluntariamente abandonei / O meu trono de so-nhos e cansaços". Sobre o período transcrito acima, só é falso o seguinte:**

a) o período está constituído de três orações, representadas por cada um dos versos;

b) a oração ligada pelo pronome relativo que chama-se subordinada adjetiva;

c) o verbo "abandonar" a rigor, deveria concordar com seu sujeito ("que" – "um rei"), então: "eu sou um rei que voluntariamente abandonou...". Contudo, o autor processou a concordância com o sujeito da oração anterior, por força da figura de linguagem dita silepse;

d) "Eu sou um rei" – o verbo ser é de ligação, então "um rei" é o predicati-vo do sujeito "eu";

e) "voluntariamente" é adjunto adverbial, já que se refere ao verbo "aban-donar". Há, no período, adjuntos adnominais que se referem a nomes, restringindo-os: "um rei" "o meu trono de sonhos e cansaços".

**54 - "E meu ceptro e coroa, - eu os deixei / Na antecâmara, feitos em pedaços". Elegante construção: "os" é pronome que se refere a "cep-tro" e "coroa", então objeto direto:**

a) cognato

b) oracional

c) preposicionado

d) pleonástico

e) posposto ao verbo

**55 - Destaca-se, no aspecto formal, o recurso à estrutura clássica do soneto em decassílabos heróicos com esquema rimático tradicional, quer nas quadras (abba) quer nos tercetos (ccd / eed). Há rimas pobres (mesma classe gramatical) e rimas ricas (diversa classe gramatical). É exemplo de rima rica:**

a) braços / cansaços

b) rei / abandonei

c) entreguei / deixei

d) inútil / fútil

e) alma / calma

## Questões de 56 a 65

Para responder às questões de 56 a 65, leia atentamente o poema de Fernando Pessoa

*Ela canta, pobre ceifeira,*
*Julgando-se feliz talvez;*
*Canta, e ceifa, e a sua voz, cheia*
*De alegre e anônima viuvez,*

*Ondula como um canto de ave*
*No ar limpo como um limiar,*
*E há curvas no enredo suave*
*Do som que ela tem a cantar.*

*Ouvi-la, alegra e entristece,*
*Na sua voz há o campo e a lida,*
*E canta como se tivesse*
*Mais razões pra cantar que a vida.*

*Ah, canta, canta sem razão !*
*O que em mim sente 'stá pensando.*
*Derrama no meu coração*
*A tua incerta voz ondeando !*

*Ah, poder ser tu, sendo eu !*
*Ter a tua alegre inconsciência,*
*E a consciência disso ! Ó céu !*
*Ó campo ! Ó canção ! A ciência*

*Pesa tanto e a vida é tão breve !*
*Entrai por mim dentro ! Tornai*
*Minha alma a vossa sombra leve !*
*Depois, levando-me, passai !*

**Do livro Introdução à Leitura**
**de Fernando Pessoa e Heterônimos**
**Avelino Soares Cabral**
**Edições Sebenta – pg. 41-43**

**56 - Esta composição, datada de 1914, contém já as grandes características formais da poesia de Fernando Pessoa. Versa uma temática fundamental de sua obra (a dor de pensar) e comporta referências ideológicas próprias dos heterônimos. Das alternativas abaixo, assinale a falsa:**

a) o poema é constituído por seis quadras, com versos octossílabos e rima cruzada, segundo o esquema ABAB, havendo duas preciosidades: na primeira estrofe, é consoante a rima de "ceifeira" com "cheia"; na quinta estrofe, é preciosa a rima de "eu" com "céu";

b) há vários exemplos de transporte ou encavalgamento como acontece, por exemplo na primeira e segunda quadras: .......... e a sua voz cheia
De alegre e anônima viuvez
.......... no enredo suave
Do som............

c) há também transporte ou encavalgamento de uma estrofe para outra, isto é, a continuação do sentido do último verso de uma estrofe, no primeiro verso da estrofe seguinte, como acontece na passagem da primeira para a segunda e da quinta para a sexta estrofe;

d) na segunda estrofe, há vários exemplos de aliteração: em " $\ell$ ", no segundo verso; em "v", no terceiro verso; em "s", na passagem do terceiro para o quarto verso;

e) verificamos que o poema se divide em duas grandes partes: 1ª parte: constituída pelas três estrofes iniciais em que, de modo geral, descreve-se o canto de uma ceifeira; 2ª parte: constituída pelas três quadras restantes em que se apresentam os efeitos da audição desse canto na subjetividade do poeta.

**57 - Na quarta estrofe, o sujeito faz um apelo que consiste num pedido dirigido à ceifeira para que continue a cantar, mesmo "sem razão" (sem motivo, irracional ou inconscientemente), para que o canto derramado entre no seu coração. Na quinta estrofe, o sujeito formula um desejo:**

"Ah! poder ser tu, sendo eu!
Ter a tua alegre inconsciência
E a consciência disso!"

**Este desejo é impossível pelas razões que seguem, exceto uma:**
a) ser outra pessoa, ainda que só espiritualmente, é extremamente difícil;
b) ter consciência da inconsciência e continuar inconsciente é impossível;
c) se se tiver consciência da inconsciência, deixa de haver inconsciência;
d) ninguém pode ser outra pessoa e continuar a ser ela mesma;
e) ninguém pode querer assimilar a alegria de outrem.

**58 - Há uma figura de linguagem importante para a definição e desenvolvimento do tema. Observe:**
".... pobre ceifeira / julgando-se feliz"
".... alegre e anônima viuvez"
".... ouvi-la, alegra e entristece"
".... poder ser tu, sendo eu"
"Ter a tua alegre inconsciência,
E a consciência disso"
a) pleonasmo
b) antítese
c) silepse
d) anacoluto
e) idiomatismo

**59 - A metáfora, empregando as palavras num sentido imaginário e não objetivo, abunda no texto.**
**Assinale o que não é metáfora:**

a) "…. a sua voz …. ondula"

b) "Ela canta, pobre ceifeira"

c) "E há curvas no enredo suave"

d) "Derrama no meu coração / a tua incerta voz ondeando"

e) "…. a ciência / Pesa tanto…"

**60 - Observe o pleonasmo, repetição de uma idéia para realçar a sua amplitude, profundidade ou caráter irrefutável:**

a) "julgando-se feliz talvez"

b) "ondula como um canto de árvore"

c) "na sua voz há o campo…"

d) Ah! poder ser tu, sendo eu!"

e) "entrai por mim dentro…"

**61 - Versos 1 – 12 (1ª parte do texto)**

**I - Características atribuídas à ceifeira e à sua voz:**

- a ceifeira é simples, "talvez" se julgue feliz e canta despreocupada enquanto trabalha;

- a sua voz tem modulações suaves, assemelha-se ao canto das aves ("ondula como um canto de ave"), reflete alegria moderada e projeta-se no silêncio que a envolve ("No ar limpo como um limiar, / E há curvas no enredo suave / Do som que ela tem a cantar").

**II - Efeitos da audição do canto da ceifeira:**

- inspira sentimentos contraditórios de alegria e tristeza ("Ouvi-la alegra e entristece);

- evoca o trabalho no campo: "Na sua voz há o campo e a lida".

**III - Dois recursos estilísticos presentes nas três primeiras estrofes a escolher entre os seguintes:**

- adjetivação ("pobre ceifeira" ou "ar limpo") – a sugerir a simplicidade ou o ambiente são em que se movimenta a ceifeira);

- comparações ("ondula como um canto de ave"; No ar limpo como um limiar"), para realçar a melodia do canto da ceifeira, semelhante ao das aves, e a transcendência do seu canto.

**Responda assim:**
a) desde que corretas I, II e III
b) desde que corretas apenas I e II
c) desde que corretas apenas I e III
d) desde que corretas apenas II e III
e) desde que erradas I, II e III

**62 - Versos 13 – 24 (2ª parte do texto)**
**Reação do sujeito poético: a emoção atravessada pela racionalidade**
**Anseios do sujeito lírico:**

**I - de se identificar, não com a simplicidade da ceifeira, mas com o teor de sua voz ("Ah! poder ser tu, sendo eu!")**
**II - de ter a inconsciência dela e a lucidez que o caracteriza ("Ter a tua alegre inconsciência/ E a consciência disso!")**
**III - de se libertar da "dor de pensar": "…. A ciência / Pesa tanto e a vida é tão breve! / Entrai por mim dentro! (…) Depois, levando-me, passai!"**

**Responda assim:**
a) desde que corretas I, II e III
b) desde que corretas apenas I e II
c) desde que corretas apenas I e III
d) desde que corretas apenas II e III
e) desde que erradas I, II e III

**63 - Finalmente e a título de conclusão, a última quadra. Se o céu, o campo e a canção transformarem a alma do poeta em sombra, e, depois o levarem, entendemos que isso implica em:**
a) o amor, amor sublime, amor transcendental
b) a vida, um desejo de perpetuar-se, de eternizar-se

c) a morte, um desejo de anulação, de se evolar

d) a beleza estética, deslumbrante, beleza inatingível

e) o ódio, o rancor, a raiva que destrói o ser humano

**64 - Na última estrofe, três verbos no imperativo afirmativo, na 2ª pessoa do plural:**

**"Entrai por mim dentro. Tomai**
**Minha alma ...**
**Depois ... passai"**

**O sujeito dos três verbos no imperativo é "vós", pronome que se refere a:**

a) a ciência

b) alegre inconsciência

c) céu, campo e canção

d) pobre ceifeira

e) minha alma e vossa sombra leve

**65 - Só em uma alternativa, aparece o predicativo do sujeito:**

a) "E há curvas no enredo suave
   Do som que ela tem a cantar"

b) "Ouvi-la, alegra e entristece
   Na sua voz há o campo e a lida"

c) "E canta como se tivesse
   Mais razões para cantar que a vida"

d) "Ah! poder ser tu, sendo eu!
   Ter a tua alegre inconsciência"

e) "Entrai por mim dentro! Tomai
   Minha alma a vossa sombra leve"

## Questões de 66 a 75

Depois de ler atentamente as poesias que se seguem, responda as questões de 66 a 75

**Texto A**

O Sonho

*Pelo Sonho é que vamos,*
*comovidos e mudos.*
*Chegamos? Não chegamos?*
*Haja ou não haja frutos,*
*pelo sonho é que vamos.*

*Basta a fé no que temos,*
*Basta a esperança naquilo*
*que talvez não teremos.*
*Basta que a alma demos,*
*com a mesma alegria,*
*ao que desconhecemos*
*e do que é do dia-a-dia.*

*Chegamos? Não chegamos?*

*- Partimos. Vamos. Somos.*

**Sebastião da Gama**

**"Pelo Sonho é que Vamos"**

## Texto B

### O Quinto Império

*Triste de quem vive em casa,*
*Contente com o seu lar,*
*Sem que um sonho, no erguer de asa,*
*Faça até mais rubra a brasa*
*Da lareira a abandonar!*

*Triste de quem é feliz!*
*Vive porque a vida dura.*
*Nada na alma lhe diz*
*Mais que a lição da raiz*
*Ter por vida a sepultura.*

*Eras sobre eras se somem*
*No tempo que em eras vem.*
*Ser descontente é ser homem.*
*Que as forças cegas se domem*
*Pela visão que a alma tem!*

*E assim, passados os quatro*
*Tempos do ser que sonhou,*
*A terra será teatro*
*Do dia claro, que no atro*
*Da erma noite começou.*

*Grécia, Roma, Cristandade,*
*Europa-- os quatro se vão*
*Para onde vai toda idade.*
*Quem vem viver a verdade*
*Que morreu D. Sebastião?*

**Fernando Pessoa**

**"Mensagem"**

**66 - Nestes dois poemas, deparamos com a mesma concepção da existência humana:**

a) O sonho é que deve comandar a alma humana;

b) Viver é o mesmo que estar, há muito tempo, doente;

c) A vida é uma fábula sem sentido contada por um idiota;

d) A marcha da ciência é como a do homem no deserto: o horizonte foge sempre;

e) Se o mundo fosse feito de ouro, os homens se matariam por um punhado de barro.

**67 - Observe o texto A:**

**- A repetição anafórica**

**. Basta a fé...**

**. Basta a esperança...**

**. Basta que a alma demos...**

**- A gradação crescente das três formas verbais no último verso:**

**"... Partimos. Vamos. Somos!".**

**São marcas textuais de um tom:**

a) tímido

b) contemplativo

c) devasso

d) exortativo

e) rutilante

**68 - Observe no texto B:**

**- A repetição anafórica da palavra "triste".**

**- A expressividade das exclamações**

**- O paradoxo:**

**"Triste de quem vive em casa contente..."**

**"Triste de quem é feliz!"**

**São marcas textuais de um tom:**

a) místico

b) buliçoso

c) cíclico

d) descontínuo

e) reflexivo

**69 - Observe no texto A:**

**- a preocupação em influenciar o comportamento do destinatário, sobretudo através da repetição, mas também da interrogação:**

**"Chegamos? Não chegamos?"**

**"Pelo sonho é que vamos"**

**"Basta a fé..."**

**"Basta a esperança..."**

**(...)**

**"Basta que a alma demos"**

**Então, a função da linguagem predominante no texto é a função:**

a) referencial

b) apelativa

c) emotiva

d) fática

e) épica

**70 - A melhor interpretação para o texto A:**

a) Quem sonha não vive a realidade. Sonhar é fuga, evasão, covardia, posto que, sonhando, não se colhem frutos;

b) Sonhar é estar mudo, já que o inconsciente conduz a vida. Nada somos, senão peteca à mercê do primeiro impacto que nos atinge;

c) O sujeito lírico pretende demonstrar que o importante não será necessariamente atingir o objetivo pretendido, mas estar disponível para partir, de novo, a qualquer momento. Sem partir, sem disponibilidade, cedendo à inércia, nada se consegue;

d) Fé e esperança são entes abstratos. A fé manda acreditar naquilo que a ciência não prova. A esperança naquilo que não se terá, é mera ilusão;

e) Chegar ou não chegar pouco importa. Importa saber que deixar-se ficar sob a árvore, à espera do fruto, é estar disposto a comê-lo podre.

**71 - "Basta que a alma demos, / (...) / ao que desconhecemos / e ao que é do dia-a-dia".**

**"Dia-a-dia": Substantivo formado pela união de três palavras, todas conservando sua individualidade fonética. Processo de formação de palavras a que chamamos:**

a) derivação prefixal

b) derivação sufixal

c) derivação parassintética

d) composição por justaposição

e) composição por aglutinação

**72 - "Pelo sonho é que vamos, / comovidos e mudos"**
**Assinale a análise errada que se faz:**

a) a oração "que vamos comovidos e mudos" é oração subordinada substantiva predicativa;

b) "é que" é meramente termo expletivo, sem qualquer função sintática no texto: Pelo sonho vamos comovidos e mudos;

c) "comovidos e mudos" – adjetivos que exercem a função sintática de predicativos do sujeito;

d) fossem femininos o sujeito da oração, escreveríamos: "Pelo sonho é que vamos / comovidas e mudas";

e) "onírico" é o adjetivo que se refere a "sonho": "Lembrança do sonho" / "Lembrança onírica".

**73 - "Basta que a alma demos, / com a mesma alegria, / ao que desconhecemos / e ao que é do dia-a-dia".**

**Assinale alternativa errada:**

a) "Basta" – o verbo bastar tem como sujeito a oração que lhe segue;

b) "a alma – com pronome no lugar de "a alma", escreveríamos assim:
"Basta que a demos, / com a mesma alegria, / ao que desconhecemos / e ao que é do dia-a-dia;

c) "ao que desconhecemos" "e ao que é do dia-a-dia". Com pronome no lugar de ambas as expressões, escreveríamos:
"Basta que a alma lhes demos / com a mesma alegria";

d) "ao que desconhecemos / e ao que é do dia-a-dia". "Que" em ambos os casos, funciona como o sujeito da oração, o primeiro do verbo "desconhecer"; o segundo do verbo "ser";

e) "Basta que a alma demos ". O verbo bastar está conjugado no presente do indicativo e o verbo dar no presente do subjuntivo.

**74 - Rica é a rima que se processa entre palavras de diferente classe gramatical. Pobre é a rima que se processa entre palavras de mesma classe gramatical. Identifique a rima pobre:**

a) Triste de quem é feliz
nada na alma lhe diz

b) Triste de quem vive em casa
Faça até mais rubra a brasa

c) Contente com o seu lar
Da lareira a abandonar

d) Vive porque a vida dura
Ter por vida a sepultura

e) E assim passados os quatro
A terra será teatro

**75 - "Quinto Império" foi extraído do livro "Mensagem". Coletânea de poesias, em geral breve, concisas, compostas em épocas diferentes, tem, no entanto, unidade de inspiração. Percorre-a um sopro patriótico de exaltação e de incitamento. Só uma das alternativas não se refere ao poema "Quinto Império" e, por conseguinte à Coletânea "Mensagem":**

a) "História de Portugal como missão transcendente a cumprir" – Dalila Pereira da Costa;

b) "Fernando Pessoa preocupou-se seriamente com o estado de decadência em que Portugal se encontrava. Sonhou fazer algo pelo ressurgimento nacional"- Onésimo Teotônio de Almeida;

c) Da visão profunda, que, na escuridão, vê já a luz, brota a certeza poética de um novo domínio, de um quinto império. É da morte de D. Sebastião que nasce o "sonho" que faz a "brasa" "mais rubra" – Maria Almeida Soares;

d) "Aponta para o futuro, que é promessa, expectativa messiânica, visionação, espírito da História a cumprir-se o (Quinto) Império do Espírito" – Avelino Soares Cabral;

e) "A felicidade consiste em gozar de leve os instantes volúveis, buscando o mínimo de dor ou gozo, colhendo as flores para logo as largar das mãos, iludindo o curso dos dias com promessas, vagamente distraídos, mas distraídos por cálculos, por malícia" – Jacinto do Prado Coelho.

## Questões de 76 a 95

Leia com atenção o poema transcrito. Responda depois as questões de 76 a 95, elegendo uma das alternativas:

## 'Screvo meu livro à beira-mágoa ...

*'Screvo meu livro à beira mágoa.*
*Meu coração não tem que ter.*
*Tenho meus olhos quentes de água.*
*Só tu, Senhor, me dás viver.*

*Só te sentir e te pensar*
*Meus dias vácuos enche e doura.*
*Mas quando quererás voltar?*
*Quando é o Rei? Quando é a Hora?*

*Quando virás a ser o Cristo*
*De a quem morreu o falso Deus,*
*E a despertar do mal que existo*
*A Nova Terra e os Novos Céus?*

*Quando virás, ó Encoberto,*
*Sonho das eras português,*
*Tornar-me mais que o sopro incerto*
*De um grande anseio que Deus fez?*

*Ah, quando quererás voltando,*
*Fazer minha esperança amor?*
*Da névoa e da saudade quando?*
*Quando, meu Sonho e meu Senhor?*

**Do livro "Introdução à Leitura" de Fernando Pessoa e "Heterônimos"**
**de Avelino Soares Cabral, Edições Sebenta.**

## 76 - Assinale a alternativa falsa:

a) o poema é constituído por cinco quadras;

b) os versos são octossílabos;

c) a rima é cruzada – AbAb;

d) a maioria dos versos vêm acentuados nas quartas e oitavas sílabas;

e) é um soneto.

## 77 - Leia estas duas proposições:

I. Estamos perante um poema sebastianista, em que o poeta, nos limites da mágoa, apenas consegue preencher os seus dias no refúgio do mito dum Salvador Encoberto que há de vir redimi-lo e realizar um sonho português de muitas eras.

II. Estando embora ciente da sua existência, a ponto de o sentir e pensar, assalta-o a dúvida de saber quando a sua vinda (o regresso) se irá processar.

**Responda assim:**

a) corretas I e II;

b) correta apenas I;

c) correta apenas II;

d) erradas I e II;

e) corretas I e II, desde que, na I, leia-se camoniano no lugar de sebastianista.

## 78 - O poeta nos diz da sua tristeza. Identifique:

a) Escrevo meu livro à beira-mágoa
   Meu coração não tem que ter.
   Tenho meus olhos quentes de água.

b) Só tu, Senhor, me dás viver.
   Só te sentir e te pensar
   Meus dias vácuos enche e doura.

C) Mas quando quererás voltar?
   Quando é o Rei? Quando é a hora?
   Quando virás a ser o Cristo
   De quem morreu o falso Deus.

d) E a despertar do mal que existo
   A Nova Terra e os Novos Céus?
   Quando virás, ó Encoberto,
   Sonho das eras português,
   Tornar-me mais que o sopro incerto
   De um grande anseio que Deus fez?

e) Ah, quando quererás, voltando,
   Fazer minha esperança amor?
   Da névoa e da saudade quando?
   Quando, meu sonho e meu senhor?

**79 - O poeta nos diz do único lenitivo para a sua dor – a crença num "Senhor" que é a única entidade capaz de lhe devolver a confiança no futuro e preencher seus dias vazios.**

a) Escrevo meu livro à beira-mágoa
   Meu coração não tem que ter.
   Tenho meus olhos quentes de água.

b) Só tu, Senhor, me dás viver.
   Só te sentir e te pensar
   Meus dias vácuos enche e doura.

C) Mas quando quererás voltar?
   Quando é o Rei? Quando é a hora?
   Quando virás a ser o Cristo
   De quem morreu o falso Deus.

d) E a despertar do mal que existo
   A Nova Terra e os Novos Céus?
   Quando virás, ó Encoberto,Sonho das eras português,
   Tornar-me mais que o sopro incerto
   De um grande anseio que Deus fez?

e) Ah, quando quererás, voltando,
   Fazer minha esperança amor?
   Da névoa e da saudade quando?
   Quando, meu sonho e meu senhor?

**80 - No poema, uma conjunção expressiva. Faz introduzir uma série de perguntas, dirigida a esta entidade mítica. Reconheça-a.**

a) Só tu, Senhor me dás viver

b) Mas quando quererás voltar?

c) De quem morreu o falso Deus

d) E a despertar do mal que existo

e) Quando, meu sonho e meu Senhor?

**81 - Essa entidade mítica toma vários nomes: "Rei", "Hora", "Cristo", "Encoberto" como também:**
a) "Livro" e "Beira-Mágoa"
b) "Coração" e "Olhos"
c) "Água" e "Dias Vácuos"
d) "Deus" e "Novos Céus"
e) "Sonho" e "Senhor"

**82 - Nos versos iniciais, a maioria dos verbos, para traduzir permanência (screvo – tem – tenho – dás – enche – doura) fica no modo indicativo:**
a) presente
b) pretérito perfeito
c) pretérito imperfeito
d) pretérito mais que perfeito
e) futuro

**83 - Nos versos seguintes, a maioria dos verbos, para traduzir que o sonho do poeta possa vir a tornar-se realidade (quererás voltar – virás a ser – virás tornar-me – quererás fazer) fica no modo indicativo.**
a) presente
b) pretérito perfeito
c) pretérito imperfeito
d) pretérito mais que perfeito
e) futuro

**84 - "Sonho das eras português", ou seja, "Sonho português das eras". A esse deslocamento de elementos próximos na frase dá-se o nome de:**
a) metáfora
b) anástrofe
c) silepse
d) metonímia
e) hipérbole

**85 - Da névoa e da saudade quando?**

**Quando, meu Sonho e meu Senhor?**

**Percebe-se, nos dois versos, a supressão do verbo:**

a) screver (screverás)

b) ter (terás)

c) sentir (sentirás)

d) vir (virás)

e) pensar (pensarás)

**86 - Algumas palavras ultrapassam seu sentido real, em busca de um sentido imaginário. Observe:**

Meu <u>coração</u> não tem que ter

Tenho meus <u>olhos</u> quentes de água

Meus dias vácuos <u>enche e doura</u>

Tornar-me mais que o <u>sopro incerto</u>

É o que chamamos de:

a) anacoluto

b) pleonasmo

c) silepse

d) metáfora

e) elipse

**87 - O vocativo está abundantemente presente no texto. Só, em uma alternativa, não aparece o vocativo:**

a) Só tu, Senhor, me dás viver

b) Quando virás, ó Encoberto,

c) De um grande anseio que Deus fez?

d) Quando, meu Sonho?

e) Quando, meu Senhor?

**88 - Predominam, no poema, os substantivos concretos. Aparecem poucos substantivos abstratos de que é exemplo:**

a) Olhos
b) Rei
c) Mal
d) Cristo
e) Deus

**89 - "Quando virás, ó Encoberto,**
   **Sonho das eras português".**

**O segundo verso tem o valor de:**

a) oração condicional
b) oração final
c) complemento nominal
d) aposto
e) vocativo

**90 - Screvo meu livro à beira mágoa. "Beira-mágoa" – formação de palavra pela aproximação de dois elementos ligados por hífen. É o processo a que designamos:**

a) aglutinação
b) derivação prefixial
c) derivação sufixial
d) justaposição
e) parassintetismo

**91 - "Só te sentir e te pensar**
   **Meus dias vácuos enche e doura."**

**O verbo "pensar", rigorosamente, é transitivo indireto: penso em ti; penso na liberdade; penso em você. Contudo, no verso, tal qual o verbo "sentir" está sendo empregado como:**

a) intransitivo
b) transitivo direto
c) transitivo indireto
d) transitivo direto e indireto
e) de ligação

**92 - Na voz passiva:**
a) Meus dias vácuos são enchidos e dourados só pelo te sentir e te pensar
b) Só te sentir e te pensar são enchidos e dourados pelos meus dias vácuos
c) Só tu és sentido e pensado pelos meus dias vácuos que enchem e douram
d) Só tu és enchido, dourado, sentido e pensado pelos meus dias vácuos
e) Só te sentir e te pensar enche e doura meus dias vácuos

**93 - Extensão de um substantivo é o inverso de sua compreensão. Observe: "animal" – "homem".**
**O primeiro tem extensão maior. O segundo tem extensão menor, já que "homem" é espécie de "animal", que é gênero. Daí maior a compreensão do segundo. Tem menor extensão e maior compreensão:**
a) água
b) livro
c) Deus
d) mal
e) coração

**94 - "Quando virás a ser o Cristo..."**

**Conjugando o verbo vir no imperativo afirmativo, só está errada a seguinte flexão:**
a) Vem tu a ser o Cristo
b) Venha você a ser o Cristo
c) Venhamos nós a ser o Cristo
d) Venhais vós a ser o Cristo
e) Venham vocês a ser o Cristo

**95 - Este poema faz parte do estilo de época do:**

a) romantismo

b) realismo

c) parnasianismo

d) simbolismo

e) modernismo

## Questões de 96 a 112

Texto para as questões de 96 a 112:

## Vem sentar-te comigo, Lídia, à beira do rio

*Vem sentar-te comigo Lídia, à beira do rio.*
*Sossegadamente fitemos o seu curso e aprendamos*
*Que a vida passa, e não estamos de mãos enlaçadas.*
    *(Enlacemos as mãos.)*

*Depois pensemos, crianças adultas, que a vida*
*Passa e não fica, nada deixa e nunca regressa,*
*Vai para um mar muito longe, para ao pé do Fado,*
    *Mais longe que os deuses.*

*Desenlacemos as mãos, porque não vale a pena cansarmo-nos.*
*Quer gozemos, quer não gozemos, passamos como o rio.*
*Mais vale saber passar silenciosamente*
    *E sem desassossegos grandes.*

*Sem amores, nem ódios, nem paixões que levantam a voz,*
*Nem invejas que dão movimento demais aos olhos,*
*Nem cuidados, porque se os tivesse o rio sempre correria,*
    *E sempre iria ter ao mar.*

*Amemo-nos tranquilamente, pensando que podíamos,*
*Se quiséssemos, trocar beijos e abraços e carícias,*
*Mas que mais vale estarmos sentados ao pé um do outro*
   ***Ouvindo correr o rio e vendo-o.***

*Colhamos flores, pega tu nelas e deixa-as*
*No colo, e que o seu perfume suavize o momento -*
*Este momento em que sossegadamente não cremos em nada,*
   ***Pagãos inocentes da decadência.***

*Ao menos, se for sombra antes, lembrar-te-ás de mim depois*
*Sem que a minha lembrança te arda ou te fira ou te mova,*
*Porque nunca enlaçamos as mãos, nem nos beijamos*
   ***Nem fomos mais do que crianças.***

*E se antes do que eu levares o óbolo ao barqueiro sombrio,*
*Eu nada terei que sofrer ao lembrar-me de ti.*
*Ser-me-ás suave à memória lembrando-te assim - à beira-rio,*
   ***Pagã triste e com flores no regaço.***

**Ricardo Reis**

**Do livro «Introdução à Leitura**

**de Fernando Pessoa e Heterônimos»**

**Avelino Soares Cabral – Edições Sabenta**

**páginas 63 – 68**


**O poema pode dividir-se em três partes lógicas. Primeira parte (primeira e segunda estrofes)**

**Vem sentar-te comigo, Lídia, à beira do rio.**
**Sossegadamente fitemos o seu curso e aprendamos**
**Que a vida passa, e não estamos de mãos enlaçadas.**
   **(Enlacemos as mãos.)**

**Depois pensemos, crianças adultas, que a vida**
**Passa e não fica, nada deixa e nunca regressa,**
**Vai para um mar muito longe, para ao pé do Fado,**
    **Mais longe que os deuses.**

**96 - O tema desta primeira parte:**

a) desejo epicurista de fruir o momento presente;

b) vontade de fitar, sentado, o curso do rio;

c) vontade sensual de enlaçar as mãos;

d) volta ao tempo da infância;

e) a vida que obedece ao mandamento dos fados.

**97 - "Vem sentar-te comigo Lídia, à beira do rio.**
    **Sossegadamente fitemos o seu curso......."**

**Os dois primeiros versos, de pronto, revelam:**

a) a decepção do sujeito lírico;

b) o cenário de beleza natural em que se enquadra a situação amorosa;

c) o palco em que ambos os amantes se separam;

d) o ambiente bucólico, carregado de mágoa e de piedade;

e) a prosopopéia, já que confere ao rio um sentimento reservado aos humanos.

**98 - "... e aprendamos**
 **"Que a vida passa, e não estamos de mãos enlaçadas"**
**(Enlacemos as mãos.)**

**Os versos finais da primeira estrofe comunicam:**

a) a esperança de um novo dia;

b) o desejo da conquista do futuro;

c) o símbolo da fugacidade de bens terrenos;

d) a timidez do amante ao lado da amada;

e) a consciência da eternidade.

**99 - Desta primeira parte do poema, só é falso o seguinte:**

a) mais do que da emoção de contemplar a natureza (fitemos), a atitude amorosa resulta da interpretação da natureza como símbolo de fugacidade;

b) a razão comanda essa interpretação da natureza (aprendamos, pensemos);

c) a vida passa... e isso determina, no poeta, um desejo de fruir o presente e de aproveitar o fugaz momento ;

d) o fugaz momento é o único bem que nos é dado possuir;

e) a vida é uma fábula sem sentido, contada por um idiota.

**100 - "Vem sentar-te comigo, Lídia, à beira do rio".**
**Lídia exerce a função sintática de:**

a) sujeito

b) objeto direto

c) objeto indireto

d) vocativo

e) aposto

**101 - "Depois pensemos, crianças adultas, que a vida..."**
**"Crianças adultas" é um expressivo exemplo de:**

a) paradoxo

b) silepse

c) anacoluto

d) solecismo

e) prosopopéia

## Questões de 102 a 108.

Segunda parte (terceira, quarta, quinta e sexta estrofes)

*Desenlacemos as mãos, porque não vale a pena cansarmo-nos.*
*Quer gozemos, quer não gozemos, passamos como o rio.*
*Mais vale saber passar silenciosamente*
  *E sem desassossegos grandes.*

*Sem amores, nem ódios, nem paixões que levantam a voz,*
*Nem invejas que dão movimento demais aos olhos,*
*Nem cuidados, porque se os tivesse o rio sempre correria,*
*E sempre iria ter ao mar.*

*Amemo-nos tranquilamente, pensando que podíamos,*
*Se quiséssemos, trocar beijos e abraços e carícias,*
*Mas que mais vale estarmos sentados ao pé um do outro*
*Ouvindo correr o rio e vendo-o.*

*Colhamos flores, pega tu nelas e deixa-as*
*No colo, e que o seu perfume suavize o momento -*
*Este momento em que sossegadamente não cremos em nada,*
*Pagãos inocentes da decadência.*

## 102 - O tema desta segunda parte:

a) renúncia ao próprio gozo desse fugaz momento que é a vida;

b) o desejo de passar como o rio;

c) a vontade de entender os amores, os ódios e as paixões;

d) impulso sensual, trocando beijos, abraços e carícias;

e) a busca das flores para perfumar e suavizar o momento presente

## 103 - Atitude amorosa:

**"Desenlacemos as mãos**
**Amemo-nos tranquilamente**
**Sentados ao pé um do outro"**
**Símbolo de:**

a) agressividade

b) capricho

c) desassossego

d) passividade

e) sutilidade

**104 - A resposta correta da pergunta anterior completa-se assim:**

a) ouvindo correr o rio e vendo-o;

b) colhamos flores;

c) pega tu nelas (nas flores) e deixa-as no colo;

d) o perfume suaviza o momento;

e) amemo-nos tranquilamente.

**105 - Desta segunda parte, só é falso o seguinte:**

a) é nítido, nesta segunda parte, o afrouxar do impulso amoroso;

b) do gozo do momento presente, mais não fica que uma contida emoção;

c) essa emoção aos poucos se anula para terminar numa atitude de quase indiferença e de irremediável incomunicabilidade (sentados ao pé um do outro);

d) esse desencantado viver nega qualquer paixão mais forte e qualquer esforço, pois são impotentes para alterar a força do destino cruel;

e) a vida só vale a pena ser vivida quando um grande ideal a enobrece.

**106 - "Desenlacemos as mãos, porque não vale a pena cansarmo-nos". Comecemos o período pela segunda oração, respeitando o sentido que lhe deu o autor:**

a) Não vale a pena cansarmo-nos, embora desenlacemos as mãos;

b) Não vale a pena cansarmo-nos, a fim de que desenlacemos as mãos;

c) Não vale a pena cansarmo-nos, então desenlacemos as mãos;

d) Não vale a pena cansarmo-nos, quando desenlaçarmos as mãos;

e) Não vale a pena cansarmo-nos, à medida que desenlacemos as mãos.

**107 - "Amemo-nos tranquilamente, pensando que podíamos, Se quiséssemos, trocar beijos e abraços e carícias".**

**A oração em destaque tem o valor de:**

a) causa

b) tempo

c) proporção

d) condição

e) finalidade

**108 - "... trocar beijos e abraços e carícias".**

**A repetição do conectivo "e" é um expressivo exemplo de:**

a) metáfora

b) polissíndeto

c) silepse

d) elipse

e) barbarismo

## Questões de 109 a 112.

Terceira parte (as duas últimas estrofes)

*Ao menos, se for sombra antes, lembrar-te-ás de mim depois*
*Sem que a minha lembrança te arda ou te fira ou te mova,*
*Porque nunca enlaçamos as mãos, nem nos beijamos*
  **Nem fomos mais do que crianças.**

*E se antes do que eu levares o óbolo ao barqueiro sombrio,*
*Eu nada terei que sofrer ao lembrar-me de ti.*
*Ser-me-ás suave à memória lembrando-te assim - à beira-rio,*
  **Pagã triste e com flores no regaço.**

**109 - O tema desta segunda parte:**

a) lembrança do passado;

b) a renúncia ao gozo é a forma de anular o sofrimento causado pela ante-visão da morte;

c) o mundo pagão greco-romano (pagã triste);

d) a criança que há em cada adulto;

e) o desejo ardente de liberdade.

**110 - Em dois momentos aparece metaforicamente a antevisão da morte.**

**Primeiro, a morte do poeta (se for sombra antes). Depois a morte da amada:**

a) lembrar-te-ás de mim depois;

b) porque nunca enlaçamos as mãos;

c) nem fomos mais do que crianças;

d) e se antes do que eu levares o óbolo ao barqueiro sombrio;

e) eu nada terei que sofrer ao lembrar-me de ti.

**111 - Ricardo Reis usa, neste poema, o imperativo (vem, pega, deixa, fitemos, aprendamos, enlacemos... etc.). Mas na terceira parte do poema, a antevisão da morte impõe o surgimento do:**

**I - Futuro do Indicativo: lembrar-te-ás, terei, ser-me-ás.**

**II - O presente do Subjuntivo: arda, fira, mova.**

**III - O Futuro do Subjuntivo: for, levares.**

**Responda assim:**

a) desde que corretas apenas I e II;

b) desde que corretas apenas II e III;

c) desde que corretas apenas I e III;

d) desde que todas erradas;

e) desde que todas corretas.

**112 - "E se antes do que eu levares o óbolo ao barqueiro sombrio".**

**O "barqueiro sombrio", Caronte, que na Grécia transportava as almas dos mortos que tinham sido incinerados ou enterrados, mediante um óbolo (pequena moeda grega), que a família do defunto lhe colocava na boca para pagar a passagem. Ricardo Reis se utiliza de símbolos predominantemente de origem:**

a) cristã

b) judaico-cristã

c) clássica mitológica

d) islâmica

e) panteísta

# Texto para as questões de 113 a 115.

*Quando, Lídia, vier o nosso Outono*
*Com o Inverno que há nele, reservemos*
*Um pensamento, não para a futura*
*        Primavera, que é de outrem,*
*Nem para o Estio de quem somos mortos,*
*Senão para o que fica do que passa –*
*O amarelo atual que as folhas vivem*
*        E as torna diferentes.*

**Ricardo Reis**

**113 - Primavera - verão (estio) – Outono – Inverno. Ideia fundamental do poema:**

a) aproveitemos o inverno quando este chegar um dia;

b) o outono passa; o inverno não passa nunca;

c) é preciso usufruir de cada momento que passa, sem lamentar o passado e sem se inquietar com o futuro;

d) o poeta vive o outono; sua amada-Lídia já vive o inverno;

e) o inverno não conhece o amarelo das folhas.

**114 - Assinale o que é falso:**

a) o outono que se aproxima, sugere o acentuar da decadência e a proximidade da morte;

b) o amarelecer das folhas tem ainda o tom dourado da vida;

c) é preciso aproveitar cada momento ("carpe diem"), mesmo que seja o último;

d) o outono significa decadência e o inverno a morte;

e) na primavera o ar é puro, tão puro que as rosas nascentes têm o hálito quase inocente.

**115 - Ambos os poemas de Ricardo Reis ("Vem Sentar-te comigo, Lídia, à beira do rio" e "Quando, Lídia, vier o nosso Outono") só não têm essa temática:**

a) o epicurismo. Busca de uma felicidade relativa, sem desprazer ou dor. Uma certa tranquilidade ou indiferença capaz de evitar a perturbação;

b) religiosidade cristã; Deísmo. Crença da intervenção permanente do sobrenatural na natureza;

c) o estoicismo. Crença de que a felicidade só é possível se atingirmos a apatia, isto é, a aceitação das leis do destino. Indiferença face às paixões e aos males;

d) o paganismo. A passagem inelutável do tempo. A precariedade da vida e a fatalidade da morte.

e) o gozo do momento que passa, o "carpe diem" horaciano. A tentativa de iludir o sofrimento.

## Questões de 116 a 125.

Leia, com atenção, o poema transcrito, Responda, depois, as questões de 116 a 125, elegendo uma das alternativas:

## Nevoeiro

*Nem rei nem lei, nem paz nem guerra,*
*Define com perfil e ser*
*Este fulgor baço da terra*
*Que é Portugal a entristecer—*
*Brilho sem luz e sem arder,*
*Como o que o fogo-fátuo encerra.*

*Ninguém sabe que coisa quer.*
*Ninguém conhece que alma tem,*
*Nem o que é mal nem o que é bem.*
*(Que ânsia distante perto chora?)*
*Tudo é incerto e derradeiro.*
*Tudo é disperso, nada é inteiro.*
*Ó Portugal, hoje és nevoeiro...*
*É a Hora!*

**Fernando Pessoa**

**116 - Identifique entre as palavras ou expressões grifadas, um erro de português:**

"Último poema da "Mensagem", <u>datado de 10.12.1928</u>, pertencente, portanto, <u>à parte designada</u> «O Encoberto», <u>em que se fecha o ciclo</u> da vida da Pátria, mas em que se pressente o <u>germem</u> sebastianista, o anúncio de um novo ciclo e a recuperação de energias latentes para a constituição próxima de um Quinto Império, um "<u>reino de liberdade de espírito e de redenção</u>".

a) datado de (datado em);

b) à parte designada (sem a crase);

c) em que se fecha o ciclo (em que se fecham o ciclo);

d) germem (gérmen);

e) um reino de liberdade de espírito e de redenção (um reino de liberdade de espírito e redenção).

**117 - Identifique entre as palavras ou expressões grifadas, um erro de português:**

"Ergue-se ainda uma aventura de espírito <u>poderosa e inesperada</u>. E a partida e a "busca de uma nova Índia, <u>que não existe no mapa</u>, no espaço, <u>e que jazem para além</u> de toda a temporalidade, pois que só será alcançada por navios tecidos de sonho". por isso é que, sendo Portugal nevoeiro, o poeta exclama: "É a hora!". No "nevoeiro", no "incerto e derradeiro", quando "tudo é disperso e nada é inteiro", a exclamação final é mobilizadora, chama a atenção <u>para o fato de ser</u> esse, precisamente, <u>o momento em que tudo começa</u>, em que tem que começar a construir-se uma Nova realidade, diferente e melhor, mais Além".

a) poderosa e inesperada (poderoso e inesperado);

b) que não existe no mapa (que não existem no mapa);

c) e que jazem para além (e que jaz para além);

d) para o fato de ser (para o fato ser);

e) momento em que tudo começa (momento que tudo começa).

**118 - O título do poema e seu último verso (Ó Portugal, hoje és nevoeiro"), na sua dimensão metafórica, caracterizam uma situação de crise que se perfila em várias modalidades.**
**"Nem rei nem lei". Crise:**

a) política
b) psicológica
c) filosófica
d) eclesiástica
e) republicana

**119 - "Ninguém conhece que alma tem,**
**Nem o que é mal nem o que é bem".**

**Crise de:**
a) cultura
b) valores
c) regime
d) fé
e) religião

**120 - "Brilho sem luz e sem arder**
**Como o que o fogo-fátuo encerra**
**Tudo é incerto e derradeiro**
**Tudo é disperso, nada é inteiro.**
**Ó Portugal, hoje és nevoeiro..."**

**Crise de:**
a) legalidade
b) religiosidade
c) respeito
d) comunicação
e) identidade

**121 - A descrição desta situação de ruína, que é sobretudo moral, abrange todo o poema exceto a interrogação "Que ânsia distante perto chora?" Essa interrogação significa que a ânsia indispensável para a busca e o encontro:**

a) não morreu, embora distante;

b) nunca será conquistada;

c) cessou com a decadência política de Portugal;

d) certamente nunca renascerá;

e) jamais será conhecida.

**122 - Um poema que relata uma situação de crise não estranha a frequência de palavras negativas, ou de sentido negativo, com exceção de:**

a) "Nem" - Nem rei nem lei, nem paz nem guerra
Nem o que é mal nem o que é bem

b) "Ninguém" - Ninguém sabe que coisa quer.
Ninguém conhece que alma tem

c) "sem" - Brilho sem luz e sem arder

d) "nada" - Tudo é disperso, nada é inteiro

e) "fogo-fátuo" - Como o que o fogo-fátuo encerra

**123 - Não pode ser considerado o tema deste poema:**

a) nacionalismo místico;

b) saudosismo;

c) bucólico – pastoril – campestre;

d) sebastianismo;

e) concepção providencialista da história: a idéia de predestinação nacional.

**124 - "Tudo é disperso, nada é inteiro". Observe: tudo / nada; disperso / inteiro.**

**Então:**

a) silepse

b) antítese

c) prosopopéia

d) anacoluto

e) metonímia

**125 -** "Que ânsia distante perto chora?"
"É a hora".

**A "ânsia distante" é o tempo passado de glória em Portugal. "Perto chora", porque ainda há ecos, embora plangentes, daquela época. Nada mais coerente a identidade de rima: chora / hora. "É a hora". É a hora de quê?**

a) da religião. Volta ao teocentrismo;

b) da República. Derrubar a monarquia e instaurar o governo democrático;

c) do socialismo. Imitar a Rússia e a China;

d) da revolução. Um novo renascer em Portugal;

e) do panteísmo. Fazer dominar a filosofia de Spinoza.

## Questões de 126 a 135.

Para responder às questões de 11 a 20, leia atentamente o poema de Fernando Pessoa

## Autopsicografia

*O poeta é um fingidor.*
*Finge tão completamente*
*Que chega a fingir que é dor*
*A dor que deveras sente.*

*E os que lêem o que escreve,*
*Na dor lida sentem bem,*
*Não as duas que ele teve,*
*Mas só a que eles não têm.*

*E assim nas calhas da roda*
*Gira, a entreter a razão,*
*Esse comboio de corda*
*Que se chama coração.*

**126 - Um dos textos mais conhecidos de Fernando Pessoa: Autopsicografia. Se decompusermos esta palavra, verificamos que possui três elementos lexicais gregos.**

**I - grafia , que significa emprego de sinais escritos – gráficos;**
**II - psico, que significa alma, espírito – psique -, a mente;**
**III - auto, que significa o próprio, por si próprio. Autopsicografia é a escrita da alma do poeta feito por ele próprio. O poeta, ele mesmo, escreve "grafa" – a sua alma.**

**Responda assim:**
a) desde que corretas I, II e III;
b) desde que corretas apenas I e II;
c) desde que corretas apenas I e III;
d) desde que corretas apenas II e III;
e) desde que erradas I, II e III.

**127 - Destaquemos a primeira estrofe:**

**"O poeta é um fingidor.**
**Finge tão completamente**
**Que chega a fingir que é dor**
**A dor que deveras sente".**

**Assinale a interpretação que não procede:**

a) nesta estrofe, temos já, em síntese, o pensamento implícito no conjunto do poema. Sendo "um fingidor", o poeta não finge a dor que não sentiu. Finge a dor de que teve experiência;

b) afasta-se, pois, qualquer possibilidade de se interpretar o conceito de "fingimento" como simulação de uma dor ou de uma experiência emocional que não se teve;

c) o reconhecimento dessa dor ou dessa experiência emocional como ponto de partida da criação poética está bem expresso nesta primeira quadra. Todavia, a dor que o poeta realmente sente não é aquela que deva surgir na sua poesia. Na poesia, exige-se a criação de uma dor fingida sobre a dor experimentada;

d) há na estrofe um processo de causa-efeito. A causa vem expressa pelas orações "O poeta é um fingidor / Finge tão completamente". O efeito vem expresso pelas orações "Que chega a fingir que é dor / A dor que deveras sente";

e) cada verso da estrofe, em destaque, expressa uma oração ou duas orações. Vamos classificá-las: O poeta é um fingidor – oração absoluta; Finge tão completamente – oração principal do segundo período; Que chega a fingir – adverbial causal; Que é dor a dor – substantiva subjetiva; Que deveras sente – adjetiva.

**128 - Destaquemos a segunda estrofe:**

**"E os que lêem o que escreve,**
**Na dor lida sentem bem,**
**Não as duas que ele teve,**
**Mas só a que eles não têm".**

**I - Sobre o modelo da dor inicial ou originária, o poeta finge a dor em imagens. Essa dor em imagens é a obra artística e somente esta é sentida pelos leitores.**

**II - O texto diz: "escrever" (E os que leem o que escreve). Não diz "pronunciar", "declamar" ou "dizer". Assim é que a escrita é o crivo instrumental e manifestativo do sentir e do pensar do autor.**

**III - "... sentem... só a que eles não têm". E que dor-emoção é essa que os leitores não têm? É a do prazer do belo – a emoção estética. É essa que os leitores sentem e que o poeta criou e está nos seus versos.**

**Responda assim:**
a) desde que corretas I, II e III;
b) desde que corretas apenas I e II;
c) desde que corretas apenas I e III;
d) desde que corretas apenas II e III;
e) desde que erradas I, II e III.

**129 - Destaquemos a terceira estrofe:**

**"E assim nas calhas da roda**
**Gira, a entreter a razão,**
**Esse comboio de corda**
**Que se chama coração".**

**Assinale a interpretação errada que se faz:**
a) "E assim": "Assim" como? Do modo que foi descrito nos oito versos anteriores;
b) "Gira": 3ª pessoa do singular do presente do indicativo do verbo "girar", andar à roda de. Qual é o sujeito gramatical de "gira"? É "esse comboio de corda" chamado coração. A metáfora é clara: o coração é um comboio de corda;
c) Esse comboio gira onde? nas calhas da roda. As calhas são os carris do caminho-de-ferro sobre qual o comboio anda. "Calhas de roda", isto é, o caminho circular. Inerente está a simbologia do círculo e sua monotonia da circularidade;

d) Quem brinca e quem entretém quem? O comboio de corda brinca e é entretido pela criança. Ou seja: a criança entretém o comboio de corda e este, brincando, deleita-se;

e) E a razão? Se a poesia é uma representação mental, o coração ("esse comboio de cordas"), centro dos sentimentos, não passa de um entretenimento da razão, girando, mecanicamente, "nas calhas" (símbolos de fixidez e impossibilidade de mudança de rumo) do mundo das convenções em que decorre a vida quotidiana.

**130 -**
**"E assim nas calhas da roda**
**Gira, a entreter a razão,**
**Esse comboio de corda**
**Que se chama coração".**

**Na ordem direta:**
**"E assim esse comboio de corda que se chama coração gira nas calhas de roda a entreter a razão".**
**O autor recorreu à inversão. os termos da oração se posicionam fora do lugar que, pela ordem natural da sintaxe, deveriam ocupar. É a figura de linguagem a que chamamos:**

a) hipérbole

b) hipérbato

c) metáfora

d) silepse

e) anacoluto

**131 - Figura de linguagem que consiste em nomear com várias palavras quando bastaria uma. "E os que lêem o que escreve", ou seja: o leitor.**

a) anacoluto;

b) silepse;

c) prosopopéia;

d) perífrase;

e) elipse.

**132 - A tese do poema é o fingimento.Fingimento é simulação, hipo-crisia. Fingir é simular, mostrar o contrário do que é. No texto, três palavras da família do verbo fingir: O poeta é um fingidor / Finge tão completamente / Que chega a fingir que é dor.**
**Em "Os Lusíadas", Canto IX, estrofe 90, escreve Camões: "Que as imortalidades que fingia / A antiguidade que os ilustres ama". Ou seja: a antiguidade que ama os ilustres fingia a imortalidade deles, tal qual fez Homero e Virgílio.**

**Escreveu fingir no sentido de:**
a) ato de simular;
b) arremedar;
c) criatividade artística;
d) hipocrisia;
e) falso, fementido.

**133 - Na Idade Média, chama-se fictor ao poeta porque diz coisas falsas no lugar das verdadeiras. Note-se que "fingidor" e "fictor" têm a mesma etimologia. Vêm de "fingere" que significa fazer, criar. Fernando Pessoa, em outros versos, insiste no tema do fingimento.**

**Assinale a alternativa em que não ocorre o tema de fingimento:**
a) Dizem que finjo ou minto
Tudo que escrevo. Não.
Eu simplesmente sinto
Com a imaginação.
Não uso o coração
b) Tudo o que sonho ou passo,
O que me falha ou finda,
É como que um terraço
Sobre outra coisa ainda.
Essa coisa é que é linda.

c) Por isso escrevo em meio
   Do que não está ao pé,
   Livre do meu enleio,
   Sério do que não é.
   Sentir? Sinta quem lê!

d) Entendo, como carrossel,
   Giro em meu torno sem me achar...
   (Vou escrever isto num papel
   Para ninguém me acreditar...)

e) Valeu a pena? Tudo vale a pena
   Se a alma não é pequena.
   Quem quer passar além do Bojador
   Tem que passar além da dor.
   Deus ao mar o perigo e o abismo deu,
   Mas nele é que espelhou o céu.

**134 - A dor que deveras sente.**

**A palavra "que" no lugar de "dor" exerce, em relação ao verbo "sentir" a função sintática de:**

a) sujeito

b) objeto direto

c) objeto indireto

d) complemento nominal

e) agente da passiva

**135 - Fosse esta prova de ingresso realizada no início de janeiro de 2009, teríamos que reproduzir o texto de Fernando Pessoa de acordo com a Reforma Ortográfica da Língua Portuguesa, assinada pelo Senhor Presidente da República em 29 de setembro de 2008 para vigorar a partir de 1º de janeiro de 2009. Então, escreveríamos assim:**

a) O poeta e um fingidor (sem acento agudo no "e" do verbo "ser" na 3ª pessoa do singular);

b) Finge tão completamente (sem o til sobre o "a" do ditongo "ao");

c) E o que leem o que escreve (sem o acento circunflexo sobre o primeiro "e" do verbo "ler" na 3ª pessoa do plural);

d) Mas só a que eles não tem (sem o acento circunflexo sobre o "e" do verbo "ter" na 3ª pessoa do plural);

e) Que se chama coração (sem o til sobre o "a" do ditongo "ao").

## Questões de 136 a 150.

## Mar Portuguez

*Ó mar salgado, quanto do teu sal*
*São lágrimas de Portugal!*
*Por te cruzarmos, quantas mães choraram,*
*Quantos filhos em vão rezaram!*
*Quantas noivas ficaram por casar*
*Para que fosses nosso, ó mar!*

*Valeu a pena? Tudo vale a pena*
*Se a alma não é pequena.*
*Quem quer passar além do Bojador*
*Tem que passar além da dor.*
*Deus ao mar o perigo e o abismo deu,*
*Mas nele é que espelhou o céu.*

**Do livro "Introdução à Leitura de Fernando Pessoa"**

**Avelino Soares Cabral**

**Edições Sebenta – pg. 93 e 94.**

**136 - Poema incluído na segunda parte de "Mensagem", constituído por dois ou duas:**

a) tercetos

b) quadras

c) quintilhas

d) sextilhas

e) oitavas

**137 - Observe as rimas em ambas as estrofes. Consoante a posição das rimas, o esquema rimático é:**

a) AABBCC

b) AbAbcc

c) AbCAbC

d) AabCbC

e) AbbACC

**138 - Leia atentamente:**

**I - Estamos diante de um poema épico-lírico, em que o poeta sentiu, imaginando, os trabalhos e as dores que o Império português custou, procurando unir o trágico e o heróico: cada uma das estrofes constitui uma parte do texto.**

**II - Na primeira parte, o poeta procura apresentar e interiorizar uma realidade épica, os sacrifícios necessários para que o povo português conquistasse o mar.**

**III - Na segunda parte, o poeta tece considerações sobre essa realidade e os sacrifícios que a sua concretização exigiu. Mais ainda. Quem quiser aproximar-se do céu pelo heroísmo "tem que passar além da dor"**

**Responda assim:**

a) desde que corretas I, II e III

b) desde que corretas apenas I e II

c) desde que corretas apenas II e III

d) desde que corretas apenas I e III

e) desde que erradas I, II e III

**139 - Assinale a alternativa falsa:**

a) ao nível morfo-sintático, é importante constatar a pobreza do texto em adjetivos. Apenas dois. "Salgado" adjetivo de "mar" e "pequena" adjetivo de "alma".;

b) é abundante no texto o substantivo. Observe: mar, sal, lágrimas, Portugal, mães, filhos, noivas, pena, alma, Bojador, dor, Deus, perigo, abismo, céu;

c) também abundante no texto, o verbo. Observe: ser, cruzar, chorar, rezar, casar, valer, querer passar, ter que passar, dar, espelhar;

d) os verbos quando no pretérito perfeito ("mães choraram", "filhos em vão rezaram", "noivas ficaram por casar") evocam um passado próximo do poeta (1888-1935), dolorosos sacrifícios necessários à passagem da monarquia para a república portuguesa;

e) os verbos quando no presente do indicativo ("sal são lágrimas de Portugal", "tudo vale a pena se a alma não é pequena", "quem quer passar além do Bojador", "tem que passar além da dor") remetem-nos para os valores intemporais da tenacidade, do espírito de luta e da eterna necessidade da procura e da auto-superação, única maneira de justificar a existência.

**140 - Apóstrofe. Figura de linguagem em que o escritor ou orador dirige-se a coisas ou pessoas, presentes ou ausentes, reais ou fictícios, interpelando-o diretamente como no texto do autor:**

a) Ó mar salgado, quanto de teu sal / São lágrimas de Portugal!

b) Valeu a pena?

c) Tudo vale a pena / Se a alma não é pequena

d) Quem quer passar além do Bojador / Tem que passar além da dor

e) Deus ao mar o perigo e o abismo deu, / Mas nele é que espelhou o céu

**141 - "... o sal do mar são lágrimas de Portugal". É uma metáfora. Contudo pelo exagero expresso pelo enunciado estamos também diante de:**

a) silepse

b) anacoluto

c) hipérbole

d) elipse

e) pleonasmo

**142 - Ao nível semântico, assinale a afirmação falsa:**

a) as exclamações de toda a primeira estrofe que servem os intuitos épicos do autor, dão ao poema uma entonação e um ritmo adequados à eloqüência épica;

b) a interrogação no início da segunda estrofe – "Valeu a pena?" – dá ao leitor um balanço ou reflexão sobre os resultados positivos dos sacrifícios elencados na primeira estrofe;

c) a repetição intencional de algumas palavras, na primeira estrofe, aumenta o dramatismo da evocação naquelas situações provocadas pelas descobertas marítimas: "Quantas mães choraram / Quantos filhos em vão rezaram / Quantas noivas ficaram por casar";

d) observe o caráter aforístico de alguns versos, já consagrados como dito sentencioso, anexim, máxima, sobejamente conhecidos do povo: "Tudo vale a pena se a alma não é pequena" "Quem quer passar além do Bojador tem que passar além da dor";

e) "... teu sal são lágrimas de Portugal!" rigorosamente, a frase está errada. Erro de concordância. "Sal" é singular e o verbo "ser", ao invés de concordar com o sujeito no singular, concorda com o predicativo no plural: "lágrimas". Deveria, então, de acordo com a norma culta da língua estar escrito assim: "... teu sal é lágrimas de Portugal!"

**143 - "Ó mar salgado, quanto de teu sal / São lágrimas de Portugal!".**
**Assinale a alternativa que não se pode deduzir destes versos iniciais:**

a) grande parcela das águas do mar é formada pelas lágrimas dos portugueses (uma alegoria exagerada);

b) os portugueses foram submetidos a excessivo sofrimento para conquistar o mar;

c) na tarefa das descobertas, os portugueses sofreram a dor e suportaram as tragédias;

d) grande e perigosa foi a tarefa de descobrir outros povos e outras terras além mar;

e) dois polos antagônicos: mar e Portugal. O primeiro, abjeto e desprezível; o segundo, sublime e conquistador.

**144 - "... Quantas mães choraram, / Quantos filhos em vão rezaram! / Quantas noivas ficaram por casar..."**

**Três grupos de pessoas sofrem a ausência de alguém. Respectivamente esse alguém é:**

a) netos e sobrinhos; mães; esposos;

b) filhos e maridos; pais; noivos;

c) pais e netos; pais e mães; esposos;

d) sobrinhos e maridos; esposo; noivos;

e) filhos e maridos; pais e mães; esposos.


**145 - Certamente, as pessoas ausentes de que fala a pergunta anterior, estavam participando de:**

a) guerras

b) navegações

c) cruzadas

d) romarias

e) emigração


**146 - "Valeu a pena?"**

**O sujeito do verbo "valer" é aquilo que se disse na primeira estrofe. Tudo aquilo mereceu o trabalho que deu? Enfim, o que valeu a pena?**

a) chorar pelos filhos quando sabemos que raramente os filhos sofrem pelos pais;

b) chorar pelos noivos quando sabemos que sempre há um amor a nos esperar;

c) o fato de que a conquista do mar, apesar dos aspectos positivos, tem aspectos negativos;

d) conquistar o mar quando sabemos que o homem ainda não conquistou a terra;

e) o fato de sabermos que o mar é imenso e grandioso, portanto inconquistável.

**147 - "Se a alma não é pequena".**
**Vamos interpretar:**

**I - A alma sempre é pequena.**
**II - O que dá valor às ações é o sentido humano que a elas atribuímos.**
**III - O objetivo que determinamos para nossas ações, justifica a angústia e o sofrimento que podem causar.**

**Responda assim:**
a) desde que corretas I, II e III
b) desde que corretas apenas I e II
c) desde que corretas apenas II e III
d) desde que corretas apenas I e III
e) desde que erradas I, II e III

**148 - "Deus ao mar o perigo e o abismo deu".**
**Na voz passiva:**
a) O mar foi dado por Deus ao perigo e ao abismo
b) Deus é dado ao mar pelo perigo e pelo abismo
c) O perigo e o abismo deu-os Deus ao mar
d) O mar foi dado pelo perigo e pelo abismo a Deus
e) O perigo e o abismo foram dados ao mar por Deus

**149 - "Valeu a <u>pena</u>? Tudo vale a <u>pena</u> / Se a alma não é pequena"**
**O substantivo "pena", objeto direto do verbo valer, tem, junto a ele, o sentido de:**
a) punição, castigo como em "a pena deve ser proporcional ao delito"
b) "preço que se paga" para merecer o esforço ou a preocupação, como em "sob a pena de ver poucas vezes os filhos, foi o maior senador da República"
c) desgosto, tristeza como em "as penas que inundam meu coração"
d) lástima, dó, compaixão como em "ter pena de tanta miséria"
e) estilo da escrita: cálamo como em "sua pena é inconfundível"

**150 - "Quem quer passar além do <u>Bojador</u> / Tem que passar além da dor".**

**"<u>Bojador</u>" – cabo da costa ocidental da África a noroeste do deserto do Saara. Aparece no texto, como "vencer dificuldades", "transpor barreiras", "lutar para conquistar", porque:**

a) foi citado em "Os Lusíadas" - "passaram ainda além da Taprobana". Taprobana é o Bojador;

b) Vasco da Gama não consegue ultrapassar o Bojador, daí o insucesso de sua navegação;

c) Gil Eanes, em 1434, não conseguiu passar ao sul do Bojador, deixando frustrado o infante D. Henrique;

d) por dezenas de anos, foi o limite da navegação portuguesa;

e) em "Os Lusíadas", Bojador é o local em que as naves aparecem, já de início da obra, em alto mar "Já no largo oceano navegavam / As inquietas ondas apartando".

## Questões de 151 a 163.

Texto para as questões de 151 a 163:

## O Infante

*Deus quer, o homem sonha, a obra nasce.*
*Deus quis que a terra fosse toda uma.*
*Que o mar unisse, já não separasse.*
*Sagrou-te, e foste desvendando a espuma.*

*E a orla branca foi de ilha em continente.*
*Clareou, correndo, até o fim do mundo,*
*E viu-se a terra inteira, de repente,*
*Surgir, redonda, do azul profundo.*

*Quem te sagrou criou-te português.*
*Do mar e nós em ti nos deu sinal.*
*Cumpriu-se o mar, e o Império se desfez.*
*Senhor, falta cumprir-se Portugal!*

**151 - Este poema reconstitui, de forma densa e concisa, momentos fundamentais da História de Portugal. São três os momentos:**

a) a preparação das descobertas marítimas pelos portugueses; o momento de sua realização; a época em que começou a desagregação do Império.

b) a criação do mundo; o sonho dos portugueses de conquistar o mundo; as navegações marítimas.

c) o descobrimento do Brasil; a colonização do novo mundo; a redução das viagens transatlânticas.

d) o nascimento de um rei; sua sagração; a conquista do mundo.

e) a vontade divina; a vontade portuguesa; a sagração do infante.

**152 - Vamos documentar, com palavras extraídas do texto, estes três momentos:**

a) para o primeiro momento: "o homem sonha"; para o segundo: "a obra nasce"; para o terceiro: "o Império se desfez".

b) para o primeiro momento: "Deus quer"; para o segundo: "o homem sonha"; para o terceiro: "e foste desvendando a espuma".

c) para o primeiro momento: "a obra nasce"; para o segundo: "e a orla branca foi de ilha em continente"; para o terceiro: "Deus quis que a terra fosse toda uma".

d) para o primeiro momento: "sagrou-te"; para o segundo: "Quem te sagrou criou-te português"; para o terceiro: "correndo até o fim do mundo".

e) para o primeiro momento: "Deus quer"; para o segundo: "o homem sonha"; para o terceiro: "Quem te sagrou criou-te português".

**153 - Vamos explicar o significado do último verso do poema: "Senhor, falta cumprir-se Portugal!"**

a) Portugal é a expressão máxima do atrevimento por "mares nunca dantes navegados"; é preciso que o mundo reconheça sua importância histórica.

b) Portugal não cumpriu sua missão histórica a que se propôs: tornar desenvolvidos os territórios que conquistou..

c) Depois da perda progressiva dos seus territórios ultramarinos, Portugal tem como missão histórica realizar a sua grandeza de uma outra forma, diferente da do poderio territorial.

d) A Língua Portuguesa deve impor-se ao mundo civilizado, já que é falada por cerca de duzentos milhões de seres que habitam as terras conquistadas por Portugal.

e) Os descobrimentos portugueses processaram-se durante a decadência do Império lusitano; é preciso reavaliar a importância atual de Portugal.

**154 - "Deus quer, o homem sonha, a obra nasce". A trilogia Deus / homem / obra / aparece desenvolvida ao longo do poema. Com efeito, segundo o texto:**

a) O Tribunal da Inquisição, um grande terremoto em todo o reino, a desproporção entre a escassez de recursos humanos e a vastidão geográfica das terras descobertas, a derrota nos campos de Alcácer Quibir em 1578 contribuíram para a queda do Império Português.

b) Deus, homem e obra, todos correspondem à trajetória da decadência política portuguesa que culmina com a perda da Independência em 1580, quando passa ao poder do reino espanhol.

c) Deus (teocentrismo); o homem (antropocentrismo); a obra (universalismo); características marcantes da história de Portugal.

d) No século XV, época dos descobrimentos, o pensamento incide mais na vida do homem português, cidadão do mundo, e o mundo, pátria do lusitano.

e) É por vontade de Deus que o homem sonha com a realização das grandes obras e que as põe em prática. Os acontecimentos históricos de Portugal são, pois, entendidos como fazendo parte de um plano divino.

**155 - Como você relacionaria o título do poema (O Infante) com o substantivo homem que aparece no primeiro verso?**

a) Infante é aquele que "ainda não fala". No poema o homem e o Infante são antitéticos.

b) Infante é Camões que cantou os feitos do Homem português.

c) Infante é Deus que faz o homem sonhar e executar sua obra.

d) O Infante D. Henrique, a quem o título do poema se refere, representa, naquele momento histórico, todos os portugueses que empenharam o seu esforço na empresa das descobertas.

e) O Infante, extraído de "Os Lusíadas" que fazem Camões (o Homem) expoente máximo do renascimento literário em Portugal, integrando-se no espírito de valorização ética das descobertas marítimas enquanto manifestação da capacidade do homem em "dar ao mundo novos mundos".

## 156 - Vamos transcrever o verbo que, no poema, aproxima o homem / infante do elemento divino:

a) sonhar (o homem sonha)

b) nascer (a obra nasce)

c) sagrar (sagrou-te)

d) surgir (e viu-se a terra inteira, de repente, surgir)

e) cumprir (cumpriu-se o mar)

## 157 - Vamos ao sentido que o autor deu ao verbo sagrar, usado duas vezes no poema:

a) conferir um certo caráter por meio de cerimônias religiosas.

b) recolher-se ao retiro espiritual, dedicando-se de corpo e alma a Deus.

c) benzer, tal qual em "sagrar uma igreja".

d) venerar, respeitar tal qual "a história sagra o nome dos grandes homens".

e) tornar sagrado, dando a entender que o Infante toma parte nas intenções divinas como instrumento de Deus para realização do Seu plano.

## 158 - Este poema integra-se na segunda parte da "Mensagem", que se designa "Mar Português". Assinale a alternativa falsa:

a) o primeiro verso, que funciona como uma espécie de mote ou aforismo, "*Deus quer, o homem sonha, a obra nasce*". Os três sujeitos (Deus, o homem e a obra), dependentes mutuamente, praticam suas ações: o primeiro quer, o segundo sonha e a terceira nasce. Mas, sem a vontade do primeiro, o segundo não sonharia e a terceira não podia nascer.

b) Deus, o agente da vontade, quer a unidade da terra. Ele é o agente dum projeto divino de unidade. Daí haver no poema um grande número de palavras ou expressões que sugerem a idéia de uno ou de unidade: *uma, unisse, não separasse, inteira, redonda, fim do mundo*.

c) no poema, esse homem animado por um projeto divino é o Infante. Ele é o herói navegante em busca do caminho da imortalidade, cumprindo um dever individual e pátrio: a realização terrestre de uma missão transcendente. E, por outro lado, ele é também o herói em busca de um caminho de universalidade. Daí o uso do artigo definido em "O Infante" e "o homem", com um valor universalizante.

d) mais do que a identificação do Infante como homem em geral, ele é o escolhido por Deus para a realização do Seu projeto. Isto empresta-lhe um caráter divino, ele é um iniciado, aquele que sonha, o que tem a visão e, por isso, foi "desvendando a espuma". E, sendo português, a sua escolha para desempenhar um missão transcendente, a sua sagração, é a divinização do homem português.

e) os versos todos em um ritmo binário; as rimas às vezes ricas (nasce / separasse), às vezes pobres (uma / espuma; continente / de repente), contudo quanto à acentuação são todos agudos.

**159 - Esse poema, como praticamente todos os da "Mensagem", é caracterizado pela sua ambigüidade e pela exploração do valor simbólico de certas palavras ou conceitos. A forma verbal "sagrou-te", para além da força advinda das suas conotações religiosas, evoca, quando associada à figura do Infante, a palavra "Sagres", com todo seu valor sagrado e simbologia de início ou princípio. No que diz respeito à exploração do simbólico são de considerar:**

**I - palavras como espuma e formas verbais como desvendando sugerem-nos o mistério, o véu, a névoa que se descobre, a venda que se levanta, o segredo que se revela;**

**II - e o tirar ou levantar a venda (desvendar) provoca o clarear ("clareou"), sugestivo de luz, revelação, conhecimento. "O azul profundo" do mar e o escuro são o desconhecido; o claro é o revelado;**

**III - também sinal e mar assumem o valor de símbolos. O mar é traço de união de ilhas e continentes: "Deus quis que o mar unisse, já não separasse".**

**Responda assim:**

a) desde que corretas I, II e III

b) desde que corretas apenas I e II

c) desde corretas apenas II e III

d) desde que corretas apenas I e III

E) desde que todas erradas

**160 - Resumindo, assinale a interpretação falsa:**

a) no poema se sugere a idéia de um ritmo cíclico dependente da vontade de Deus, ditado pelo Destino; Deus quis, o homem sonhou, a obra (o Império) nasceu, a obra desfez-se e falta cumprir-se Portugal. Deus tem de querer de novo que se cumpra Portugal.

b) há ainda a idéia de assimilação do Infante ao homem animado de um projeto de universalidade e imortalidade.

c) acentua-se a divinização do herói, que é o eleito de Deus, um iniciado.

d) a divinização do herói transmuta-se na divinização de um povo, que é também um eleito de Deus para levar a cabo uma missão, um projeto ideal de universalidade e de unidade do mundo.

e) a presença de uma certa forma de diálogo com que o autor dirige-se a Deus revela sua irreverência e ateísmo (Senhor, falta cumprir-se Portugal!)

**161 - "Deus quer, o homem sonha, a obra nasce". A ausência da conjunção entre as orações, ligadas assim só pelas vírgulas, leva-nos à figura de linguagem, elegante e expressiva:**

a) metáfora

b) silepse

c) anacoluto

d) assíndeto

e) metonímia

**162 - "Senhor, falta cumprir-se Portugal". Sujeito do verbo faltar:**

a) Senhor

b) ele (Senhor)

c) Portugal

d) cumprir-se Portugal

e) indeterminado

**163 - Após o verbo, aparece o objeto direto grifado, exceto em uma alternativa:**

a) Deus quis que a terra fosse toda uma

b) sagrou-te

c) e viu-se a terra inteira

d) quem te sagrou criou-te português

e) o Império se desfez

## Questões de 164 a 183.

### Isto

*Dizem que finjo ou minto*
*Tudo que escrevo. Não.*
*Eu simplesmente sinto*
*Com a imaginação.*
*Não uso o coração.*

*Tudo o que sonho ou passo,*
*O que me falha ou finda,*
*É  como que um terraço*
*Sobre outra coisa ainda.*
*Essa coisa é que é linda.*

*Por isso escrevo em meio*
*Do que não está ao pé,*
*Livre do meu enleio,*
*Sério do que não é,*
*Sentir, sinta quem lê!*

**Fernando Pessoa**

**Do livro Introdução à**

**Leitura de Fernando Pessoa e Heterônimos**

**Avelino Soares Cabral - Página 38 – 40**

**164 - Observe a sonoridade em "S", "F" e "L".**

**- em "s": "Eu simplesmente sinto".**

**- em "f": "O que me falha ou finda".**

**- em "l": "Livre do meu enleio".**

a) sinestesia

b) aliteração

c) idiomatismo

d) metonímia

e) silepse

**165 – O poema é composto de três estrofes de cinco versos e cada verso de seis silabas, então**

a) tercetos de redondilhas menores

b) quadras de redondilhas maiores

c) quintilhas de hexassílabos

d) sextilhas de eneassílabos

e) oitavas de alexandrinos

**166 – Reconheça o encavalgamento**

a) Dizem que finjo ou minto
   Tudo que escrevo. Não.

b) Tudo que escrevo. Não.
   Eu simplesmente sinto

c) Com a imaginação.
   Não uso o coração.
d) Sobre uma coisa ainda.
   Essa coisa é que é linda.
e) Sério do que não é.
   Senti? Sinta que lê!

**167 – Sabe-se, da pergunta anterior, que, na alternativa correta, o primeiro verso cavalga no segundo. Então o segundo verso contém, em relação ao verbo do primeiro, seu**
a) sujeito
b) objeto direto
c) objeto indireto
d) complemento nominal
e) agente da passiva

**168 – O tema deste poema**
a) a dúvida
b) a traição
c) o ódio
d) o fingimento
e) a inveja

**169 – Só uma destas palavras está fora do contexto do poema**
a) sentimento
b) coração
c) dicção
d) pensamento
e) razão

## 170 – Leia primeira estrofe

**Dizem que finjo ou minto**
**Tudo que escrevo. Não.**
**Eu simplesmente sinto**
**Com a imaginação.**
**Não uso o coração.**

### Tema da primeira estrofe
a) viver é adaptar-se
b) o poeta apresenta sua tese: não usa o coração, sente com a imaginação e não mente.
c) o coração tem suas razões que a própria razão desconhece
d) o mundo seria insuportável se as criaturas tivessem boa memória
e) a imaginação é fruto da razão e do coração

## 171 – Leia a segunda estrofe

**Tudo o que sonho ou passo,**
**O que me falha ou finda,**
**É  como que um terraço**
**Sobre outra coisa ainda.**
**Essa coisa é que é linda.**

### Tema da segunda estrofe
a) fingir é o mesmo que estar muito tempo doente
b) sonhar é o mesmo que viver duas vezes
c) o poeta pretende ultrapassar o que lhe "falta ou finda" e contemplar "outra coisa"
d) a vida é um mar visto de um terraço
e) linda é a vida ainda não vivida

## 172 – Tema da terceira estrofe

**Por isso escrevo em meio**
**Do que não está ao pé,**
**Livre do meu enleio,**
**Sério do que não é,**
**Sentir, sinta quem lê!**

a) é preciso sentir o que ninguém sentiu

b) é preciso escrever o que ninguém escreveu

c) quem está ao pé da verdade está apenas contemplando

d) o poeta liberta-se do que "está ao pé", que é a verdade para aqueles que dizem que fingem ou mentem tudo que escrevem, em busca daquilo que é verdadeiro e belo ("a coisa linda")

e) viver e escrever são coisas que não se coadunam

## 173 – "Sentir? Sinta quem lê!"

a) sentir é viver intensamente

b) ter só sentimento é viver a vida pela metade

c) ler e sentir são ações que não se coadunam

d) ler e sentir são partes de uma mesma ação

e) só quem lê (quem não escreve ou cria) é que pode dizer se o poeta (o criador) finge ou mente quando escreve

## 174 – "Tudo o que sonho ou passo,
## O que me falha ou finda,
## É   como que um terraço"

**A conjunção "como" leva-nos, de pronto, à figura de:**

a) silepse

b) comparação

c) metonímia

d) prosopopeia

e) anacoluto

**175 – Assinale a alternativa falsa**

a) "Não uso o coração" – como se o coração fosse qualquer utensílio dispensável ou substituível

b) "Tudo o que é sonho... é um terraço" – uma divisão meramente imaginária

c) "Essa coisa é que é linda" – o adjetivo "linda" aplicado a algo que está sob um terraço imaginário

d) "Essa coisa é que é linda" – "coisa" – uma palavra prosaica recuperada na poesia

e) Sentir? Sinta quem lê! – verbo "sentir" usado duas vezes em sentido diverso (sentir / sinta)

**176 – Observe a posição da rima:**

**Minto**
**Não**
**Sinto**
**Imaginação**
**Coração**

**Então,**
a) ABABB
b) AABBB
c) AABBA
d) ABABA
e) AAABB

**177 – Só em uma alternativa aparece um verbo com o sujeito indeterminado**

a) dizem que finjo ou minto
b) tudo o que escrevo
c) eu simplesmente sinto
d) não uso o coração
e) tudo o que sonho ou passo

**178 – "Dizem que finjo ou minto**
**Tudo que escrevo. Não".**

**Assinale a alternativa errada**
a) "que" é o sujeito do verbo "escrever"
b) "que" no lugar de "tudo" é objeto direto do verbo "escrever"
c) "não" é advérbio de negação
d) "eu" é o sujeito dos verbos "fingir" e "mentir"
e) "que finjo ou minto tudo que escrevo" é o objeto direto do verbo dizer

**179 – "Não uso o coração". Na voz passiva**
a) Não se usa o coração
b) O coração não se usa
c) O coração não o uso
d) O coração não é usado por mim
e) Usa tu o coração

**180 – Pobre é a rima que se processa entre palavras de mesma classe gramatical, como esta**
a) não / imaginação
b) minto / sinto
c) passo / terraço
d) finda / ainda
e) meio / enleio

**181 – "Não uso o coração" – certamente, o poeta diz não usar, nos poemas que escreve, o sentimento, a subjetividade, as "razões do coração", então**
a) prosopopeia
b) antítese
c) metáfora
d) anacoluto
e) silepse

## 182 – "Eu simplesmente sinto com a imaginação"

**"Imaginação" é um substantivo**
a) concreto
b) próprio
c) abstrato
d) coletivo
d) epiceno

## 183 – Dizem que finjo ou minto
   Tudo que escrevo

**"Escrevo" – verbo escrever.**

**Não se pode afirmar dele:**
a) verbo irregular e defectivo
b) verbo da 2ª conjugação
c) no texto, encontra-se no presente do indicativo
d) "tudo que é escrito por mim" é sua voz passiva
e) verbo transitivo direto

# Questões de 184 a 200

## Mar. Manhã

*Suavemente grande avança*
*Cheia de sol a onda do mar;*
*Pausadamente se balança,*
*E desce como a descansar.*

*Tão lenta e longa que parece*
*De uma criança de Titã*
*O glauco seio que adormece,*
*Arfando à brisa da manhã.*

*Parece ser um ente apenas*
*Este correr da onda do mar,*
*Como uma cobra que em serenas*
*Dobras se alongue a colear.*

*Unido e vasto e interminável*
*Não são sossego azul do sol,*
*Arfa com um mover-se estável*
*O oceano ébrio de arrebol.*

*E a minha sensação é nula,*
*Quer de prazer, quer de pesar...*
*Ébria de alheia a mim ondula*
*Na onda lúcida do mar.*

**Fernando Pessoa**

## 184 – Do mar o que mais impressiona o poeta é

a) o seu movimento

b) a sua cor (glauco)

c) a sua inércia

d) o reflexo da luz do sol

e) a luz do amanhecer sobre o mar (arrebol)

## 185 - Suavemente grande avança
**Cheia de sol a onda do mar;**
**Pausadamente se balança,**
**E desce como a descansar.**

a) impressão tátil das águas do mar: suavemente

b) impressão visual do movimento progressivo lento, marcado pelo balançar

c) impressão auditiva do som das ondas do mar (cheia de sol a onda do mar)

d) impressão gustativa das águas da onda do mar

e) impressão olfativa das águas salgadas da onda do mar

**186 - Tão lenta e longa que parece**
 **De uma criança de Titã**
 **O glauco seio que adormece,**
 **Arfando à brisa da manhã.**

**O movimento do mar dá a impressão**

a) de um Titã, arfando à brisa da manhã

b) de respiração de uma criança adormecida

c) da imensidão de uma grande montanha (Titã)

d) da suavidade da brisa da manhã

e) da lentidão de uma criança

**187 - Parece ser um ente apenas**
 **Este correr da onda do mar,**
 **Como uma cobra que em serenas**
 **Dobras se alongue a colear.**

**Agora, o movimento do mar é comparado**

a) a um ente apenas, invisível e eloquente

b) ao rastejar de um animal

c) ao correr do ente superior sobre a onda do mar

d) a serenas dobras lentas e longas de um ente superior

e) ao voo de um pássaro sereno

**188 - Unido e vasto e interminável**
 **Não são sossego azul do sol,**
 **Arfa com um mover-se estável**
 **O oceano ébrio de arrebol.**

**O movimento do mar é**

a) unido e vasto, imenso, sublime, exagerado e permanente

b) agitado, elétrico, elevado, magnífico e ébrio

c) de ritmo pausado, mas não interrompido, contínuo, suave, lento, arrastado, longo

d) paralelo à luz do amanhecer; constante e indecifrável

e) causa primeira do arrebol (a luz do amanhecer)

**189 - E a minha sensação é nula,**
**Quer de prazer, quer de pesar...**
**Ébria de alheia a mim ondula**
**Na onda lúcida do mar.**

**A estrofe reproduzida**

a) harmoniza o "eu" e as ondas do mar

b) não deixa marcas emotivas no sujeito lírico

c) compara o mar à sensação de um ébrio

d) anuncia que o sujeito lírico é ébrio mas lúcida é a onda do mar

e) coloca o prazer na mesma dimensão do pesar

**190 – "Como uma cobra que em serenas**
**Dobras se alongue a colear"**

**"Colear" é**

a) fazer aderir ao solo, fixar, pregar

b) criar, originar, inventar, produzir, realizar

c) despertar aquele que estava imóvel e estático

d) mover o colo, andar fazendo curvas como serpente, serpear

e) disparar, descarregar, soltar, desencadear

**191 – Observe**

**A onda do mar... <u>como a descansar, arfando, arfa; seio</u> das ondas do mar, oceano ébrio. Então:**

a) pleonasmo

b) idiomatismo

c) anacoluto

d) personificação

e) silepse

**192 – Observe o título:**

**Mar. Manhã**

**O mar está no texto: ondas do mar, oceano, ondula, onda.**
**A manhã também está no texto: a brisa da manhã e**

a) cheia de sol

b) arrebol

c) titã

d) glauco

e) cobra

**193 – Observe**

**"Arfa com um mover-se estável"**

**O infinitivo "mover-se" está substantivado como neste outro exemplo**

a) E desce como a **descansar**

b) Parece **ser** um ente apenas

c) Este **correr** da onda do mar

d) Dobras se alongue a **colear**

e) Arfa com um **mover-se** estável

**194 – Este poema tem marcas características de Fernando Pessoa,**
**com exceção de**

a) simplicidade formal

b) a quadra e a rima cruzada

c) a temática marinha

d) o teocentrismo que nega o panteísmo

e) o racional distanciado do sentimento

**195 – Unindo e vasto e interminável**

**A repetição elegante da conjunção "e" leva-nos à figura**
a) assíndeto
b) polissíndeto
c) metáfora
d) alegoria
e) prosopopéia

**196 – "Unido e vasto e interminável no são sossego azul do sol"**

**Morfologicamente, a palavra "são" é**
a) substantivo
b) verbo
c) adjetivo
d) advérbio
e) conjunto

**197 – Observe**

**"O oceano ébrio de arrebol"**

**"Ébrio de alheia a mim..."**

**"Ébrio" é quem tem o cérebro perturbado por vapores alcoólicos como também alucinado por uma paixão como em "ébrio de orgulho". No primeiro verso, o oceano está ébrio da luz do sol. No segundo, a onda do mar está ébria**
a) de respeito pelo poeta
b) de consideração pelo autor
c) de indiferença pelo sujeito lírico
d) de luz do arrebol
e) de cores verdes do mar

### 198 – Só uma alternativa aparece o objeto direto

a) Suavemente grande avança
   Cheia de sol a onda do mar
b) Tão lenta e longa que parece
   De uma criança de Titã
c) Como uma cobra que em serenas
   Dobras se alongue a colear
d) Parece ser um ente apenas
   Este correr d onda do mar
e) Unido e vasto e interminável
   Não são sossego azul do sol

### 199 – Só um destes substantivos não é concreto

a) sol
b) criança
c) onda
d) sensação
e) mar

### 200 – Observe a palavra "que"

I. Tão lenta e longa <u>que</u> parece

II. O glauco seio <u>que</u> adormece

III. Como um cobra <u>que</u> em serenas
   Dobras se alongue a colear

I. Conjunção subordinada consecutiva

II. Pronome relativo com a função de sujeito do verbo adormecer

III. Pronome relativo com a função de objeto direto do verbo alongar

a) corretas apenas I e III
b) corretos apenas II e III
c) corretas apenas I e II
d) todas corretas
e) todas erradas

# Respostas

| # | | # | | # | | # | | # | | # | | # | | # | |
|---|---|---|---|---|---|---|---|---|---|---|---|---|---|---|---|
| 1. | A | 26. | C | 51. | E | 76. | E | 101. | A | 126. | A | 151. | A | 176. | A |
| 2. | E | 27. | B | 52. | C | 77. | A | 102. | A | 127. | E | 152. | A | 177. | A |
| 3. | D | 28. | E | 53. | A | 78. | A | 103. | D | 128. | A | 153. | C | 178. | A |
| 4. | A | 29. | E | 54. | D | 79. | B | 104. | A | 129. | D | 154. | E | 179. | D |
| 5. | A | 30. | E | 55. | B | 80. | B | 105. | E | 130. | B | 155. | D | 180. | B |
| 6. | A | 31. | B | 56. | A | 81. | E | 106. | C | 131. | D | 156. | C | 181. | C |
| 7. | C | 32. | A | 57. | E | 82. | A | 107. | D | 132. | C | 157. | E | 182. | C |
| 8. | D | 33. | D | 58. | B | 83. | E | 108. | B | 133. | E | 158. | E | 183. | A |
| 9. | E | 34. | C | 59. | B | 84. | B | 109. | B | 134. | B | 159. | A | 184. | A |
| 10. | E | 35. | B | 60. | E | 85. | D | 110. | D | 135. | C | 160. | E | 185. | B |
| 11. | D | 36. | A | 61. | A | 86. | D | 111. | E | 136. | D | 161. | D | 186. | B |
| 12. | D | 37. | B | 62. | A | 87. | C | 112. | C | 137. | A | 162. | D | 187. | B |
| 13. | E | 38. | E | 63. | C | 88. | C | 113. | C | 138. | A | 163. | C | 188. | C |
| 14. | C | 39. | A | 64. | C | 89. | D | 114. | E | 139. | D | 164. | B | 189. | B |
| 15. | D | 40. | D | 65. | D | 90. | D | 115. | B | 140. | A | 165. | C | 190. | D |
| 16. | B | 41. | B | 66. | A | 91. | B | 116. | D | 141. | C | 166. | A | 191. | D |
| 17. | B | 42. | D | 67. | C | 92. | A | 117. | C | 142. | E | 167. | B | 192. | B |
| 18. | E | 43. | C | 68. | E | 93. | C | 118. | A | 143. | E | 168. | D | 193. | C |
| 19. | C | 44. | E | 69. | B | 94. | D | 119. | B | 144. | B | 169. | C | 194. | D |
| 20. | D | 45. | A | 70. | C | 95. | E | 120. | E | 145. | B | 170. | B | 195. | B |
| 21. | C | 46. | A | 71. | D | 96. | A | 121. | A | 146. | C | 171. | C | 196. | C |
| 22. | A | 47. | E | 72. | A | 97. | B | 122. | E | 147. | B | 172. | D | 197. | C |
| 23. | E | 48. | B | 73. | D | 98. | C | 123. | C | 148. | E | 173. | E | 198. | C |
| 24. | E | 49. | C | 74. | B | 99. | E | 124. | B | 149. | B | 174. | B | 199. | D |
| 25. | E | 50. | D | 75. | E | 100. | D | 125. | D | 150. | D | 175. | E | 200. | C |

# Bibliografia

Livros que serviram de apoio à criação desta obra:

**Curso de Redação.**
Jorge Miguel.
Editora Harbra Ltda.

**Curso de Literatura.**
Jorge Miguel.
Editora Harbra Ltda.

**Das Origens ao Arcadismo.**
Jorge Miguel.
Editora Harbra Ltda.

**Do Romantismo ao Simbolismo.**
Jorge Miguel.
Editora Harbra Ltda.

**Modernismo.**
Jorge Miguel.
Editora Harbra Ltda.

**Curso de Língua Portuguesa.**
Jorge Miguel.
Editora Harbra Ltda.

**Estudos de Língua Portuguesa.**
Jorge Miguel.
Editora Harbra Ltda.

**Manuel Bandeira.**
Jorge Miguel.
Editora Harbra Ltda.

**Fernando Pessoa e o Modernismo.**
Jorge Miguel,
in: Conferência Embaixada do Brasil em Bagotá – Colômbia.

**Exames Nacionais – 12.**
Areal Editores.
Porto, Portugal.

**Exames Nacionais – 12 b.**
Areal Editores.
Porto Portugal.

**Provas Globais – 9.**
Areal Editores.
Porto, Portugal.

**Provas Globais – 10 a.**
Areal Editores.
Porto, Portugal.

**Provas Globais – 10 b.**
Areal Editores.
Porto, Portugal.

**Provas Globais – 11 a.**
Areal Editores.
Porto, Portugal.

**Provas Globais – 11 b.**
Areal Editores.
Porto, Portugal.

**Exames Nacionais de Português "A".**
Avelino Soares Cabral.
Edições Sebenta.

**Provas Nacionais de Português "A".**
Avelino Soares Cabral.
Edições Sebenta.

**Exames Nacionais de Português "B".**
Avelino Soares Cabral.
Edições Sebenta.

**Exames Nacionais de Português "A", inclui modelo de 2000.**
Avelino Soares Cabral.
Edições Sebenta.

**Exames Nacionais de Português "B", inclui modelo de 2000.**
Avelino Soares Cabral.
Edições Sebenta.

**Exames Nacionais com Resoluções de Português "A" e "B".**
Avelino Soares Cabral.
Edições Sebenta.

**Para Uma leitura de Mensagem de Fernando Pessoa.**
Maria Almira Soares.
Editorial Presença.
Lisboa, Portugal.

**Para Uma Leitura da Poesia de Fernando Pessoa – Ortônimo.**
José Noronha.
Editorial Presença.
Lisboa, Portugal.

**Sugestões de Análise.**
Dulce Pereira Teixeira, Lurdes Aguiar Trilho.
Porto Editora.

**A Análise do Texto.**
Conceição Jacinto, Gabriela Lança.
Porto Editora.

**Introdução à Leitura de Fernando Pessoa e Heterônimos.**
Avelino Soares Cabral.
Edições Sebenta.

**Dicionário de Fernando Pessoa e do Modernismo Português.**
Coordenação Fernando Cabral Martins.
Editora Leya.

**História da Filosofia Ocidental.**
Bertrand Russell.
Companhia Editora Nacional.

**Preparação para o Exame Nacional - 2008.**
Vasco Moreira, Hilário Pimenta.
Porto Editora.

**Ensino Profissional – Português.**
Olga Magalhães, Fernando Costa.
Porto Editora.

# Bibliografia

**Diversidade e Unidade em Fernando Pessoa.**
Jacinto de Prado Coelho.
Editora Verbo – USP.

**O Caso Clínico de Fernando Pessoa.**
Mário Saraiva.
Universidade Editora Lisboa.

**Interpretação e Sobreinterpretação.**
Umberto Eco e outros.
Editorial Presença Lisboa.

**Fernando Pessoa – Obra Poética.**
Editora Nova Aguilar S.A.

**"Mensagem" Coleções Estudar Português.**
Conceição Jacinto e Gabriela Lança.
Porto Editora.

**Estudos sobre a Poesia de Fernando Pessoa.**
Adolfo Casais Monteiro.
Livraria Aguiar Editora.

**Estudos sobre Fernando Pessoa no Brasil.**
Revista Comunidades de Língua Portuguesa.

**A Análise das Obras: "Os Lusíadas" de Luis de Camões e
"Mensagem" de Fernando Pessoa.**
Conceição Jacinto e Gabriela Lança.
Porto Editora.

# Crédito da Fonte

As interpretações dos poemas de Fernando Pessoa foram elaboradas com auxílio de obras especializadas, cuja bibliografia relatamos neste livro. Registram-se aqui as obras de que foram extraídos os poemas que serviram de apoio para elaboração dos exercícios. Identificam-se também os exercícios cujo "caput" da pergunta ou cuja alternativa responde, corretamente, às questões. Foram colhidas das obras elencadas. Enfim, a Bibliografia relata os livros de estudo e consulta. "Crédito da Fonte" nomeia o livro de que se extraíram o poema para a elaboração dos exercícios, como também identifica o livro de que se extraíram, literalmente, os textos.

**Do livro - "Exames Nacionais de Português 'B' – 12º ano",**
Avelino Soares de Cabral
Edições Sebenta
"O Tejo é mais belo que o rio que corre pela minha aldeia"
**Página 75**
Questões 66-67-68-69-70.
"O Sonho" – "O Quinto Império" –
**Página 31**
Questões 66-67-68-69-70.
"Mar. Manhã"
**Página 71.**

**Do Livro - "Teoria do Texto - 2,**
**Teoria da Lírica e do Drama",**
Salvatore D'onofrio.
Editora Ática.
**Página 69**
"O Deus Pã não morreu"
Questões 21-23-24.

## Do Livro - "Introdução à Leitura de Fernando Pessoa e Heterônimos",

Avelino Soares de Cabral

Edições Sebenta.

"O Mostrengo"

**Página 91**

Questões 26-27-28-29-30-31-35.

"Ela canta, pobre ceifeira"

**Página 95**

Questões 77-79-81-82-83-86-87.

"Screvo meu livro à beira mágoa"

**Página 41**

Questões 56-57-58-59-60-61-62-63.

"Quando, Lídia, vier a nosso outono"

**Página 68**

Questões 113-114.

"Nevoeiro"

**Página 97**

Questões 116-117-118-119-120-121-122-125.

"Autopsicografia"

**Página 35**

Questões 126-127-128-129-130-132-133.

"Mar Português"

**Página 93**

Questões 138-139-142-143-144-145-146-147.

"O Infante"

**Página 91**

Questões 151-152-153-154-155-156-157-158-159-160.

"Dizem que o finjo ou minto"

**Página 38**

Questões 171-172-173-175.

"Vem sentar-te comigo, Lídia, à beira do rio"

## Página 63

Questões 96-97-98-99-102-103-104-105-109-110-111.

## Do Livro - "Português – 12 a" – Preparar os Exames Nacionais.

Areal Editores.

"A Europa jaz posta nos cotovelos"

## Página 11

Questões 39-40-42-43.

## Do Livro - "Exames Nacionais de Português 'A' – 12º ano",

Avelino Soares Cabral.

Edições Sebenta.

"Abdicação"

## Página 101

Questões 46-47-48-49-50-51.

www.dvseditora.com.br